ミネルヴァ世界史〈翻訳〉ライブラリー ⑥

農の世界史

マーク・B・タウガー 著
戸谷 浩 訳

ミネルヴァ書房

刊行にあたって

「これまでの世界史を刷新する必要がある」、「新しい世界史が求められている」と叫ばれてすでに久しい。ヨーロッパ中心的な発展段階の叙述でも、国民史の雑多な寄せ集めでもない世界史を構想するという課題は、「グローバル・ヒストリー」や「ビッグ・ヒストリー」といった新たな問題提起と対話しつつ、いまやそれをどのように書くか、具体的な叙述としていかに世に問うかという段階に至っている。

「ミネルヴァ世界史〈翻訳〉ライブラリー」は、そうした新しい世界史叙述の試みを、翻訳というかたちで日本語読者に紹介するものである。選書にあたっては、Oxford University Press社の New Oxford World History シリーズ、Routledge 社の Themes in World History シリーズに収められたものを中心に、それ以外からも広く優れたものを収めることを目指した。

ここに紹介する書籍が、日本語での世界史叙述の刷新に少しでも寄与することを願っている。

二〇二二年一〇月

監修　南塚信吾
　　　秋山晋吾

本書を、亡き父ハーバート・タウガーに捧ぐ

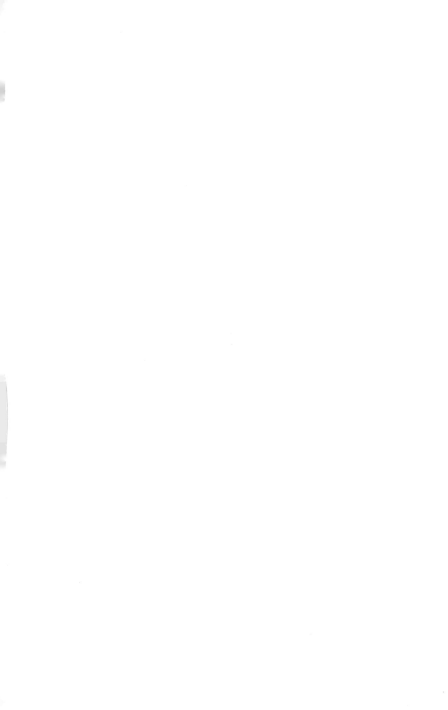

謝辞

本書の執筆と事前調査のために、援助を与えて下さったすべての人々に感謝したい。とりわけ、以下の方々には謝意を表したい。

オレゴン州の上級文書館員であるゲーリー・ハルヴォーソンは、州立文書館が所蔵するカバー写真のフルサイズ・デジタル版を提供してくれた。

妻であり、弁護士であるエヴァ・シーガート＝タウガー博士は、幾度もの議論や本書の編集において助けてくれ、わたしを鼓舞してくれた。

ジェームス・スコットは、エール大学でのかれのゼミで報告する機会を与えてくれた。かれのゼミへのシラバスは、わたしの仕事にインスピレーションを与えるものだった。

ピーター・スターンズとエミリー・キンドレイサイデスとヴィクトリア・ピーターズ、そして匿名の出版顧問は、このプロジェクトが成就するにあたって、貴重な援助と献身を示してくれた。

ウエスト・ヴァージニア大学史学部の同僚諸氏は、新たな領域におけるわたしの研究、出版、教育に対して、心広く励ましを与えてくれた。ウエスト・ヴァージニア大学図書館の職員諸氏は、購入やＩＬＬ（図書館相互利用）を通して、刊行物に迅速にアクセスできるようにしてくれた。ウエスト・ヴァージニア大学デーヴィス農業カレッジのウイリアム・ブライアン教授は、貴重な議論を交わしてくれて、ウエスト・ヴァージニア大学有機農場プロジェクトに参与する機会を与えてくれた。

農業史協会とトム・ブラス、そして *The Journal of Peasant Studies* は、わたしの研究を評価してくれ、農業史の学際的な研究のモデルを供してくれていたことに感謝したい。

農の世界史　目次

序　世界史における農業と農民の位置

本書は、「主題で見る世界史」（Themes in World History）と銘打って様々な主題ごとに簡明に世界史を見ようとするシリーズの中の一冊である。ということは、本書の第一の読者は、もちろんそれ以外の読者を排除するわけではないが、アメリカやその他の国々の大学で教えられている、世界史を概観する授業を履修している大学生となるのであろう。順次刊行されつつある本シリーズの各書が扱うトピックはどれも重要であり、世界史の様々な側面を明らかにしつつあるが、農というトピックは独自の価値と相応しさを持っている。

他のトピックのすべてが文明を構成するものの根幹であるか、文明が生み出した重要な産出物であるのに対して、農業は文明を成り立たせてきたものそのものであった。狩猟者や採集者の社会は、大規模で恒常的な定住地を築くことはできなかったし、働ける者はほとんど皆、食に関係した活動に就かねばならなかった。太古の諸社会は、権威システムや社会的なヒエラルヒーは持っていたに違いないであろうが、それ以外に、本格的な文明なら備えているはずの、政府や階級制度、強力な軍隊、大規模な貿易や市場、洗練された文書・教育制度といったその他の諸要素を持ってはいなかった。こうした諸要素を持った文明は、確実で十分な余剰食糧を生産することが何よりも求められた。余剰食糧こそが十分な数の人間を食糧生産から解放し、かれらを文明に必須の専門化に向かわせることを可能としたのであった。文化人類学者のロバート・レドフィールドは一九五〇年代に、自身が「大伝統」と呼んだ文明の先進文化を、農民習俗や「小伝統」と対照的にとらえていた。しかし、大伝統は存続のためには明らかに小伝統に依存していたのであった。

このように農業は、文明に先行し、その前提となるものであった。農民たちは穀物を生産し、家畜を飼養することによって、つまり自然環境との絶えざる相互行為の下に置かれる活動をおこなうことによって、文明を支えてきた。こうして農民たちは、文明と環境の接点として奉仕してきたのである。だが、本書が主に焦点をあてる問題は、単に文明が農民に依存してきたということよりも、ほとんどの時代において、農民を支配し、搾取してきたということにある。農民と都市文明の関係や、農民と環境の関係は、非常に複雑である。しかし一般的には、いずれの関係においても、農民たちは従属的な存在であった。このあり方を、わたしは二重の従属と呼んでいる。

本書は、そうした農民と自然環境と農民に依存してきた文明の間の関係を考察するものである。世界中の主だった文明において、こうした関係がどう変化してきたのかを叙述し、分析するものである。特に本書は、小規模ながらも重要な改革者集団の活動に注目する。重要な改革者集団とは、政治家から始まって科学者や、農民の従属の軽減やその生活の向上を目指した農民たちのことをいう。当初はこうした集団の成功は限られたものでしかなかったが、その後は次第に評判を獲得し、近代が始まる頃には多くの農民たちの地位は大いに向上した。

だがこうした改善も限定的で、皮肉めいたものでもあった。諸改革が、完璧にでも、あらゆる場所においてでもなかったが、昔からの抑圧の多くを取り除いていくにつれて、今度はより深刻な新たな問題が浮上してきたからである。これらの問題は、例えば地球温暖化、石油生産の減少、環境汚染、負債、そして農民の数の減少などがそれであるが、これらは農民と農民に依存している人々のいずれにとっても重大な問題である。本書は、これらの問題に対して長いスパンの歴史的展望を与えることを試みたい。この長期的な展望は、人々がきわめて困難で、悲惨とも言える農業危機を生き抜き、最後にはその現状を克服する力を得ていくという穏やかな楽観主義を与えるものでもある。

農業システムは積年の対立と発展の歴史を持っているので、本書においてわたしは時系列を追うアプローチを採りたい。この手法は、本書を概説的な授業に相応しいものとするものでもある。ただ、農業史とその資料の特性のために、一定の妥協は必要となる。近代の南アジアが重要であるにもかかわらず、ムガル王朝期以前の南アジアの農業に関する根拠資料がほとんど残されていないために、南アジアは第四章までは議論の対象となりえないのである。ある過程はある時代にその重要性を増すのだが、それに先立つ時代に起源を持っている。しかし、ある章である過程の始まりを論じ、次の章でその後の過程を論じようとするならば、歴史をあまりにも細分化することになるであろう。それゆえに、第七章で扱う中国における集団化の議論は、一九世紀末から筆を起こし、二〇世紀初めをも展望し、トピックスとしては第五章や第六章に含まれるべきものも扱っている。ただ、多くの場合、各章は時系列的につながり、区分されている。

本書は、一次・二次を問わず、多くの史料に依拠している。主に書籍とわずかに論文であるが、主要資料を推薦図書として提示しておいた。これらの書籍と書誌資料は、興味を抱いて下さった読者をさらなる資料へと導いてくれるであろう。農業史は、重要かつ新たな出版物や発見が絶えず現れる発展しつつある学問領域である。本書で示した情報や見解のいくつかも、確実に、新たな研究によって確かめられたり、乗り越えられたりしていると思われる。本書が学生たちのための導入となり、研究者のための総論となりえ、議論を喚起し、興味を抱いて下さったすべての読者の後学へとつながればよいと願っている。

第1章　農業の起源と二重の従属

今日、農業の起源は考古学的な発掘か、二〇世紀まで生き延びた採集社会・集団の研究を通してでしか目にすることはできない。農業の始まりを考えるとき、たいていは採集民で農業についてほとんど、ないしは何も知らなかった「野蛮な」人々と、ヨーロッパ人が出会った時点をして農業の始まりとするのが、西洋的な見方であった。しかしこれと違って、人間と社会と技術は、旧石器・新石器時代と呼ばれるようになる長い発展の時代を経て進化してきたのであり、作物や家畜は世界的な農業システムの中で、明確な地理的・時代的な起源を保持しているのだとする研究が現れてきた。

一九三〇年代になって、こうした発見は次のような見解に至る。太古の人間は、約一万年前、最後の氷河期が終わった後の乾燥した気候に順応するために、「新石器革命」において農業を発展させていった。この農業への移行は、ほぼ五〇〇〇年後には都市と文明を発展させることになるというのである。この見方に従うと、最初の農業はメソポタミアの「肥沃な三日月地帯」において発展した。そこでは現地の植物相と動物相が、主要な栽培作物と家畜の野生原種を含んでいたのである。

この最初の「農業革命」の考えは、考古学上の新たな調査によって裏付けられてきた。農業への移行が非常に速やかであったために、新石器時代に先立って数千年間、「プロト農業」が先行して存在していたに違いないとする研究者も少なくない。新ドリアス期と呼ばれる約一万一〇〇〇年前の寒冷で乾燥した時代の後には、近東において植物や動物が広範に広がるのに適したより温暖な時代が続いた。新たな研究が現れ、既存の根拠が洗い直されることにより、農業発展の中心と目された場所のいくつかは、実際には農業に関する知識や技術を、より限られた数の先行したある中心地、ないしは複数の中心地から得ていたことが明らかになってきている。農業への移行期前後の時代から出土した人間の遺物の研究や、現代を生き抜いている前農業的な人々についての研究は、農業への移行やその栄養学的・社会的・政治的な結果の評価に対しては、かなり錯綜した揺れのある説明をおこなってきている。

農業のこうした展開の裏には、変動する地球気候、とりわけ氷河時代の歴史が関わっている。最後の氷冠の拡大は約二万年前がピークで、その後それは後退していった。紀元前一万四〇〇〇年までに地球は温暖な間氷期に入ったが、紀元前一万一〇〇〇年頃には新ドリアス期と呼ばれる短期間の寒冷期が再来し、数世紀間、氷河が拡大した。紀元前一万年までには暖かさが戻り、完新世と称される直近の時代が始まるのである。

完新世では、徐々に氷河が後退し、紀元前五〇〇〇年頃までには、現在よりも狭い領域を覆うにすぎなくなっていた。赤道直下や温帯の地域では、気候が温暖かつ高湿となった。サハラ砂漠の大半では、紀元前六〇〇〇年頃までは、かなりの植物が生育していた。これらのことは、世界中の多くの地域において農業を発展させるためには理想的な条件となった。

◆採集者、プロト農業、最初の農民

霊長類の祖先から進化した人間は、食料を採集か、狩猟によって獲得していた。小さな集団を形成し、ある所に留まっても、その後別の場所に移ることを繰り返していた。旧石器時代のほぼ全体を通して人類の遺物には、たいていは比較的大型の動物の骨が含まれている。しかし、五万年前頃からは、大型動物の遺物の割合が減少し、他方で鳥や魚やその他の小動物の割合が増加してくる。発端は少なくとも二万三〇〇〇年前に遡るが、近東のいくつかの地点において、人々が後に栽培化される野生の穀物も含め、様々な植物をどんどんと大量に採集するようになった。この「多品種革命」と称される変化は、採取地域において増加しつつあった人口がその要因であり、また「更新世の大量絶滅」と呼ばれる、氷河期後に大型の哺乳動物が絶滅したことも要因であろう。多くの研究者は、「大量絶滅」の原因を太古の人類の過剰な狩猟の結果であったとしている。

「多品種の時代」末期の数千年間の遺物は、人類が植物に水をやり、望む植物から不用な植物を間引き、集めた食料を保存し、野を焼き、新たに生育したものを採取するために火を放った土地に戻り、集めておいた種をまくことによって、プロト農業に関わっていたことを示唆している。上ナイル川のカダーンでは、紀元前一万三〇〇〇年頃、人がそこに現れ、野生穀物を切ったり、磨《す》ったりするための磨製石器や磨製石斧を使用していたことが判っている。しかしながら紀元前一万一〇〇〇年以降には、こうした道具は姿を消し、人々はより原始的なレベルの採取に戻り、新ドリアス期の乾燥と寒冷の影響もあって、カダーンの地を放棄している。かれらの遺物には、矢じりやその他の武器によって殺害された人骨もあるので、内部的な抗争や外部からの侵略の結果、土地を放棄せざるをえなかったのかもしれない。

中米やアジア、近東における諸研究によれば、動物の種類の増加を示す遺物に加えて半農業的な道具の存在を示す証拠が発見された多くの土地では、新石器時代が展開する数千年前に、すでにそれらの道具が使用されていたことが判っている。多品種革命は、時代的には、プロト農業の試みと重なっていたが、決定的であったのは、栽培化と家畜化の段階に踏み出したことであった。

人類は、地球上の異なる地域において、異なる時代に、作物の栽培化と動物の家畜化を開始した。確かな考古学的な証拠を示す場所こそ少ないが、おそらく農業はどこよりも近東において、いち早く、またより完全な形でおこなわれていったと思われる。ほぼ同時期の他地域においても植物栽培の証拠は存在するものの、（中国や南アメリカを含む）それらの地域で農業システムが、都市や史的根拠のある国家において発展していったのは、ずっと後のことであった。

農業に従事した人々が遺した考古学的な遺物は、それ以前の発掘品とは異なっている。家畜の遺物には、一般的に、野生にいた祖先のそれよりも小型の骨が認められ、幼獣や病気の動物の骨がより多く含まれている。人による飼養が、伝染性の病気が群れの中で広まることを助長してしまうからである。小麦、大麦、キビ、米といった栽培された穀物は、その野生種と比較しても、違いは非常にわずかである。その他のイネ科の種子のような穀物は、小さな種子を堅い殻や穎《えい》〔イネ科植物の、小穂《ショウスイ》の外側にある葉状の小片〕で覆う小穂の形をとり、葉軸と呼ばれる小さな柄によって茎につながっている。野生の穀類では、進化は弱くてもろい葉軸を持つ植物に微笑む。生長した種子の散布が容易だからである。また、穎を持つ植物にも微笑む。穎が続く季節に発芽するまで、種子を守ってくれるからである。太古に農業に関わった人々の選択の結果である栽培化された穀物は、軽くて小さな穎と、穀粒を植物によりしっかりと保持するための丈夫な葉軸を持った大きめの種子を発達させていくことになる。

考古学上の蓄積からは、次のことが明らかになっている。すなわち、紀元前九〇〇〇年から前八五〇〇年までに、現在のトルコ南部、レヴァント（今日のイスラエル、レバノン、シリア）、上メソポタミアに位置する低い山脈へとつながる東地中海沿岸地方の各地に人の居住地ができ、人々は小麦やライ麦を栽培し、羊や山羊や豚、わずかではあったが牛の家畜化もおこない始めた。この地域は、農業の「原料」が豊かにある稀な土地柄であった。そこには、社会的な「群れ」を成す動物で、家畜化しやすい羊や山羊のような大型動物の野生種が多数生息していたし、人間が生み出す変化も含め、環境の変化に対応して急速な遺伝的変異が可能であった野生種の穀物やマメ科の植物、またその他の植物が種類も多く自生していた。新ドリアス期以降、この地域の気候は安定し、栽培化や家畜化といった変化を受け入れやすくしてくれた。

上述の地域に居住していた人々はますます農業に従事するようになったため、かれらが住む居住地は大型化し、小さな町とも言うべき一〇～一六ヘクタールもある村々となっていった。建物もより大きなものとなり、遺物には宗教的なシンボルも含まれるようになる。宗教的シンボルには、研究者の多くが女神像であると考える肉感的な女性の彫像から始まり、壁画やその他の建物から隔てられていることから、記念碑や祭祀の場となっていたであろう空間や建物まで様々なものがあった。居住地には特別な空間や建物があり、そこには漆喰が塗られ、眼窩にタカラガイがはめ込まれた頭蓋骨のような儀礼が施され、手が加えられた遺体が納められた。宗教は農業に先行し、宗教の始まりは、自然に対する人々の向き合い方を変えることによって農業の発展を支えた。紀元前七〇〇〇年以降、多くの居住地が縮小したり、放棄されたりした。だが、人々は栽培化と家畜化の旧来の中心を離れただけで、近隣の地域に新たな農業集落を数多く築いていった。

農耕は、紀元前八〇〇〇年頃から地中海沿岸地域に広まっていった。バルカンやギリシャやイタリアでは、紀元前七五〇〇年以降、農耕をおこなう集落が出現している。紀元前七〇〇〇年以降には、牛や豚の遺物を残す北ヨーロッパにも、農耕をおこなう集落は出現し始める。牛や豚は、地中海の環境に適した羊や山羊よりも北方の地域に適していた。集落の居住者たちは、紀元前六〇〇〇年までに、森を切り拓き、何千もの農地を開墾した。開墾の手は北海やイギリスには及ばなかったが、それが到来するのも今しばらくのことであった。

後に歴史的には名を馳せるエジプトの農耕システムの規模と重要性に反して、エジプトには西南アジアにあった野生の小麦やその他の穀物が自生していなかった。古代エジプト人は、氷河期の間、狩猟と漁猟と採集によって生活していた。ナイル川で農耕がおこなわれていたことを示す最古の考古学的な証拠が現れる紀元前五五〇〇年以前に、新ドリアス期のプロト農業は姿を消してしまっていた。ナイル川での農耕は、西南アジアの農村と同じく、作物の栽培と家畜の飼養を複合的におこなっていた。ナイル・デルタに近い農業地域であるファイユームのような土地からの発掘品には、エジプトに特徴的な遺物が含まれる一方で、紀元前四〇〇〇年頃のエジプト国家の飛躍的な発展の基礎となった、明らかに西南アジア式の農耕に由来する品々も含まれていた。

メソポタミアの都市国家となった居住地群は、チグリス・ユーフラテス川流域の東南の端に位置している。この地域は野生生物が豊富で、狩猟や漁猟が食物獲得の重要な手段でありつづけていた。この地の農民はエジプト人と同じく、西南アジア式の複合農業をおこなっていたが、それを川の氾濫サイクルに適合させる必要があった。氾濫に合わせた農業システムを作り上げ、人々をそれに向けて組織することで、都市国家や最後には古代近東地域の帝国となる諸国家は躍進のきっかけを得ることになった。

こうした中核地域における農業発展のパターンは、中国やアメリカでも繰り返し生じたように、近接する地域にも普及していくことによって引き継がれていった。新たな地域にはたいてい、その土地固有の食物資源が存在した。しかしながら、多くの場合、中核地域の複合的な農業がいったん導入されると、それが支配的になっていった。

◆中　国

中国は、氷河期の影響が少なかったため、大規模な氷河作用以前に遡る「生きた化石」であるイチョウのような植物が生育し、結果として太古からの分厚く、肥えた土地も温存された。特に、最初に農耕が始まった中国の北中部は、風によって運ばれてきた堆積物から成る黄土や風積土で、その地味は肥え、耕すのは容易である。中国の大地は比較的平坦であり、大河が何本も走り、それらが水資源と水運の便を供してきた。

中国中央部の長江にほど近い居住地では、少なくとも紀元前一万二〇〇〇年頃、人々は野生の米やヒエを採取していた。紀元前七〇〇〇年期の中国北中部や長江南部では、初期の集落が米やヒエを栽培していたことを示す遺物が出土している。米とヒエは上記の二つの地域で見つかっているが、北部ではヒエが主たる穀物であったのに対して、長江周辺、特にその南部では、米の栽培が支配的になっていったことが確かめられている。

ヒエの野生種は中国の固有種で、紀元前五〇〇〇年までは多くの居住地で、中国の農民のかなりの部分が広範にヒエを栽培し、全粒で煮て、それを粉に挽いて消費していた。当時の農民は五ヘクタール規模かそれより大きな集落に住み、竪穴式住居と、一か所で一〇〇トンもの穀物を蓄えることができる貯蔵用の穴を持っていた。紀元前一〇〇〇年期を通して、米以上にヒエの方が重要であったことは、古代中国の文書史料が示してもいる。古代の頌歌集《しょうかしゅう》はヒエの重要さは愛でても、米への言及はほとんどない。帝国となる以前の中国で最長を誇った周王朝の支配一族の祖先は、「ヒエの君主」と呼ばれていた。

同じ頃、長江の南では多くの居住地で米が栽培されていた。中国の中部沿岸部に位置する河姆渡遺跡では、道具や人工産物に加えて、一二〇トンを超える米の籾殻《もみがら》やその他の証拠資料が出土している。この時期、中国の農民は米を畑作の穀物として栽培するか、あるいは沼や湿地でも栽培していた。いずれの農法も収穫量は低いものの、比較的少ない手間で済んでいた。水田栽培と〔後に詳述する〕移植に関する最古の証拠は、紀元後一〇〇年頃までが遡ることのできる限界である。

中国では大麦と小麦も栽培されていた。これらの穀物はずっと後に導入され、特別な食物、言わば豪勢な食物でもあった。中国の農民も、近東の農民よりは遅かったが、マメ科の植物も栽培した。ただ、栽培したのは前途有望な一種類、大豆のみだった。周王朝の史料から、紀元前一〇〇〇年頃には大豆の栽培が始められていたことが知られている。紀元前八世紀頃には、支配された人々が周の支配者に大豆を貢物として差し出しており、紀元前四世紀頃には中国で主たる二つの穀物と言えば、ヒエと大豆であった。農民たちは大豆栽培が地味の改善につながることを認識しており、その理由についても気づいていたと思われる。なぜなら豆という漢字が、窒素固定菌を含んでいることが後に証明される根粒の形状を〔象形文字として〕表しているためである〔本説については真偽不詳〕。

中国には、ヨーロッパや近東のような野生で群れを成す動物はいなかった。豚が最も重要な家畜として飼育されていた。中国最古の居住地では、昔から飼われ、アジアの多くの地域では食用でもあった犬と並んで、豚の遺物が発掘されている。牛や水牛や山羊の遺物が出た居住地もあるが、豚の遺物の方が広範囲で、かつ多数出土している。中国ではニワトリの飼育も独自に発展し、最も古い遺物は紀元前五四〇〇年に遡ることができる遺跡で発見された。

◆東南アジア

この地域は二つの主たる部分から成っている。今日の国名で言えば、ミャンマー、タイ、ラオス、カンボジア、ヴェトナム、そしてマレーシアの一部から成る東南アジアの大陸部と、台湾からフィリピン、インドネシアを経て、南太平洋や中部太平洋の弧を成す島々に至る東南アジアの島嶼《とうしょ》部である。これらの地域が農業を開始したのは比較的遅く、近代に入って初めて農業が開始された地域も存在する。

東南アジアの大陸部は、河川の多さや土地の豊かさ、季節風がもたらす雨もあり、中国南部に似ている。しかしながら、考古学者たちはこの地域での食物生産の証左は紀元前三五〇〇年になって初めて見いだせるとしている。農耕の導入に対して採集者たちが抵抗感を覚えたために、この地域への農業生産の到来が遅れたとする学者もいる。この地域でようやく農業が開始された時、最初、農法は中国から東南アジアの北部にもたらされた。台湾では、米とヒエの栽培の最初の痕跡は紀元前三五〇〇年に遡ることができるが、多くの居住地のそれはもう少し後の時代となっている。米の栽培は、台湾からフィリピン、インドネシアへと広まっていった。

農耕の東南アジア島嶼社会への浸透は、さらに緩慢なものであった。これらの社会は、差し迫って農業を必要とするような状況ではなかった。すなわち、一般的にこの地域では、動植物の食物資源がきわめて多様で、かつ非常に豊富であったからである。考古学的な遺跡からは、木の実、果物、根菜類、種子が、野鳥や野獣とともに遺物として大量に出土している。しかし、本地域でも、ニューギニアの高地では栽培に関して独自の地域性があり、そこに住む人々は紀元前五〇〇〇年から、タロ芋やヤム芋や他の一定の穀物の栽培を始めており、菜園でそれらを育てていた。

◆南アジア

今日のアフガニスタンからパキスタン、インド、バングラデシュに至る南アジアの先史時代の農業は、コブ牛のような在地の要素と、近東、アフリカ、東アジアからの複合的な農業が組み合わされたものであった。インド亜大陸における農業の最初の明確な証左は、インダス川の西岸のメーールガルで発見され、紀元前七〇〇〇年にまで遡る。この地域から出土する遺物は、小麦と大麦に、特徴的な羊と山羊と牛とを組み合わせた近東の複合的な農業にほぼ完全に重なる農業の存在を示している。またメーールガルの遺物には、近東の新石器時代の遺跡から発見された物にそっくりの長方形の家々や女性像も含まれている。

こうした複合的な農業は、紀元前三〇〇〇年期に生まれたハラッパやインダス川流域の文明を支えるものでもあった。この文明の最末期、つまり紀元前二六〇〇～前一九〇〇年頃に、アジアから米とヒエが、アフリカからモロコシとトウジンビエがもたらされたことを考古学者は確認している。インダス地域に住む人々は、明らかにこれらの穀物を交易によって得ており、アフリカ産の穀物はシュメール人を介し、米は東南アジアと中央インド経由で獲得していた。インダス文明は、この頃までに、難解でまだ解読されていないシンボルと言語に加えて、大規模で複雑な都市を発展させていた。亜大陸の他の地域では、初期の農業に関する遺物は、せいぜい後期のハラッパ文化の時代に遡ることができるにすぎなかった。他の地域の複合的な農業も、アジアの米と、近東の小麦と家畜と、そして南アジア固有の植物と牛とを、ハラッパ文化と同じ形で組み合わせたものであった。

◆サハラ以南のアフリカ

広大で多様な地域であるサハラ以南のアフリカでは、新石器時代に関する遺物は限られている。氷河期が終わったとき、サハラ砂漠は今よりも小さく、乾燥もまだ穏やかであった。草原とサバンナのサヘル地域は、現在よりも何百キロも北に向かって広がっていた。サヘル地域には雨季があり、そのため湖沼ができ、人々はそこで野生の牛やその他の動物の狩猟をおこなったり、野生のモロコシやヒエをはじめとした野草を採取したりして生活していた。こうした快適な環境は紀元前四〇〇〇年頃までには変化し始め、紀元前二〇〇〇年頃にはサハラ以南の環境は今日の状況と変わらぬものとなっていた。

牛を家畜化していたことを示す明確な証拠は、せいぜい紀元前三〇〇〇年にまで遡れるにすぎない。植物の栽培と農耕はさらに下り、早くても紀元前二〇〇〇年、サハラ以南のアフリカの多くの地方では導入はそれよりもずっと遅かった。サハラ以南の主要な植物は、近東のそれとは異なっていた。西部ではアフリカ米、サヘル地域では数種類のモロコシ、トウジンビエ、エチオピアではテフ（エチオピア産の小さな穀物）やシコクビエ、他にアブラヤシやササゲ、ピーナッツ類もあった。アフリカに居住していた人々は、紀元前二〇〇〇年頃には、サヘル地域においてモロコシとヒエの栽培を開始していた。

サヘル地域ではこの頃までに、穀物と家畜の混合農業経済が成立していた。紀元前一五〇〇年頃に始まったバントゥー人の移住が、アフリカ南部のその他の地域にサヘル地域の革新的な農法をもたらすことになった。こうした技術は、七世紀にはカラハリ砂漠にも伝わっていた。技術のこうした広まりの中で、アフリカの人々はサヘル地域西部を原産地とする米の在来種をも栽培するようになった。

◆南北アメリカ

人々がベーリング海峡の海上にできあがった陸橋を渡ったのは、遅くとも紀元前一万一五〇〇年以前であり、かれらは紀元前一万年までには南アメリカの南端近くにまで到達している。ほぼ例外なく、現在のアメリカに住んでいた人々は皆、紀元前三〇〇〇年頃までは狩猟・採集者であった。南北アメリカ大陸には、群れをつくる動物や野草が近東のように存在することはほぼなかった。このため南北アメリカにおける農業の展開は、近東よりもその開始が遅れ、はるかに急速なものとなった。野生の植物を栽培種に劇的に転換させる必要もあったし、旧世界で見られた家畜のほとんども持たなかったからである。初期のアメリカ大陸に暮らす人々は、この時期、二つの主要穀物を生産していた。トウモロコシとジャガイモである。トウモロコシはメキシコの原産で、ジャガイモは現在のペルーとエクアドルに跨るアンデス山脈の麓が原産地である。

トウモロコシ栽培の最古の証拠は、メキシコ中南部のテワカン谷にある洞窟から発見されたもので、紀元前二七〇〇年に遡る。野生の穀物であるテオシントがトウモロコシの原種であるが、太古のメキシコ人がいつ、どこで、どのようにして、この小さな野生の植物をトウモロコシに変えていったのかは謎のままである。トウモロコシがずっと大きな粒と実を持ったことを示す最古の証左は、紀元前二〇〇〇年に遡るものである。以降、トウモロコシ栽培は中央アメリカ全域に広まり、南・北アメリカへも広がっていった。

同様に、栽培されたジャガイモの起源も紀元前二〇〇〇～前三〇〇〇年に遡る。ただし、紀元前一万年に遡ることのできる野生の塊茎の遺物を発掘したとする研究もいくつか報告されている。ジャガイモはアンデス山脈に住む人々が栽培し始め、継続的に育てていた数種の塊茎の一つにすぎなかった。ジャガイモの他にも、オカ、ウルクス、マシュアや苦いイモ類といった根菜類があった。この当時、アンデス山脈に住んでいた人々はリャマ、アルパカ、モルモットを家畜化していた。その他、南・北アメリカにおいて重要性が高い栽培種としては、アンデス地域の穀物キノアと北アメリカ東部のいくつかの種子植物がある。

◈農業の起源に対する解釈

新石器農業革命という旧来の概念に異議が唱えられるようになったのは、プロト農業に関する議論や限定的ではあるが示唆に富むプロト農業への証拠、また様々な社会が農耕を採用し、発展させてきた長期にわたる期間の存在があってのことであった。農耕への転換はどこでも緩やかで、かつ両義的な移行であった。農耕を開始するのに先立って、人は季節や一年全体に対処する生活様式を確立させていた。人々は採集と狩猟の範囲を拡大させ、かなりの種の動物を絶滅に追い込んだことも明らかである。それゆえ、作物と家畜を育て、定住を始めながらも、それでも人は狩猟と採集を止めはしなかったと考えられる。

近年、考古学者たちは、人類とある種の植物と動物が共進化の過程を経て、ともに変化してきたとの議論をおこなっている。人類が活用した植物や動物はより生産的なものとなり、人が使うことによってよりいっそう栽培や家畜化に適する存在となっていった。こうした適応が、今度は人々が作物や家畜によりいっそう依存する状況をも生み出していった。狩猟・採集から広域的な採集、そして農耕へと移行するにつれて、人の肉体的な状態は徐々に悪化していった。ことに農民は採集者よりも身体が小柄になり、病気によりかかりやすくなっていた。

こうした発見や議論は、人類の農業への移行を広い視点で解釈することを促してくれる。経済学者のコリン・タッジはプロト農業の観点から、農耕の基本的な技能を習得した農民は周りの農耕をおこなっていない人々に対して優位な位置にあったと主張している。食料の採集や狩猟が一時的に落ち込んでも、農民たちは生きながらえることができた。この落ち込みは、かつてであれば、人をより徹底した狩猟へと駆り立てた。更新世に大型動物が絶滅してしまった理由はそのように説明されてきた。狩猟者たちは、もし動物たちが絶滅してしまったならば、植物の栽培に最後は頼ることができると考えたのかもしれない。

この万一に備えての計画は、タッジが見るところ、一種の罠となるものでもあった。農耕は食物生産を増大させ、より多くの子どもたちを養うことを可能にした。だが、そのことは逆に人々が増大する人口を支えるために農耕に依存せねばならないことをも意味した。考古学上の発見に加えて、聖書の創世記のような太古の書は、農耕がいかに大変で困難か、人々がそれをどれほど嫌っていたのかを強調している、とタッジは述べている。ギルガメシュ叙事詩から聖書におけるヤコブとエサウの争いに至るまで古代の神話では、自由だが動物のような（例えば、毛深い）狩猟者と、より洗練された農民を対比させている。いずれの物語も、農民は狩猟者をだまして、放埒な生活を諦めさせ、文明的な生活に誘う姿を描いている。

農業と文明は罠であったという見方の極端なものが、ジャレド・ダイアモンドが農業を「人類史上最悪の誤り」と評した評論である。狩猟・採集者から農民への身体的条件の低下を示す証拠に基づいて、ダイアモンドは農業の拡大が疫病や栄養不良、飢餓を蔓延させる元凶であったと主張した。そしてかれは、農業社会の出現が社会の階層化の進展につながったとした。階層化された社会において、農民は常に最下層の階級であり、女性は農民の中でも最低の身分に甘んじた。さらに、農民たちがより多くの食糧を生産し、それによってより多くの人口を支えることができたため、農業社会は大規模な軍隊を出撃させることができ、生き延びていた狩猟・採集者たちを領土から追い出し、かれらを根絶するか、農民の国家に同化することを強要した。ただ、余剰を産み出すとした農業の約束は、一度たりとも実現していない、とダイアモンドは難じている。

こうした悲観的な見方は、農業を進歩と考える一般的な見方や、農業こそが芸術・科学・技術・都会的な生活、その他文明が達成したとされていることを可能にした人類の偉大な発見であるととらえる見方に対して、異議を唱えんとした。様々な要因の中でも、こうした悲観的な見方こそが、多くの研究が人類の前農業社会や非農業社会へとその関心を移すことを促した。人はより自然で調和のとれた狩猟・採集者的なライフ・スタイルに戻るべきだと主張する学者まで現れた。しかし、そうした見方はかれらが批判した見解と同じく一方的なものであった。

例えば、農耕への移行は、必ずしも女性の従属や主要な労働者集団の隷属化を、論理的な帰結として要請するものでもない。主要な作業や最も困難な仕事が男性や女性、あるいは両性共々によって担われている農業社会や、自由な労働によって支えられている農耕社会も存在しているからである。前農業社会に関する諸研究は、前農業社会の多くが、農業をおこなわなくとも、社会的な分断を経験したか、現に経験している事実を明らかにしている。女性や他の集団を従属化していた前農業社会もあった。こうした考察は、農業と社会的ヒエラルヒーや社会的抑圧との排他的な結び付きに疑問を投げかけることになる。異なる時代、異なる場所の指導者や社会的集団の、下層民を抑圧する、解放するという決断を、農業の責任とすることは公平な見方ではないように思われる。

悲観的な解釈は、農業が解決してきた問題を見落としてもいる。最近の見解に従えば、人々が通常の採集から多品種革命に移行したのは、人口増のゆえに以前の水準での採集が維持できなくなり、かれらの身体的状態が当時すでに悪化していたためであったと言う。このことは、問題に直面していない採集社会は人口が増加していくであろうから、主たる食料資源は枯渇し、採集が強化されることを意味している。だとすれば、かれらが生き延びようとするのであれば、新たな食料資源を求めて移住するか、食糧生産の何らかの方法を開発するしかないのであろう。考古学はすでにこれらすべての結果を詳述している。そして、長期の展望が可能な唯一の選択が食糧生産であることも示している。長期的には農業こそが人々の生活や文化を成り立たせるものであったことは、ダイアモンドやその他の農業を批判している人々にとっては、少なくとも逆説的なことであったと思われる。

悲観的な解釈をする人々は、鍵となる時代や場所における作物や家畜の交易の存在も考慮に入れていない。世界規模で生産された食物の量と質を、短期・長期の両面で飛躍的に高めた交易の存在を、である。とりわけ中世後期にイスラーム教徒によってアジアの作物がヨーロッパに運ばれたこと、一六世紀に始まったアメリカ先住民とヨーロッパ人植民者との交易、そして二〇世紀における大量に収穫された多様な産品の地球規模での流通は皆、農業に対する批判よりも、農業の持つ潜在能力のはるかに肯定的な一面を示している。

おそらく最も重要なことは、さらなる研究を必要とする多くの疑問が、この悲観的な見方によって提起されていることであろう。仮に農業が罠であり、その発展が誤りであったとするならば、一体全体なぜそれが起きたのであろうか？　農業で利益を得たわずかなエリートが、はるかに多くの数の貧しい人々に対し耕作を強いたのであろうか？　どうすれば、そのようなことが起こりえたのであろうか？　そして、それが起こったことのすべてなのであろうか？　数千年にわたる採集、プロト農業、栽培化・家畜化、農耕の過程を経て、紀元前四〇〇〇年紀末〜前三〇〇〇年紀の諸文明において、明確な社会的ヒエラルヒーを持った集落や文化が出現し、農民たちは両義的な地位に置かれてきた。農民たちは明らかに社会の経済的な基盤であり、人口の大多数を占めている。かれらは貧しかったが、かれらの歴史は罠や誤りといった言葉では言い表せないほどにきわめて複雑なものである。こうした相反する特性を、どうすれば解説できるのであろうか？

◆二重の従属

わたしが「二重の従属」と名付けた分析枠組みは、農民と自然環境、および農民と社会環境との多様な関係に関して多くのことを明らかにしてくれる。農民は自然環境に依存している。水や土や天候といった環境の変化、動物や植物やその他の生き物の活動が、農業生産の脅威となりうる。そうした脅威に対して農民たちは、農法を変え、努力を重ね、新たな作物を導入し、より良い土地と条件を求めて移住したりしてきた。他方で、農民たちは歴史上ほぼ一貫して集落外の機構、すなわち国王や軍隊、徴税人や銀行、市場のようなたいていは都会の権威者たちの支配にも服してきた。追い詰められた農民たちが時に都市に反旗を翻し、帝国を滅ぼすこともあった。少なくとも農民たちは、体制を転換させる複雑な状況の中で重要な役割を果たしてきた。

環境の変化と政治的な統制という二重の従属の二つの構成要素は、通常、自己制約的で、互いに矛盾したものであった。例えば、貴族領主のような支配者や権威は、農民たちを小作農や農奴、奴隷のような従属的で低い身分に留めておこうとしてきた。それは、農民たちが働き、税や地代を確実に収めるようにするためには、かれらを政治的には弱い立場に置いておく必要があったからであった。ただ、都市のような政体や権威も、自己を維持していくためには農民たちに頼らざるをえなかった。また、収穫を台無しにする環境的な危機や圧政、農民に対する配慮の無さが、集落の内部、また外部で生き延びようとしていた農民たちを脅かしてきたという事実もある。しかし、こうした事実認識がやがて、ほとんどの政体が農業生産の向上や農民に対する圧制の軽減を進める諸政策を採るに至る道を開くことにつながってゆく。農業生産の向上や圧制軽減の方策としては、農奴解放や税の減免、価格助成、農業購入への信用販売、灌漑・発電・教育への政府投資などがあった。

二重の従属は、農民中心の歴史、あるいは農民の観点からの歴史というものを含意している。人類が農業を発見して初めて、文明の存立が可能となった。かつてシュメールやエジプト、インドや中国、また南北アメリカなどにおいて人々が文明を築いたとき、農業は三つの点で文明の基盤を成した。第一に、都市や都市民、軍隊やその指導者たちといった諸文明は、生存のためにはすべからく農業を必要としたということ。第二は、農民たちは自然界と人間社会が接するところで労働し、一種の「緩衝材」の役割を果たしてきたということ。すなわち、自然災害は通常、まずは農民たちを襲い、緊急事態の中それに対処しなければならなかったのは農民たちであった。第三には、農民たちは最底辺、ないしはそれに次ぐ層の社会集団であり、歴史上はほぼ一貫して、圧倒的な規模を誇る最大の職業集団でありつづけたということである。

この意味で、ダイアモンドの見解ほど否定的ではないものの、文明は一般に想定されているよりやや否定的で、異なる像を与えるものとなる。文明の定義のほとんどは、その複雑さや洗練、発展性、成長や変化への機会を強調する。しかしながら、農民の観点からすれば、文明は農村に対する都市の支配、農民に対する都市民の支配として映ることの方が多い。文明は、アフリカを調査した研究者たちが「捕獲された」農民と名付けた人々に依存しているのである。この捕囚には様々な形態があり、農民たちに無関心なものもあれば、露骨な敵意を示すものもあった。農民への理解が高く、農民を案ずるものもあった。歴史的には、飢饉もこうした農民との関係を映す鏡の一つであった。危急の際や戦時に、都市民が農村から食料を奪ったこともあれば、都市が農村に住む人々を自然災害や経済的な困苦から救ったこともあった。農民を二重の従属に留めておくにあたって、農業に従事しない社会集団の多くは様々な役割を果たしてきた。それに比べると、農民たちが権力を保持したり、同権が保障されたり、少なくとも圧制から保護され、かなりの程度の自治が与えられたりした社会はほとんど存在しなかった。

過去と現在の世界を理解しようとしたとき、農民と農業の性格付けと発展のあり方、また農村外の諸集団との関係は、きわめて重要になってくる。農民と農業の歴史は多様性に富んでいるだけでなく、鍵となる共通のテーマも持っており、人類が経験した最も劇的な場面をもその視野に入れている。本書は、こうした歴史の主に農業・経済・社会的な側面に焦点を定めていく。広い意味で言えば、本書の内容は、農業を悩ませた長期にわたる環境危機や、世界中の多くの地域に存在した隷属的な農業システムのあり方を叙述するものでもある。その上で、急激で加速度的であった農民解放の過程と、二重の従属の伝統的な側面の多くを解消することになる近代的な技術発展の概略も示していきたい。こうした展開・発展はあらゆる農民の益となったが、同時に数千年にわたる農村と都市の相互関係を一変させるものでもあった。農民たちが都市に居住するようになり、農業が兼業の職業となるに至って、都市と農村がほとんど融合したようなところさえあった。

しかし、こうした歴史もいまだ結末を迎えたわけではない。現代社会は大いに発展してきているが、上記の歴史が始まった頃に遡る多くの問題を今日においてもなお解決できていない。世界中の農民のほとんどはいまだに予測不能な自然に服しており、それがビジネスなのか、支配的な権威なのか、軍隊なのかにかかわらず、今日においても以前と何ら変わらず、都市民の要求に従いつづけているのである。

さらなる読書のために

本章で扱った多くのトピックに関しては、特に以下の著作からさらなる情報を得ることができる。Colin Tudge, *Neanderthals, Bandits, and Farmers* (New Haven, CT: Yale University Press, 1998); Michael Balter, *The Goddess and the Bull* (New York: Free Press, 2005); Peter Bellwood, *First Farmers* (Oxford: Blackwell Publishers, 2005)〔邦訳 ピーター・ベルウッド（長田俊樹・佐藤洋一郎訳）『農耕起源の人類史』京都大学学術出版会、二〇〇八年〕; Bruce Smith, *The Emergence of Agriculture* (New York: Scientific American Library, 1994); Ping-Ti Ho, *Cradle of the East* (Chicago: University of Chicago Press, 1975). ジャレド・ダイアモンドの評論は、いくつかのインターネット・サイトで閲覧可能である。

第2章　古代の農業――土地と自由にまつわる最初の大いなる闘争

最古の記述史料は、紀元前四〇〇〇年紀末〜前三〇〇〇年紀初頭に遡る。こうした史料は、当時の社会がすでに社会的ヒエラルヒーを作り上げていたことを教えてくれる。ヒエラルヒーには支配者・神官・兵士・役人・商人らによる都市的なヒエラルヒーと、土地領主（地主）・農民・人夫から成る農村的なヒエラルヒーがあった。農民と人夫の多くは奴隷であった。かつては、水利・灌漑制度を整備するために膨大な数の人々を動員する必要が統治者にはあったであるとか、古代世界は「奴隷制生産様式」に依拠していたといった説が提起されたことがあった。しかし今日、こういった見方を受け入れている学者はきわめて稀である。

都市国家であれ帝国であれ、ほとんどの農民は初めは小規模生産者であり、統治者に対しては税と賦役のような責務を負っていた。最古の文明（メソポタミア、エジプト、南アジア）に関する史料は非常に限られており、一連の発展を詳細に物語ることはできていないが、ギリシャやローマ、中国ではやがて大土地所有者の一団が台頭してくる。つまり、支配エリートの集団か、他の農民を犠牲にして広大な土地を取得した農民たちである。こうした大土地所有者たちは小農たちを従えるようになり、統治機構の性格が変容するにまで至る。歴史上初めて現れる社会改革者は、こうした変容を元に戻す、ないしは少なくとも変容の速度を落とそうと努めた人々であった。ただ、その試みが成功することはほとんどなかったが。

◆ギリシャ

古代ギリシャ、特にアテネは、核となる革新的な文物と価値を世界の文明にもたらした。それは政治における民主制度であり、（弁証法を含めた）哲学であり、芸術作品群であった。これらを作り上げた基礎にあるのが、紀元前六世紀、アテネの支配者ソロンがおこなった重要な改革である。この改革によりアテネは、ギリシャの他のポリス（都市国家）の多くが陥った典型的な末路を回避することができた。そうした状況を理解するために、まずはギリシャを取り巻く地中海的な環境と農業について見てみたい。

文明が生まれる直前のギリシャは、石混じりの土壌の森林の多い地域で、夏は高温乾燥、秋冬は湿潤寒冷な地中海性気候の下にあった。雨や雨水の流れで土壌が流出することを、森林が防いでいた。土壌の大半は表土が薄いが、ペロポネソス半島南部のメッセニア地方では土壌が非常に肥えており、テッサリア地方の中央部は山々に囲まれた広大な平野、ラリサ平原を含んでいて、そこはギリシャのパンかごと称されるほどの豊かな土地であった。こういった農業環境は生産性を制約するものとなった。なぜなら、人口が与えられた資源には収まり切らない成長を遂げていくことになるからである。

地中海性気候に順応するために、ギリシャの農民たちは二圃制における主要作物として、秋にまいて翌春に収穫する秋まき小麦に頼るようになる。大麦、レンズマメ、リンゴ、洋ナシ、イチジク、ザクロ、そしてとりわけ遅くとも紀元前一〇〇〇年までには加工法を習得していたオリーブなども生産されていた。牛、羊、山羊、（紀元前一〇〇〇年頃にインドからギリシャにもたらされたニワトリを含め）家禽類をはじめとした家畜の飼養もおこなわれていた。農業技術という点では、ギリシャ人は必ずしも画期的な発明をおこなってきたわけではない。使用された農具は単純で、土地を耕す簡素な鋤もそうであったが、多くは木製であった。穀物は手まきで、鍬で土を被せ、金属製の鎌で収穫された。ワイン搾り機とオリーブの圧搾機は使われていた。

農民たちはギリシャの兵制と政治制度の基礎の役割をも果たした。かれらは播種と収穫の繁忙期の合間に、国土防衛のために戦争に参加し、国境地域で領土の拡大を図った。だが、農作業をおこなわなければならない時期には必ず戦闘を切り上げた。「重装歩兵」として従軍したかれらは槍を持ち、矩形の密集方陣を形成して闘った。

ギリシャ人は二種類の農業制度をおこなっていたと考えられている。一つはスパルタに典型的な、奴隷制的な農業制度である。この制度は強制労働や近隣の人々を奴隷とすることによって成立し、征服によって強要され、暴力によって維持されていた制度であった。もう一つの制度はアテネを代表例とする制度で、様々な規模の個人所有の農場に主たる基盤を求める制度であった。後者の農民たちも奴隷を所有していたであろうが、これらの奴隷が農作業において果たした役割は小さく、奴隷たちが農業に関わるすべての賦役を課された独自の社会集団を形成していたわけでもなかった。雇用労働や裕福な農民のより大きな農場を経営したいという性向の方がはるかに重要であった。

◈スパルタと奴隷制

奴隷制は明らかに、多くの古代ギリシャのポリス（都市国家）が採用していた典型的な方策であった。ミケーネやミノア・クレタの古代ギリシャ社会が、奴隷や隷属的な農民に依拠した社会であったことは明確である。しかし、伝えられているところでは、こうした奴隷制はすべて、少なくとも部分的な理由としては自然災害や蜂起、他国の侵攻によって、また明白な理由としては人権意識の萌芽によって覆されてしまった。紀元前一二〇〇～前一〇〇〇年の間に、海の民と呼ばれる多様な出自を持つ侵略者たちが、ギリシャを蹂躙した。長きにわたった「暗黒時代」（紀元前一七〇〇～前一〇〇〇年）に、ギリシャ文明は最低限の生存が保てるのみの生産の時代、一辺境の時代へと落ちていた。だが、その時代はポリスの支配層や自治的な都市国家が自己変容を成し遂げた時代でもあった。

紀元前六〇〇年頃～前四〇〇年にかけての古典古代期までは、都市国家スパルタは、ギリシャの他の都市国家よりも抑圧的な、奴隷制に基づいた農業システムを堅持していた。スパルタ人は紀元前一〇世紀にペロポネソス半島に定住し、他のギリシャ人と同様に寡頭制国家を樹立した。しかしながらスパルタ人は、他のギリシャ人とは異なり、かれらの国家を軍事共同体に変えていった。そこは事実上すべてのスパルタ人が戦争に備え、鍛錬をする場所であった。こうした制度を支え、外部からの攻撃から身を守るために、スパルタ人は紀元前八世紀～前七世紀にかけて、近隣の住民を征服し、隷属させた。スパルタ人と同じ渓谷に住んでいたラケダイモン人や、都市国家メッセニアも抱える近接地域に居住していたメッセニア人も、スパルタ人によって服属させられた。かれらを打ち破ることによってスパルタは、八五〇〇平方キロメートルにわたるギリシャで最も肥沃とされる農地のいくつかを獲得することができた。

次にスパルタ人は、被征服民を「ヘロット」とした。この言葉の語源は定かではないが、ギリシャ人はこの集団を「自由人と奴隷の中間」と定義した。ヘロットたちはスパルタ全体の資産と見なされ、特定のスパルタ人家族の農地を耕作するために雇用された。ヘロットは家族や財産を所有することができ、固有の信仰を保持することもできたが、自らとスパルタ人を食べさせていくために身を粉にしなければならなかった。生産物の半分はスパルタ人に差し出さねばならなかった。スパルタ人たちはヘロットたちを威嚇することによって、自らの支配を維持しつづけようとした。スパルタの支配層は、毎年、戦闘状態にあることを宣言し、スパルタ人たちがヘロットを攻撃しても免罪とすることを認め、果ては免罪となることを推奨し、ヘロットたちが殺されることもあった。

メッセニア人は上述のような境遇を受け入れることをよしとせず、何度も反抗を試みた。紀元前四六四年、甚大な被害をもたらした地震がスパルタを襲った。都市の大半は破壊され、多数の死者が出た。ポリスの戦闘能力は弱体化し、ヘロットにとっては蜂起の絶好の機会となった。スパルタはこの蜂起を鎮圧させられず、休戦協定を結ぶのがやっとであった。アテネはヘロットの生存者を避難させ、スパルタから遠く離れた場所に亡命者として定住させた。紀元前三七一〜前三六九年に、都市国家テーベがスパルタを破り、メッセニアはスパルタ領から切り離された。同地は新たな都市国家となり、かつてのヘロットと紀元前四六〇年代の蜂起の子孫が住民となり、蜂起の記憶を保持し、自由と平等の政治理念を発展させていった。こうした政治理念は、ソフィストであったアルキダマスの『メッセニア演説』のような著作においても古典的な一節として表現されている。曰く、「神はあらゆる人間を自由とした。生まれながらに奴隷である人はいない」と。

スパルタのみが近隣住民の強制労働に依存した唯一のポリスであったというわけでは決してない。農場の労務を担ってくれる従属的な人夫に依存していたギリシャのポリスは多数に上った。自身の著作『政治学』においてアリストテレスは、理想のポリスでは、市民のために農作業をおこなうのは、他所の地域から来た農奴や奴隷たち、あるいはギリシャ人以外の人間たちであらねばならないとさえ論じている。

◆アテネとソロンの改革

紀元前七世紀、アテネは農業改革の途上にあった。奴隷に依存していた都市国家と同種のシステムを作り上げることが求められていた。少なくとも紀元前六世紀までのアルカイック期には、氏族が集団で土地を所有しており、個人が土地を売却したり、土地を借金の担保とすることは不可能であった。農民たちは担保とするなら自分たち自身や家族を担保として用いていた。担保とされた家族は、裕福な農民の小作農となり、生産したもののほとんどを富農に差し出さねばならなかった。こうした従属的な家族はヘクテモロイと呼ばれた。ヘクテモロイとは六分の一を意味するが、それが貸主に収穫の六分の一を支払ったのか、保留分が六分の一であったのかは、史料的には明らかになっていない。もしヘクテモロイが債務を返済できなくなった場合には、法に従って当人とその家族は奴隷となり、貸主はかれらを身売りすることもできた。

小農が困窮し、負債に喘ぐ事態に陥ったのには、環境や人口といった要素も関わっていた。アテネの面積は二六〇〇平方キロメートルにすぎず、スパルタの三分の一にも満たない痩せた土地であった。アテネの農民たちは昔から、木々を伐採し、農地を拓いてきた。しかし、そのことが土地の浸食や枯渇を招き、収穫量は減少した。増大する膨大な人口に対して十分な食糧を生産してゆくために、アテネは牧畜から粗放な穀物栽培に移行していった。ホメロスの叙事詩が多くの家畜を描いているように、古典古代期までのギリシャ人は穀物と豆類を食べ、山羊や家禽類を飼育するのが普通であった。一般的にギリシャの農民は生きてゆくのにギリギリのものを生産していたが、中でもアテネは食糧危機に見舞われることがしばしばであった。

紀元前六〇〇年頃、アテネは経済的・社会的な危機に直面した。多数のアテネ人が、要するに土地領主などの債務者であるヘクテモロイとなり、奴隷に身をやつす者も多く、売られる者さえいた。ポリス当局や貸主はホロイという石を農地に置いて、ヘクテモロイの身分であることを明示した。ホロイの設置は、その土地の収穫物がすでに貸主に委ねられており、販売が許されないことを明確に表していた。

こうした危機的状況に対応するために、紀元前五九四年、アテネの支配層は同じ階層に属するソロンを、独裁に近い権力を持つ指導者であるアルコンに選出した。次いでソロンは、ほとんどがヘクテモロイと奴隷から成る貧困層と裕福な支配層の利害を調整するための改革に着手した。ソロンはホロイの石によって明示されたすべての契約と借財の無効を命じ、個人やその家族の身分保障に関わるような貸し付けを禁じた。借金で奴隷となった人々をすべて解放し、負債が原因で奴隷とされ、どこかに売られてしまったような人々をアテネに連れ戻すこともおこなわれたようである。こうした一連の諸法をアテネでは、負債を取り除くという意味のセイサクテアと呼んでいた。またソロンは、アテネの経済をより商業的にする政策を導入した。オリーブやオリーブ油の輸出を奨励する一方で、その他の全農産品の輸出を禁じた。かれは父親たちに助言し、息子たちに農業以外の技能や交易の術を教え込むようにしたり、経済に貢献してくれる外国人をアテネに招くなどした。

上述の諸政策はアテネにおいて、かなりの論争を巻き起こした。ヘクテモロイの多くは失った土地を取り戻したいと考えた。だが、ソロンは土地改革の導入に対しては否定的であった。逆にかれの政策は、貧しい農民たちに借財の形となった土地を放棄させ、大土地所有者の下やアテネ市内で働く小作農や人夫となることを促すものであった。このようにソロンの改革とは、最貧困層の人々が奴隷に転落することを防いだが、他方で富裕な人々の利益をも守り、商工業を育成するものでもあった。この輸出のおかげでアテネは、ポリスが必要とする穀物のおそらく半分ほどを輸入することができ、（スパルタと結んで）ペルシャを破り、紀元前五世紀の文化創造を可能とすることができた。ソロンの改革はまた、ヘロットのような奴隷身分の労働者集団が形成されることを防いでもいた。

紀元前五世紀末〜前四世紀初めにかけてのペロポネソス戦争はアテネを荒廃させ、農業に対しても重大な転換をもたらした。多くの家族が男手を失い、戦地から戻った兵士でも十分な働きができない者もいた。裕福な農民や都市民は、放棄されたり、借金の形となった土地を手に入れ、小作農や奴隷を使ってそれらの土地を耕作した。こうした変化はアテネ周辺の地域やアテネ以外のポリスに及んだが、アテネから遠く離れた地域ではいまだ小農経営が支配的であった。小作農や奴隷を使っての農業経営の様式が確立するのは、ヘレニズム期のことであった。

紀元前四世紀、アテネやギリシャのその他のポリスでは、周期的に食糧危機に見舞われ、既存の技術では土地を改良したり、収穫量を高めたりすることもできずにいた。アテネのように植民に活路を見いだそうとする都市国家はほとんどなかった。ほとんどのポリスは輸入を管理し、分配を調整するしかなかった。輸入に依存していたアテネは三五人の穀物管理人を任命し、輸入を監視し、穀物の横領を防ぎ、投機を予防し、価格を低く抑えるために、遠隔地商人や製粉業者やパン製造業者の利益を統制させた。穀物の輸出を禁じていたソロンの法律はまだ生きており、他の多くのポリスがそれを真似ていった。都市国家テオスでは、穀物輸入の妨害や穀物の秘蔵は死刑に相当する犯罪であるとされた。

スパルタのような奴隷に依拠したポリスとアテネのようなより民主的で、人道的にも見えるポリスとの相違は、ある面では指導者や支配層の決断に明確に現れるし、決断に先立つ諸行動に反映されるものでもある。また、スパルタとアテネの相違は、取り巻く環境にも由来する。スパルタは、アテネよりもはるかに広大な領域と、生産力の高い土地を支配していた。スパルタの土地の生産力は高いが、そのことは安定した食糧供給が、たとえ農民たちが敵対的で反抗的であっても、ヘロットのような従属的な農民層への依存によって成り立っていることを意味していた。農民たちが安定した余剰生産物を生み出すのは、わずかの強制に、天賦の高い土地収穫量が組み合わさってのことであった。

痩せた農地に小規模な農場が一般的なアテネの場合、生存のための生産は常に覚束ない、困難な闘いであった。したがって、アテネ社会がこの問題を、反抗的な奴隷身分の農民層に委ねることはありえなかった。こうした不安定な生活がかえって農民たちをして、ポリスの政治に直接的な利害を見いだすことにつながった。あらゆる決定が自身の利害や生存に関係するからであった。アテネが商業を主体とする経済に移行し、ますます交易に依存する体質となったのはソロンが起点であり、この体質は紀元前四世紀に強められた。経済体質のこうした移行は、アテネ社会のあり方にも変化をもたらした。今やアテネは、基本的に環境との格闘を諦めた。商業エリートの数も富も増大し、普通の農民であった者が土地なしの人夫となることは日常茶飯事となった。経済的な階層化は、スパルタのそれとは大きく異なっていた。

◆ローマと土地改革への最初の苦闘

ローマは農業を基盤とした都市国家として、その歴史を開始した。ローマ人が共和国と称した都市国家は、アテネに似て、自らの領域を守り、広げようとする小農たちから成っていた。紀元前一八〇〇～前一五〇〇年といった初期の頃、ローマの村民たちは、穀物・オリーブ・ワインのためのブドウといった地中海特有の一連の農産品を生産し、牛・羊・山羊・豚を飼養していた。

萌芽期が終わる頃までに、ローマ社会は高度に階層化された社会になっていた。階層化をもたらした大きな原因に借財があった。借財は、異なる身分集団間に長期にわたる関係を作り出し、裕福な支配層が普通の人々や貧しい人々――そのほとんどは農民であったが――に社会的な支配を及ぼす主たる方策の一つとなった。十二表法にまとめられたローマ法によれば、もし債務者が借金を期限までに返済しない、あるいはできないときは、債権者は債務者の財産を没収し、債務者を奴隷として売ることができた。あるいは、ラテン語でネクサムと呼ばれる拘束行為を課し、労賃が借金の返済額に達するまで債務者を債権者のために働かせることもできた。

共和政ローマの歴史、特にその衰退の歴史は、いくつかの点で、農業の歴史と密接なつながりを持っている。紀元前六世紀以降、ローマには二つの主たる政治的な階級が現れ、その地位はおおむね土地支配によって顕示された。血統貴族は主要な土地所有者であり、軍事的な指揮官であり、政治的な権威をほぼ独占的に担っていた。平民は元来、小農や貴族の所領で働く小作人も含んでいたが、隷属平民として貴族に仕えるようになり、貴族の兵士として戦闘に加わるようになった。この血統貴族や平民も含みながら、最も豊かな富を所有した元老院議員の階級から、何の財産も保有しない最下層階級まで六段階の社会経済的な階級が存在していた。

紀元前五世紀～前四世紀の間に、平民たちは「階級闘争」によって貴族から譲歩を勝ち取り、最終的にはローマにおいて貴族に近い権力が与えられた。平民たちは、貴族たちの元老院との均衡を保つために平民会と呼ばれた自らの議会を獲得し、選出された護民官を元老院に送り、その立法に拒否権を行使し、平民会での立法を提起する権利を得た。元老院で護民官に当たるのが執政官であった。執政官は共和国の最高位の軍事指導者であったが、平民会に介入する権利はなかった。紀元前二世紀までに、平民と貴族の差はほぼ無くなっていた。平民の多くが富を得、権力を獲得した。貴族にも叙せられ、執政官として服務し、その他の高位にも就き、貴族との婚姻も許された。

ローマが軍事的な拡大を遂げることは、敵の農業に攻撃を加えることも意味していた。したがって、そうした軍事的拡大は、農業にとって長期にわたる影響を孕んでいた。紀元前四世紀～前二世紀にかけて、ローマは一連の防衛戦争を戦い、イタリアと北アフリカの大半を征服した。これらの戦争によってローマの支配域は劇的に拡大し、共和国は広大な領土を領有することとなった。ローマ軍は領土を獲得するために、被支配民を大量の奴隷とすることも多かった。当局はこれらの土地を退役軍人やローマ本国の貧しい人々に分配した。ローマ人は負債を負った人夫に代えて多くの奴隷を雇用した。紀元前三一〇年には、ローマは拘束行為の慣行や負債奴隷制を廃している。

戦争は土地を受領した人々に利益をもたらし、イタリアに富をもたらした。だが、戦争は地方経済を厳しい局面に陥れもした。兵士たちは以前よりもはるかに長く家を空け、時には帰らぬ人となったからである。ローマの人口は紀元前二世紀までに数十万人を数え、多くの人々が市場の産品を貨幣で購入していた。そのほとんどは貴族であったが、大土地所有者たちはそうした市場に投資していた。大土地所有者たちは、日常的にペテンを用い、借財を理由にして兵士の家族から土地を取り上げ、拡大する都市の周辺に次々と土地を獲得していった。広大に広がった所領はラティフンディウムと呼ばれ、地方市場向けのワインやオリーブ油を生産するために、今や大土地所有者たちは奴隷労働を用いていた。シチリアや北アフリカのようなもっと辺鄙な支配地では、大農園に雇われた奴隷たちは都市向けの穀物を栽培していた。

こうしたラティフンディウムの登場も、決して農民を無用とすることにはつながらなかった。農民はいまだ帝国の人口の大半を占めていた。ラティフンディウムがたいてい大都市の近郊や、主要な交易路や港の近くに位置していたのに対し、もっと遠隔の地域ではいまだに小農が経営する農場が一般的であった。また、ラティフンディウムが単独の大規模農場として経営されるということは稀であった。そもそもラティフンディウムという用語が、個々の所有者が所有するいくつかの小農地の集まりを意味しており、多くの場合、所有者たちは自身の農園をいくつかのより小さな農園に分け、小作地としての経営に委ねていた。

ローマにおける奴隷の地位は、必ずしも一定ではなかった。農場経営やその他の事業の責任ある地位について、自由を獲得し、そうした組織体の所有者にまで成り上がった奴隷もいれば、牧畜のような過大な負担を免れた仕事に従事していた奴隷もいた。共和国期の史料の中には、トランスフマンス、つまり牧夫が家畜を連れて、高地の夏営地と低地の冬営地を季節ごとに往来していたことを示す初期の史料もいくつか含まれている。また、オリーブやブドウの生産に従事していた奴隷もいたが、これも激務とは程遠い仕事であった。シチリアやスペイン、あるいは北アフリカのかつてのカルタゴ領のような新たに獲得された領土の多くでは、奴隷に穀物をはじめとした作物の栽培という困難な仕事をおこなわせ、かつ奴隷に非常に厳しくあたる土地所有者もいた。そうした行いは、紀元前一三六〜前一三二年に発生したシチリアの奴隷戦争のような奴隷の蜂起につながっていった。奴隷たちはシチリアの半分近くを支配下に収めたが、最終的に蜂起はローマ軍団によって鎮圧された。

このようにローマの拡大は、国家を農民兵士の作る小さな共和国から、巨大で、複雑で、社会的にも分極化した国家へと変質させた。変質した国家は、小農というかつては中核を成していた農業者集団を急激に衰えさせていった。小農たちの苦境が、ローマの政治指導者たちにとっての中心的な課題になっていった。

征服の過程で、ローマは「公有地」に分類される、自由に占有できる広大な土地を没収してきた。紀元前二世紀初めに制定された法律では、こうした占有は五〇〇ユーゲラ（約三〇〇エーカー）までに制限された。しかし、この法律が制定されてから数十年も経ないうちに、多数の大土地所有者、元老院議員、そしてその他の二〇〇〇家族に満たないほどの貴族たちが、この法律を破り、制限を超えて自身の所有地を拡大させていった。かれらは小規模の土地所有者や平民から土地を奪うために、借財、脅迫、威圧を駆使した。土地を奪われた平民は、小作農あるいは土地なし農となり、生き延びるためにローマやその他の都市に流れていった。

こうしてローマでも地方でも、社会の安定を脅かす貧しい人々がどんどんと増加していった。兵役に就くことができる貧者は稀であり、建設業やその他の業種で雇用の機会を見つけることも、紀元前一五〇年頃までにはかなり難しくなっていった。

同じ時期、地方では、農場で働く奴隷が数多く見られた。紀元前二世紀には、かれらが蜂起する潜在的な気運が明らかに高まっていた。小農たちが違法な没収のために土地を失い、それでいて大土地所有者たちが奴隷に依存しているため、小農たちは働き口も見つけられないでいたので、地方の人口減の原因は奴隷制の拡大にあると糾弾する者もあった。奴隷に頼った農場はローマ向けのオリーブ油やワインを生産していたが、このことは地方における土地使用が生存に必要な農産品から、市場産品の生産へとシフトしていくことを意味していた。このような状況は同時代人の眼には、ローマの生活維持と安全保障への脅威に映った。ローマは、シチリアや北アフリカの奴隷に依存した農場が産出する輸入穀物に頼らねばならなかった。このことは、一方でローマ軍に従軍できる一群の有能な人々を地方の人口減により失っているにもかかわらず、ローマ市の死活に関わる問題を奴隷の蜂起に無防備に委ねているに等しかった。

今日の研究者の中には、地方は人口過剰であったと考える者もいる。戦争は戦後の「ベビーブーム」を招来し、「ベビーブーム」でローマは、利用可能な土地に居住できる以上の人々で溢れたというのである。大土地所有者の違法な拡大主義は、この問題を悪化させた。ローマは地中海沿岸の征服地に植民地を建設していったが、これらの植民地は増大する土地なし農や潜在的な危険分子を吸収するには必ずしも十分な広さを持ち合わせていなかった。

人口不足であろうが、人口過剰であろうが、こうした環境が土地にまつわる対立の幕開けとなり、以降、ローマの社会と政治を何世紀にもわたって悩ませることになる。ローマ当局が土地所有を制限する法律を通したということは、戦争の結果としてこの問題に対してすでに懸念を抱いていたことを示している。紀元前二世紀初め、ローマはおよそ一〇〇万ユーゲラ（約六〇万エーカー）の土地を一〇万の家族に分け与えた。一部は兵士や植民者に分け与えられたが、このことが分配に必要な自由地の枯渇を招き寄せることにつながっていく。紀元前一四〇年代には、ラエリウスという名のローマの執政官が農業改革法を上程したものの、有力な利害関係者から法案を撤回するようにとの圧力を被った。

紀元前一三〇～前一二〇年代にかけて、平民と貴族双方の血を受け継ぐ名家の出身であった二人の兄弟、グラックス兄弟が土地改革によってこの農業問題を解決しようと試みた。紀元前一三三年、兄のティベリウス・グラックスが護民官に選ばれた。ティベリウスは、法で定められた上限を超えた私有地の拡大につながる、当局の公有地分配政策や戦争に乗ずる貴族たちやローマの富裕層を攻撃したことから、護民官に選ばれた。かれはこの問題を解決するために、五〇〇ユーゲラの上限を厳格化し、没収地は小さな単位に分割し、それを土地なし農に分け与える内容の法律を提案した。この改革により、多くの兵士を徴兵することができる経済基盤が形成され、ローマは反抗的な奴隷の労働力ではなく、今以上に小農たちに支えられた国家になるであろう、とティベリウスは主張した。

ティベリウスは、貴族が主体の元老院が賛同することはないと考え、法案を平民会に持ち込んだ。激しい政治的な対立はあったが、平民会は土地法を通過させ、それを執行するためにティベリウスも委員に加えた委員会を設立した。法の施行をより確かなものとするために、ティベリウスはほとんど前例のなかった護民官の再選を宣言した。元老院議員と同僚の護民官を含めたティベリウスの反対派は、すでに農業改革法に苛立ちを覚えていたが、今やかれの行動をより強力な権力を奪取しようとする試みであると解し始めていた。ティベリウスは農民や貧しいローマ市民の支援を求めたが、元老院議員やかれらの取り巻きはティベリウス支持の集団を攻撃した。その後の乱闘で、ティベリウスも含めて、数百人が殺されたり、足蹴にされて死に至らしめられた。

ティベリウスの法とかれの死は、ローマ市民を土地改革の賛成派と反対派に二分させた。ティベリウスの職務を調査した元老院は、数名の反対派を罰し、数名を死刑に処した。農業法執行委員会は、紀元前一三二年に活動を開始したが、容易に扱える土地は紀元前一二九年までにはすべて再配分し終えてしまい、その後は議論や合法的な訴えが頓挫してしまった。

こうした経緯の中で紀元前一二〇年代になると、ティベリウスの弟であるガイウスが平民の新たな指導者として登場してきた。ガイウスは一連の改革のさらなる進展を掲げていた。かれは紀元前一二三年に護民官に選出され、その人気の高さゆえに、連続して二期、任期を務め上げた。限られた史料が伝えるところではあるが、ガイウスの農業法はティベリウスが設立した委員会の権限を拡大するものであった。委員会は、大規模農地も含めイタリア域外の公有地を、新たに入植した人々に再配分することができるようにした。また、ガイウスは、奴隷の反乱や不作でローマへの食糧供給が減退し、物価が上昇した後に、毎月定額でローマの貧困者に食料を配給するという、ローマ史上初の法律である穀物法を施行した。ガイウスの法律は民衆からの支持を獲得し、富裕層による貧困層支配をいくらか弱めることに成功した。それはまた暗黙のうちに、土地改革には限界があり、ローマの貧者の多くが自身の土地を取り戻すことなど決してできないことを示してもいた。ガイウスの法は、大規模穀物農場と供給を担う穀物商人に対する事実上の国家補助となっていた。

平民会はガイウスの法案を通過させたが、今回も他の護民官たちは反対し、元老院は特に反対した。これが原因となって、数日のうちにローマは内戦状態に陥った。ガイウス派は瞬く間に制圧され、ガイウスと三〇〇〇人に及ぶかれの支持者たちは戦闘の中で殺されるか、後の「調査」の結果、処刑された。元老院はガイウスの法のほとんどを旧に復させ、骨抜きにした。すなわち、公有地の再配分は停止され、私有財産制はより強固にされた。

こうした挫折にもかかわらず、歴代の政治指導者たちは土地改革問題に繰り返し挑んでいった。紀元前一〇〇年と紀元前九一年にも、時の護民官が公有地の分配の導入に再度挑戦したが、またしても謀略にはめられ、殺害された。元老院議員で軍事指導者でもあったスラは、紀元前八二年にローマの実権を掌握し、イタリアにおいて土地を没収した。スラは、時に政敵から土地を没収し、それらを取り戻そうとする本来の所有者たちの試みを退けつつ、八万人に上る自身の兵士に土地を分け与えた。紀元前六二年には、元老院議員のカタリーネが、借財の帳消しと土地の再配分を訴えて執政官に立候補した。かれは執政官には選ばれず、ローマの北方に逃亡し、挙兵したが、かれとその従者たちは元老院の軍隊との戦いの中で命を落とした。

共和国が帝国に変容しつつある危機の中で、紀元前五九年、ついにユリウス・カエサルが執政官としての最初の行動として、土地改革法案を元老院に提出した。元老院議員の多くがかれの提案に激しく反対したため、カエサルは平民会に訴えることとした。平民会は反対派を締め出し、かれの法案を可決した。その上でカエサルは、元老院議員たちに土地改革法を支持すると誓うように迫った。かれは退役軍人や貧しい人々に土地が分配されるのを厳しく監督した。土地の分配は、イタリアよりも、スペインや北アフリカ、東地中海においてより活発におこなわれた。カエサルはまた、新たな植民地を数多く建設するようにと命じた。

最終的に、元老院議員たちのある一団がカエサルの殺害を企てた。アントニウス、オクタウィアヌス、レピドゥスの三頭政治後の内戦で、三人は自身の兵士たちに報い、かれらをつなぎ止めておくために、土地の再配分という必死の策に訴えた。三人は政敵を排除し、その土地を奪うために追放という手段を用いた。最終的には、土地と財産を没収するために、ローマの統治下にあった四〇のきわめて豊かな都市が軍隊に分け与えられた。こうした事態は、恐ろしき権利侵害と受難を招くことになった。オクタウィアヌスはアントニウスを破り、エジプトの支配権を引き継ぎ、帝政を確立した。このことは、オクタウィアヌスが一四万人の兵士を除隊させ、かれら全員に土地を買い与えるのに十分なほどの富を獲得したことを意味した。しかしながらそれは市民にとって、土地改革問題が終わりを告げたかのように感ぜられた。

◆ローマ帝国における農業

ローマ帝国とその継承国家において、古代式から中世的な生活様式への移行が最も顕著な形で現れたのは農業と農村社会においてであった。ローマ帝国の農業史には、共和国末期のグラックス兄弟のような劇的な事件はまったく見いだすことができない。その代わりに、帝国時代を通じて、大農場の数と重要性が徐々に増大・拡大し、そうした農場で働く奴隷たちの役割は後退し、ローマ人がコロヌスと呼んだ人々が台頭した。ディオクレティアヌス帝やコンスタンティヌス帝を嚆矢《こうし》とする政治指導者たちは、農民の増大に歯止めをかけようとする法律を導入した。中世初期の西欧における農奴制の普及は、この農民の増大に由来するものである。

大農場や小農の数に関するデータは存在していない。しかし、ラティフンディウムと呼ばれた農場が、主にイタリアの中心部、北アフリカ、エジプトに存在していたことは明白である。農場では奴隷と自由身分の労働者のいずれもが働いており、雇用形態としては雇用労働と小作人契約があった。ほとんどの農場では、明らかに特定の作物に特化して栽培がおこなわれていた。特に南イタリアに多かったが、家畜の飼養を基本とした農場もあれば、ワインやオリーブ油を生産するためにブドウや樹木作物を中心とした農場もあり、またローマやビザンティウムやその他の大都市に供給するための穀物を栽培していた農場もあった。こうした農場の中には、身分も様々な数百人の人夫を雇っていたところもあり、きわめて洗練された企業体となっていた。こうした大農場の経営方法を説いた著作を著すローマ人の土地所有者も現れた。小農場のネットワークの核となる役割を果たした大農場もあった。キリスト教がローマ皇帝によって公認され、四世紀に国教と位置付けられると、カトリック教会が広大な所有地を獲得し、そこではたいてい奴隷たちが働いていた。

上記のような農場は、政府や都市の市場が欲するものの生産に特化していた。大穀物農場は北アフリカやエジプトにあり、ローマやビザンティウムに穀物を供給していた。ローマと同じく首都であったビザンティウムは、帝国末期には、貧しい人々に対する穀物の配給と分配をおこなっていた。ローマ当局は穀物商人たちと長年にわたり、ローマやビザンティウムに穀物を届ける独占的な契約を結んでいた。

大農場が持つ経済的な影響力は複雑であった。中東のギリシャ系王朝であるプトレマイオス朝はエジプトを、特にナイル・デルタの南東に位置するファイユーム地方を、穀物やワインをはじめとした首都向けの産品の一大産地へと発展させた。ローマがプトレマイオス朝エジプトを征服すると、同地方の衰退も始まったが、ローマ人は灌漑設備や食糧生産を維持したために、交易は復活した。だが、ローマ人は交易を政府の独占として、農場の生産物、特に穀物を、何ら補償することもなく、税として船でローマに輸送した。ローマ当局は、エジプトにあった個人農場の多くに対し管理の目をより厳しくした。

二世紀までには、ローマの一連の政策によってエジプトの都市民と農民は困窮してしまった。土地の剝奪・没収への不満は、約二〇〇年前の征服以来初のローマに対するエジプト農民の大反乱である一七二年の牧夫の反乱で最高潮に達した。反乱に加わった者の多くが、土地を奪われた農民であった。

事態を鎮静化させようとした後の皇帝たちの努力は、ほとんど成果を見なかった。ナイル川の水位が低く、収穫がわずかな年に、穀物税を下げた皇帝も時にはいたが、通常は、穀物税の税額は一定の水準に留め置かれたままであった。三世紀のローマの法令には、土地を奪われた農民の集団が跋扈する地方の様子がすでに描かれている。放棄された村落に関する報告は五世紀に入ると増加し、わずかな有力家門や教会の機関が広大な面積の土地やそこで働く農民たちを、自らの庇護下に置くようになっていた。ローマ当局はこれを黙認し、エジプトは地方に割拠する専制国家に分裂していった。割拠する専制国家は、七世紀のアラブ人の侵攻を前にしても団結することができなかった。

奴隷制が最盛期を迎えたのは、共和政ローマの衰退期、すなわちローマ人の征服が続いた紀元前の二世紀間であった。帝国期の初期、ローマにはほとんど新たな征服地がなく、奴隷貿易も目に見えて減退していった。ローマの農耕は、大農場の存在にもかかわらず、どちらかと言えばあまり奴隷を使用していなかった。ローマ時代の農事作家は、奴隷労働は特定の作物、とりわけブドウやオリーブの生産に最も適しているると考えていた。奴隷の中には専門的な知識を持った生産者となる者もあり、その仕事ぶりから身分の解放を勝ち取る者もいた。

帝国のほとんどの人々は、小規模農のままであった。ネルヴァという皇帝が、九六〜九八年に、小規模な土地の再配分をおこなっている。小農に関して詳しく伝える既存の史料はほとんどないが、小農の多くが閑散期の生活のために仕事を求めて移動する季節労働に従事していたことは知られている。現代の発展途上国の農民たちの姿に非常に近い。帝国末期には、残存するパピルス史料に、農場と様々なタイプの労働者との間で結ばれた労働契約が、それまでの全ローマの歴史と比較しても、かなり多く含まれている。これらの契約には、分益小作、地代を支払っての直接借用、あるいはそれ以外の形態があった。家畜、特に羊と山羊を飼養する小農もいた。紀元前一世紀、かれらは冬には低地の冬営地へ、夏には高地の夏営地へと周期的に家畜を追っていた。こうした形態のトランスフマンス〔移牧〕は、地中海地域全体に広がっている。

帝国期には、農場で働く人夫やコロヌスと呼ばれた農民に言及する史料が増加する。コロヌスとは、帝国初期には、様々なタイプの借地契約を結んだ土地の借地人のことを指していた。その身分が継承される地域もあった。類似の集団である家僕は土地を借用することができず、労働者として雇われることしか認められていなかった。四～五世紀に、一連の法律がこれらの集団の身分を、われわれが農奴と呼ぶようになる存在にまとめていった。

上記の諸法は、徴税のためと必要な産品を生産するために、人々を仕事と居住地に縛りつける目的で当初は施行された。ディオクレティアヌス帝やコンスタンティヌス帝に始まる四世紀のローマでは、人々に労働の場に留まること、コロヌスには納税登録がなされた場所に留まることを求めた一連の法律が公布された。それに続く法律では、特定の個人に「属する」ものの、他人に連れ去られたコロヌスの返還と、皇帝の農場から出た奴隷、コロヌス、およびかれらの子どもたちの返還が求められていた。三九〇年代の法律では、コロヌスは「土地付きの奴隷」と明言され、不当な小作料の要求を除いて、土地所有者を訴える権利はかれらには無いとされた。さらに後の法律では、コロヌスが陪審員や行政職を務めたり、兵士や聖職者になることが禁止された。この法律は、最終的に奴隷をコロヌスに同化させ、土地と切り離してコロヌスのみを売却することを禁じた。四一五年にはエジプトの法律が、コロヌスのみならず、村から逃げた農民も処罰され、村に連れ戻されねばならないと規定している。

奴隷を保有するコロヌスがいたなど、曖昧な点は残るものの、上記の諸法が示しているように、大多数の民衆は、土地所有者の聖俗両面での監督の下、自身の村落に留まっている必要があるとローマ当局は考えていたようである。ローマの高位の行政官のほとんどは大土地所有者でもあったので、土地所有者層の利益に鑑みて、議会は上記の諸法を可決していった。数世紀後、ロシアの農奴制の発展において、われわれは同じ形の展開を見ることになる。

◆中　国

中国の農業史は、古代ギリシャやローマのそれと同じく、小農の存在によって幕が開かれた。ここでも小農たちは、富裕な土地所有者たちによって自身の土地を奪われ、帝国拡大の基礎を支える貧しい階層となっていった。だが、この構図は中国史により大きな影響を刻印した。なぜなら、ギリシャやローマに比して、中国史の方がはるかに激しやすい環境があったからである。自然界の大災害、困窮に喘ぐ大量の農民、土地所有者や役人の悪弊が反乱を惹起させた。漢代だけでも、政権は二度、反乱によって転覆させられている。

中国の農業は、地中海世界とは根本的に異なる環境で発展してきた。中国はモンスーンアジアに属している。通常、夏から初秋にかけてが雨季に当たり、アジアと東太平洋が連関した複雑な気候サイクルによって、海風が陸地に向かって吹き付ける。エルニーニョ現象（東太平洋の温暖化）が発生すると、雨季の雨は不足するか、まったく降らず、干ばつや凶作を引き起こす。ラニーニャ現象（東太平洋の寒冷化）は、雨季を長期で深刻なものとしたり、洪水を引き起こし、村々を洗い流してしまったりする。紀元前二〇〇〜一九一一年の二一〇〇年を超える中国皇帝の歴史には、約一八〇〇回の災害に起因した飢饉が記録されている。ほぼ毎年、国のどこかで洪水か、干ばつか、害虫被害か、あるいはその他の災害が発生している。あまりにも深刻で、広範囲に及ぶ災害の場合は、政府が救援を施すことができず、政府の無能さが特に際立つように見なされれば、反乱さえも継起した。

農耕のやり方が環境を悪化させることも時にはあった。古来、中国の農民は森林を伐採し、焼き払って、耕作地を拓いてきた。森林伐採は土地の浸食と表土の流失に常につながってしまうが、最初に農耕が起こった地域である中国北部では、森林伐採によって黄土を洗い流し、黄河へと流入させてしまった。河床が高くなってしまうため、中国当局は民衆を組織して堤防を建設させ、河床を地面よりも高くさせた。だが結局、川は堤防を越えてしまう。紀元後一一年に、黄河は堤防を越え、甚大な荒廃を引き起こし、多数の人命を奪いつつ、川の流れを数百キロメートル移動させた。

こうした危険な環境の中にあって、中国の支配者たちは自然災害やそれに続く飢饉から身を守るために、また農産物の収穫量を高めるために、環境を作り変えることを試みつづけた。誰もが知る例としては、紀元前二五〇年頃に、中国中部の四川省にある岷江《みんこう》に都江堰《とーちゃんぜき》堤防と灌漑施設を建設して、洪水を防いだ郡令、李斯の例があろう。この灌漑施設は建設に一〇年を要したが、今もなお使用されている。

中国の支配者たちは、民衆の活動の中で農業が最重要の活動であり、政権が最も腐心する活動であると繰り返し述べてきた。古代中国の書は飢饉と並んで、耕作を捨てて、交易のような「非生産的な」活動に従事しようとする農民に対して大きな懸念を示している。

耕作は、中国の二つの異なる地形において発展していった。華北で興った中国最初の文明では、農民たちはキビ・（大豆も含めた）豆類・大麦・小麦・麻・多くの野菜類を栽培し、鶏・犬・豚・馬・牛・羊の「六畜」を飼養していた。漢（前二〇六～二二〇年）の時代に入って初めて、相当数の農民がより温暖で、湿度の高い長江の南へ移住し、稲作を開始した。当地で、農民たちはまず一種の「焼き畑式」耕作を試みた。この耕作法では、耕地の雑草を焼き払い、米を播き、雑草が生えてこないようにするために水を張った。これを中国では、「火をもって耕し、水をもって除草する」と称した。二つの地域はさらに多数の地方から成っていたが、それらの地方には様々に異なった気候と土質、水利と風土が存在した。

◆古代中国の農業構造

中国農業の歴史に関して信頼しうる最古の史料は周代（紀元前一一世紀～前三世紀）のものであるが、それによれば、紀元前一〇〇〇～前六〇〇年頃の時期、大半ではなくとも多くの中国農民は、在地の土地所有者に対して依存的な関係を築いて生活していた。土地所有者たちには、農民たちが生産した作物の大半を所有する権利があった。古代中国のある史料によれば、基本的に農民たちは土地所有者の代官の下で働く農奴であり、生産物を領主に差し出し、かれから分け前を受け取っていたと描かれている。

後代の儒教の書は、農民の土地使用法を「井田制」として伝えている。この制度では、農地が井桁に区分けされ、個々の農民は外側の区画を耕作し、中央の区画は領主への作物を生産するために共同で耕作することになっていた。（不確かな部分も多い）井田制が実在していたとしても、それは私有制として維持されたわけではなく、領主支配の反映でしかなかった。

上述の領主たちは、より高いレベルの地方支配者に仕え、中世ヨーロッパの封建制に似た関係を築いていた。紀元前八世紀、周が衰えると、秦がライバル諸国を打ち破り、中華帝国を樹立するまで、中国はそれぞれが覇権を争う無数の小国に分裂した。紀元前六世紀には、一大変革をもたらす法が布かれた。紀元前五九四年、周の継承国家が中国史上初の土地税を課したのであった。こうした法の施行は、農民たちが在地の領主から十分に自立するに至っていたこと、税を支払うのに十分な収入をかれら自身が持っていたことを示していた。農民たちは、独立自営農となる過程の途上にいたようにも見える。

こうした戦乱の時代、中国の農民たちは二つの革新的なもの、鉄器と役畜の力を導入した。新たに導入された、鉄の刃が付いた牛が牽く犂は、中国の農民たちが非常に肥えた黄土の北部地域の「平原を開墾」してゆくことを可能にした。鉄器と役畜とその他の農業技術が、中国を広大な大地とわずかな人間の土地へと変貌させていった。中国の農民たちは、家臣である領主を介して君主に支配されていたが、核家族が基本の開拓者となっていった。

紀元前四世紀までに、井田制で耕作していた中国農民は、地力の低下もあって没落した。多くの農民が自身の必要や税の支払いに十分な生産をおこなえなくなり、大土地所有者の支配に服するか、自身の土地を放棄するようになった。秦は実質的な空き地を抱えたため、紀元前三五〇年の法令で富の増大を目論んだ。秦は、農民たちを同国に招いて定住させ、井田制を廃し、土地の私有化を認めた。以降、順調に発展した農業は成長しつづけ、人口は増大の一途をたどり、紀元前二二一年、秦は初の中華帝国を建設するに至るのであった。

秦の皇帝は、かれの後継者である後の諸王朝も同じであったが、地方に根付いた領主のような競合する諸権威を、税を負担し食糧を生産している臣下である農民と君主との関係を阻害する可能性のある者として、排除しようと努めた。秦の密使たちは、昔からの貴族をできる限り数多く殺害して回った。しかし、秦の始皇帝は灌漑施設と運河を建設しようとして、農民によりいっそう過酷な賦役と税を課した。これによって農民たちは反乱に向かい、秦王朝は滅亡した。

◆漢と土地改革の挫折

紀元前二〇六年の秦の滅亡と漢の勃興は、深刻な国家分裂と人命の損失を引き起こした。漢の初期の支配者は農民の出身であり、帝国の安定と人々の暮らしの安寧が農民層の双肩にかかっていることを熟知していたので、国からの農民への要求を減らしていった。しかし、紀元前一六〇年頃に、深刻な飢饉が発生すると、多くの地方で食糧不足が広がり、当局の手にあった備蓄も少なくなっていった。漢の正史が強調して伝えるところでは、多くの小農は、働いても働いても、通常の作柄の年では家族を養うことができず、税を支払うために金貸しから借金をしなければならなかったと言う。紀元前一五五年、皇帝は税を農業生産高の十三分の一へと減額した。

富裕な官吏や地方の支配者、領主や商人は、農民の苦境を利用してかれらの土地を取り上げ、農民たちを小作人か、あるいは奴隷同然に働かせた。長命の皇帝、武帝〔紀元前一四一～前八七年〕は、そうした集団の力を削ぐためにドラコン〔苛烈で知られるアテネの立法家〕流の手法を採用した。武帝は地方の権力者たちを逮捕し、その財産を没収し、商人たちの土地を奪い、奴隷たちを解放するために、商人たちに高額の税金を課したりした。武帝はこうして、後の再配分に必要な何千という私有地を追加的に確保した。

しかしながら、武帝の死後、領主たちは農村における権力を回復させた。続く皇帝たちは、土地を追従者たちに分け与え、状況を悪化させた。ほとんどの農民は困窮し、災害のあった年には、やりくりのために身の回りの物や子どもさえも売り払わねばならなかった。「均輸・平準」政策が記録に初めて現れるのは、この時期であった。この政策は、豊作の年に地方の官吏が人々から穀物を買い付けておき、不作の年には、市場価格を下げるために、それを市場に流すというものであった。農民の状況はいまだ悪化の一途を辿っていたので、紀元後二年に官吏たちは、土地所有と奴隷の所有を制限しようとするかつての提案を再度提起した。しかし、裕福な領主と多数の官吏がこの案に反対し、この提案が実行されることはついぞなかった。

こうした状況の中、要職にあった王莽《おうもう》が、紀元後七年、実権を握り、奴隷取引を廃し、土地を国有化し、種々の社会集団が保有できる土地をできる限り拡大しようとした。こうした勅令は、より広範な改革計画の一部であったが、それを実行することはもとより、それを調整的におこなうことでさえ難しかった。勅令は領主層の間に反対の気運を生み出すとともに、土地所有の制限に関して、あらゆる人々の間に混乱を生じさせた。

そして、紀元後一一年、大災害が発生した。黄河が流れを移動させたのであった。すなわち、黄河の河口が山東半島の北から南へと、二〇〇キロメートルほど移動したのであった。この災害により、壊滅的な洪水が発生し、山東半島が外部から孤立し、政府の備蓄は水没してしまった。山東半島では、被害を受け飢餓状態にあった農民たちが蜂起軍を形成し、郡内の政府機関を襲った。洪水の水が引いてからは、郡の域外へも襲撃をかけていった。かれらは敵と見分けるために自らの額を赤く塗ったので、「赤眉《せきび》」と呼ばれるようになった。

黄河の流れが移動したことで、すべての政府や役所はこの事態への対応に集中しなければならなかった。王莽は一二年までに、かれが発した農業改革や奴隷制の改革に関する勅令を、実現不可能として撤回した。山東の反徒たちは王莽軍を撃破し、漢のかつての支配者の末裔の下に結集していった。こうして結集した軍は、二三年、打ちつづく戦いの中で王莽軍を敗走させ、翌年には漢王朝を復活させた。
後漢の君主たちは、権力を掌握する過程で資金援助をしてくれた大土地所有者やその一族に恩義があり、土地改革の計画を俎上に載せることはもはやなかった。紀元後一〜二世紀に書かれた批判の書は、大量の人間が農業を捨て、商工業に移っていっていると嘆いている。こうした状況は、優雅な生活を送る一握りの富裕層と増大する貧困層の格差の拡大を助長していった。

他の分野と同じく、農業の世界にも技術革新の波が徐々に訪れた。墓所で発掘された遺物が示しているように、鉄製の犂の刃やその他の鉄製道具の普及は進んでいった。そしてこのことは、二頭の牛に牽かせた大型の犂を、農夫が一人で操る耕法が一般的になっていたことを示唆している。後漢時代には、灌漑施設も各所で建設された。ただ、進歩は全体的ではなく、辺境の地に住む農民たちの多くは相変わらず昔ながらの道具と技術で耕作していた。すでに前漢の末期から、新たな農具や灌漑施設の整備は、貧しい農民たちの手の届く範囲のものではなかった。農民たちはこうした技術革新に接する機会もなく、借金生活に陥ろうとしていた。裕福で力のある土地所有者たちが、そうした貧農や負債のある農民の土地を購入したり、差押えや脅迫で手に入れたりすることは日常的なことであった。貧しい農民たちは小作人となるか、最終的には土地なし農や流民になり果てる者もあったであろう。

こうした問題に対し当局は、社会の基盤である農業に対する哲学的な関わりという見地からと、経済・政治的な理由からの双方から取り組もうと試みた。前漢と同じく、後漢の君主たちも税を安くし、土地の登記を厳格にしようと試みた。農民や土地所有者たちは、不公正な課税と判断すれば、蜂起に至ることもあった。当局は、不正な徴税簿を作成した役人を処刑することもあった。数百万人の農民が人口過密で、領主支配の強い華北を捨て、長江流域やさらに南部の未開拓地域に移っていった。当局の移住計画に従って移住する者もいた。

支配者側からは救済策も施された。後漢時代、年配者・寡婦・寡夫・貧者・自然災害の被害者には当局から穀物の支給がおこなわれたが、その回数は二四回に及んだ。和帝《わてい》（八八～一〇六年）の治世下、中国とヴェトナムのいくつかの地方では、農民たちが干ばつや洪水、イナゴの大量発生や飢饉に直面した際には、当局が税の免除をおこない、穀物倉庫を開放し、金の貸出しをおこなった。この当時の中国は比較的安定し、豊かでもあり、災害もそれほど深刻ではなかった。

和帝の治世に続く数十年間で、農民の窮乏化がいっそう進んだが、事態を緩和するために必要な方策を講ずることが当局にはできなかった。一五〇年には、イナゴの害が広範囲で発生し、黄河の氾濫も起こったために、数十万人が避難せざるをえなくなった。国は一五五年に、救済のために穀物を保有する者から徴発をおこなった。

中央の政府や地方の役所さえも徐々に支配力を失ってゆく傾向が中国の大半で認められるようになり、代わって在地の領主層が地方の農民に対する支配力を強めていった。他方で、被災後の絶望の中で農民たちは、血縁関係や信仰に根ざした秘密結社を結成した。農民たちの信仰においては、もし政府や富裕な領主層の支配を覆すことができたならば、平和で公正な新世界が約束されると考えられていた。数人の軍事指導者と黄巾賊のような農民の秘密結社によって起こされた反乱が発生し、中央政権の無能さと弱体化と不見識も相まって、後漢は崩壊していった。

◆結　論

ギリシャ、ローマ、中国の偉大なる古代農業社会では、地方に住む大多数の人間は、それぞれ異なるタイプの二重の従属に対処せねばならず、異なる反応を取らねばならなかった。ギリシャやローマといった地中海沿岸地域では、大自然災害の発生は稀であった。この地域の農民がしばしば直面した主な問題は、既知の手法で通常は対応可能な乾燥気候や塩分を含んだ土質といったものであった。中国では、農民たちは繰り返される大災害に耐えていた。中国の大災害は、大河が流れを変更したり、何年にもわたる干ばつや洪水が発生するなど、ヨーロッパでは決して遭遇しないであろう過酷さと規模に達するものが普通であった。歴代の中国当局は、緊急事態に対応し、長期にわたる大計画を実行する機関を創設し、上述のごとき災害の再発を防止しようと数万に上る人夫を動員した。こうした方策が成功するのか、失敗するのかが、中国において政権の状態を測るバロメーターであった。

環境的な要因やそれらへの当局の対応こそギリシャ・ローマと中国では異なっていたが、両地域の農民はいずれも、村域外の強力な権力に地方が従属するという酷似した状況に直面していた。アテネやローマでは農民たちは、かれらを奴隷に貶めたり、土地から追い出したりする強い権力を持った土地所有者たちと対峙していた。その結果、土地なし農が大量に都市に流入し、反乱に加わることとなり、都市の生活と安全を脅かすことになった。こうした反乱が時に奴隷制の廃止につながることもあったが、中央政権の指導者の中に、農民問題を認識し、奴隷化から農民を守り、かれらに土地を返還しようとする諸策を取る人物が現れるようになったことの方がより重要なことであった。ソロンやグラックス兄弟、あるいはその他の人々の行動が持つ影響力は限定的でしかなかったが、少なくともかれらは、完璧にではなくとも、民主的な政治制度の前例を作り上げた。民主的な政治制度とは、貧しい農民や土地を奪われた農民たちが何を必要としているのかをも考慮するシステムであった。土地改革を導入しようとしたローマの護民官や皇帝たちの度重なる努力は、問題を風化させないという「組織の記憶」の度合いを示すものであった。

中国では、小農に敵対する土地所有者たちの行為を抑えようとする政府の施策は、ヨーロッパに比べれば、限られていた。役人たちは上位の権力に報告を上げていたが、政策は皇帝の言動に左右され、民衆が政治的に何を欲しているのかよりも、はるかに宮廷政治や個人の性格によって形作られた。中国の指導者がようやく改革をおこなうと決断するに至っても、王莽が試みた諸改革が不発に終わったことが示しているように、地方領主層や富裕層などの権力の方が勅令を上回る影響力を持っていたということはよくあることであった。このように、中国での二重の従属のあり方はローマでのそれと似通っていた。つまり中国では、社会経済的な改革が試みられたものの失敗した。しかし、深刻な自然災害や飢饉から農民のみならず、都市をも守り、支援しようとした当局の努力の規模と頻度においては、西欧を凌駕していた。しかしながら、いずれの地域においても、大土地所有者やその他の地方権力の要求が徐々に農民たちを圧倒するようになり、かれらを支配するに至るのである。共和政ローマは、古代中国のどの政権よりも、農民の大半が望んでいた土地改革を実行できる状況にはあった。

さらなる読書のために

古代ギリシャの農業についての啓発的な著作としては、Aristotle, *The Politics of Aristotle*, ed. and translated by Ernest Barker（Oxford: Clarendon Press, 1972）〔邦訳　アリストテレス（山本光雄訳）『政治学』岩波文庫、一九六一年〕; Signe Isager and Jens Eric Skydsgaard, *Ancient Greek Agriculture*（London: Routledge, 1992）; Nino Luraghi and Susan Alcock, eds., *Helots and their Masters in Laconia and Messenia: Histories, Ideologies, Structures*（Washington, D.C.: Center for Hellenic Studies, 2003）; Victor Davis Hanson, *The Other Greeks*（Berkeley, CA: University of California Press, 1999）.

古代ローマの農業とそれに関連した諸問題に関する著作としては、David Stockton, *The Gracchi*（Oxford: Clarendon Press, 1979); Nathan Rosenstein, *Rome at War: Farms, Families, and Death in the Middle Republic* (Chapel Hill: UNC Press, 2004); Jairus Banaji, *Agrarian Change in Late Antiquity* (New York: Oxford University Press, 2001).

古代中国については，Mabel Ping-Hua Lee, *The Economic History of China, with Special Reference to Agriculture* (New York: Columbia University Press, 1921) に，古代中国の書物からの抄録が掲載されている。歴史研究の良書としては，Cho-Yun Hsu, *Han Agriculture* (Seattle: University of Washington Press, 1980); Mark Elvin, *The Pattern of the Chinese Past* (Stanford, CA: Stanford University Press, 1973); Francesca Bray, 'Agriculture', in Joseph Needham, ed., *Science and Civilization in China,* v. 6, pt. 2 (Cambridge University Press, 1984); 加えてブレイの次の著書も。*The Rice Economies* (Oxford: Blackwell, 1982).

第3章　古典古代以降の農業

古典古代以降の時代、すなわち中世期とは、五〇〇～一四五〇年までのおよそ一〇〇〇年を言う。本章で扱うこの時代における最も重要な農業に関する一連の出来事には、以下のものがある。

- 東ローマ（ビザンツ）帝国の長期的な衰退
- 西欧における荘園制の興隆と衰退
- アジアの作物を西欧に運ぶイスラーム教徒
- 中国が不作や飢饉に対抗するために強化された農業を採用

アジアの作物をもたらした人々は、農産品の真にグローバルな交易を初めておこなった人々であり、後の時代への影響力は甚大であった。ビザンツ帝国やヨーロッパ、そして中国では、二重の従属が農業生活を規定しつづけていた。これらの地域では、統治者たちは小農と大土地所有者の対立関係という共通の問題を前の体制から継承していた。この問題はどこにおいても解決が試みられ、成功した事例は限られているが、制御しようとする試みは続けられた。

◆環境的な文脈――中世の最適条件

古典古代以降の時代は、中世の温暖期あるいは最適条件であった四～五世紀から、全地球的に徐々に、また断続的に温暖化が進行していった。この温暖化は一一～一三世紀の、それぞれ三〇～四〇年間にわたる三つの時期にピークを迎え、特に北半球においてその傾向は顕著であった。この温暖化の時期に、北大西洋の浮氷群はほとんどなくなった。この浮氷群があったおかげで古代スカンディナヴィア人たちは、アイスランドやグリーンランドやヴィンランド（北アメリカ）に木製の小舟で出かけ、入植してゆくことができた。グリーンランドがその名を得たのは、温暖な気候が地表を覆う氷を後退させ、海岸に植物が自生することを可能にしていたためであった。

温暖化が農業に及ぼす影響は大きかった。ヨーロッパでは、温暖化によって気候がより安定化し、生育期の長期化につながった。その証拠はイングランド南部でも観察されるし、後の時代ではありえないほど高く跳ね上がった中欧のブドウの収穫量にも示されている。干ばつや豪雨といった災害はこの時代にもまだ発生はしたものの、後の時代に比べれば頻繁でも、深刻でもなかった。中国では、一三世紀に、農民たちが柑橘系の果物や温暖気候の作物を歴史上最北となる地域で栽培していた。この中世における温暖化は、宋代の中国において農業的な転換が進行することを助け、それに伴って人口が増加することを促した。アフリカ南部、ニュージーランド、北アメリカでも、温暖化が進行していた証拠がいくつも示されている。これらの地域では、一一〇〇～一二〇〇年に現地の人々が農耕をおこなっていたことが考古学的に証明されているが、現在では乾燥が進み、作物栽培ができないでいる。

◆西　洋

五世紀、西洋の発展は二つの基本的な路線に分岐して展開してゆく。東欧や地中海沿岸地域では、ローマ帝国がビザンツ帝国として命脈を保ち、ローマ的な様式と問題を永続化していた。他方、西欧では、ゲルマン人がローマを征服し、荘園制と農奴制へと向かう変化の過程が始まっていた。

◆農業とビザンツ帝国

ローマ帝国の東半であったビザンツ帝国が西半部の崩壊を生き延びた原因の一つに、農業の強さがあった。エジプトからシリア、アナトリア、ギリシャに至るビザンツ帝国の農耕地域では、穀物・オリーブ油・家畜などの産物が生産されていた。耕作していたのはほとんどが小さな土地しか保有していなかった農民たちであったが、耕作地のおそらく半分近くは宮廷領や教会領、ないしは私有地となっていたはずである。コンスタンティノープルの元老院は二〇〇〇人の大土地所有者から成っていた。かれらの大農場は、当局と契約を結び、ビザンツ帝国内の大都市に居住する貧しい人々に穀物援助を施すための生産の一部を担っていた。紀元前一三〇年に発せられたガイウス・グラックスの政策が継承されていたわけである。

三世紀に戦われたローマ帝国継承戦争により、地方の人口は激減した。農民たちは自身の土地を土地所有者に返し、徴税から逃れるために都市に逃げ込む者も多かった。小農を保護するための法律にはほとんど実効性がなかった。地方社会を再活性化させようとした努力も、人口の四分の一の命を奪い、農業生産を混迷に陥れた六～七世紀に流行した疫病が原因となり、限られた影響力しか持たなかった。疫病が終息するとすぐに、七～八世紀には、イスラーム教徒であるアラブ人が中東やエジプト、アナトリアの南部国境を侵略した。ビザンツ帝国は領土と人口の約三分の二を失い、諸都市は衰退し、農民は生きるための生産活動に移行し、経済は急速に物々交換に依存するものとなっていった。

ビザンツ皇帝はこうした状況に対して、帝国をテマと呼ばれる軍管区に分けることで対応した。軍管区の強化のために当局は、国土全体にわたって比較的満遍なく、閥族や大土地所有者身分から奪った土地に屯田兵を入植させていった。騎兵が小作人や働き手を雇うようなかなり広い土地を得たのに対して、歩兵は小さな地片を得たにすぎなかった。これらの改革やその他の改革の成果もあって、帝国はかつての侵略者に対して戦争を仕掛けうるほどに国力を回復させた。実際、ビザンツ帝国は、一一世紀には、領土の獲得を果たしている。

この領土拡張期に宮廷権力は、アナトリア高原で新興の大土地所有者層と衝突するに至った。この層は、その規模と前線からの遠さゆえに、アラブ人の攻撃に十分に対抗しうると思われたが、当局にとってはかれらから徴税することは難しく、かれらが小農の農地を取り上げることを阻むのもまた困難であった。九二七年や九六三年には、大土地所有者たちはイナゴの大量発生や不作に起因した飢饉をはじめとした危機的状況を利用しようとした。当局の救済策は十分ではなく、自分の農地を大土地所有者に売る農民も多く出た。大土地所有者は軍事指揮官か、政府の官吏、正教会の役人であることが多く、農民たちはかつては自身のものであった土地の小作人と化していった。

軍隊の弱体化につながりうる税収の落ち込みを恐れ、当局は九三四年～一〇世紀末にかけて、立て続けに法を発布した。それらの法律は、非合法、合法を問わず、小農から奪った土地はすべてかれらに返還することを求めていた。貧者の土地を購入できるのは貧者のみ、富者は富者からのみ購入できると命じた皇帝さえもいた。また、別の皇帝は九九六年に、国の官吏が小農から土地を得ることを禁止し、小農が税を支払えない場合には、残高を大土地所有者が支払うように命じた。これらの法が施行されたことを示す証拠も散見される。しかも、これらのうちのある法律が原因となり、小さな暴動にまで発展した例さえあった。

一一世紀になると、軍事的な敗退、領土の喪失、大土地所有者と商業エリートの台頭などもあり、上述の土地法の施行には終焉が告げられた。小農たちは土地を子どもたちに分割して分け与えたが、大土地所有者に土地を引き渡し、小作人や人夫となる者も多かった。一二〇〇年までには小作人の人数が独立した小農のそれをはるかに凌ぐようになった。このことは帝国を財政的、（大土地所有者は小作人を軍役から免除させることができたため）軍事的に弱体化させることに他ならなかった。一四～一五世紀には、内戦や一三四七～五〇年に猖獗を極めた黒死病によって帝国は弱まり、セルビア人やトルコ人にさらに多くの領土を奪われた。大土地所有者たちは、小農がほとんどいなくなるまで農民たちの土地を奪いつづけた。一四五三年のビザンツ帝国の崩壊は、トルコ人の軍事力がもたらした結果ではあるが、帝国の軍事力と財政力を蝕んだ、大土地所有者による小農の排除が帝国崩壊の一因であることもまた確かである。

◆中世ヨーロッパにおける農業

西欧における中世の農業は、中世初期の温暖な最適条件から小氷期への移行期にその展開が見られた。この時代には、荘園制のあり方を含めた農業的・経済的な変化、新たな農耕技術、生存のための穀物生産から市場向けへの特化への移行、穀物から家畜への移行、そして穀倉としての東欧の台頭といった諸変化が看取された。この時代はまた、中世初期の侵略から中世盛期の安定への社会的・政治的な移り変わりや、農奴制の興隆と衰退の目撃者でもある。これらの変化は、農民本位の土地制度が優勢になる中で最高潮を迎えることとなった。

中世初期、いくつかの技術的な進歩があった。六世紀以降、農民たちは、雑草を根こそぎにして埋め戻すために、土を掘り返す撥土板《はつどばん》と呼ばれる犂の刃の後ろに付ける湾曲した板を考案した。九世紀にはヨーロッパでも、改良されたはみ（中国から間接的にヨーロッパに伝わったと思われる）と馬蹄が作られた。これらの使用によって、農民たちはのろくて虚弱な牛ではなく、馬を農耕に用いることができるようになった。輪作もまた徐々にヨーロッパに広まっていった。ヨーロッパでは、早い段階で二圃制に当たる、作付けと休閑地を交互に入れ替える古来の地中海式農法が受け継がれていた。さらに、より高い生産力を誇る三圃制を知る者やそれを独自に開発する者もヨーロッパにはいた。三圃制では、農地を秋まき作物用、春まき作物用、休閑地に三分し、三つを順次入れ替えて耕作する。

こうした新規の技術や方法を受け入れるのには数世紀の時間を要した。中世期の農民たちは、何世紀もの間、肥料や輪作についてほとんど何も知らないままでいた。その結果、中世初期の西欧の食糧生産は低調であった。好天は、作物を枯らす干ばつや寒冷・湿潤な天候の時期と交互に現れた。五〜六世紀には特に、疫病やその他の病気が蔓延した。慢性的な不作や生命を脅かすような危機を伝える記録も多い。農民たちは食料を自由に選ぶ権利を失っていた。カトリック教会はそうした農民たちを解放しようとし、政治指導者たちは食品の価格を下げようと試みた。飢饉のあった八〇六年には、カール大帝が家臣に余剰作物を通常の価格で販売するようにと命じている。

中世初期の経済は、圧倒的に地方のものであった。都市は、とりわけ北ヨーロッパでは顕著であったが、規模においても数においても、衰退の一途を辿っていた。本当の意味での都市が存在せず、ただ貴族の居城の周りに少しだけ大きい目の居住地があるだけといった地域もあった。イタリアのようなところでは、都市は九世紀の侵略を生き延び、そこから回復しつつあったが、そういった都市でもそのほとんどが経済的な視野は地方の範囲に留まっていた。こうした経済的な衰退の主な原因の一つに、中世初期の侵略がある。これによってヨーロッパの発展は、何世紀にもわたって阻害されてしまったのである。

侵略、自然災害、伝染病、飢饉といった状況の中で、人々は人里離れた居住地での安心や高度の自給自足、兵士たちからの庇護といったものを求めるようになっていった。荘園や農場は、そうした特質をすべて備えていた。古典荘園制は、カロリング朝期の北ヨーロッパやイングランドの条件に応ずる形で発展していった。すなわち、温和だが湿っぽい天候、重い土質、深い森、限定的な交易しかおこなっていない在地化された経済、貨幣よりも現物での取引、在地完結的な自給自足体制といった条件がそれである。中世の領主は、忠誠の誓いと称された契約を基に、騎士たちに荘園を分け与えた。家臣たちは封土の対価として軍事的奉仕を供することに合意していた。封土には働き手としての農民たちがおり、家臣たちが戦闘に備え、戦争に赴いた際にも、かれらの家族を支えてくれた。カトリック教会の高位聖職者や修道院も荘園を所有していた。

ただ、荘園制はヨーロッパにおいても必ずしも一様ではなかった。イタリアでは古代のラティフンディウムが二〇世紀に至るまで維持されていた。七一一年のイスラーム教徒によるスペイン征服は、荘園制が北部のキリスト教徒地域を越えて南に広まってゆくことを妨げた。また東欧での荘園制の発展は、ずっと後のことであった。しかしながら、荘園制は多様な形態を取りながらも、西欧の地方経済に浸透してゆき、一三五〇年以降の衰退期に入るまでは、他のいかなる制度と比較してもより多くの人々に関係する制度でありつづけた。

通常、荘園には数十ないし数百エーカーの正式な付属地を持つ豪勢な館がある。これら付属地の一部は領主直営地と呼ばれ、土地の所有者か領主が直接管理した。残りの土地は、様々な条件の下で在地の人々によって保有されていた。荘園は、当初、食糧だけでなく、織物や農具、その他の製品を生産し、高度な自給自足体制を取っていた。こうした産品が領主への税として要求された。中世初期には、荘園は住民も少なく、領域もこじんまりとしていた。耕地をあまりに遠くまで広げた荘園は、外部からの攻撃に晒される危険が生じた。平時には、荘園の農民たちは森を切り拓いたり、沼沢地を干拓したりして開拓をおこなったのであろう。

マンスと呼ばれることが多かった農民保有地は、通常、数十エーカーほどの広さであった。農民保有地という概念は、ローマ時代の農場にいたコロヌスに由来する。イタリアでは、コロヌスという用語は中世に至るまでずっと使いつづけられていた。農民保有地は自由地もあれば、隷属的なものもあった。その地位は様々な状況に応じながら、何十年もかけて創られるものであった。農場内の保有地を受け取った農民は、生産物を供与する義務と、保有地に結び付いた賦役をおこなう義務を負った。

◆ヨーロッパの中世村落

農民保有地は家屋敷の一部ではなく、むしろ村の土地の割当てに相当した。生産単位は個々の農民保有地ではなく、農業複合体である村落が生産単位として機能していた。このように村落は法人であり、住民は村落の成員であった。村落は伝統を創出し、時には問題対応のための条例を定めたりした。普通、村落は土地を耕地に分け、耕地を地条に分けた。これによって土地にまつわる諍いを減らすことができた。なぜなら、誰もがすべての種類の土地を手にすることができたからであった。このことは一種の保険でもあった。一つの耕地内にすべての保有地を持つような家族はおらず、すべての家族はあらゆる種類の耕地内に地片を持つようになっていた。したがって、誰かが完全に損をすることも、誰かが丸儲けをすることもなかった。

農民たちは、家長が集まる村会で合意した日程に従って農地を耕作した。最も単純化すると、三圃制が導入されているなら、農民は秋まき作物の耕地にある地条で秋まき作物を栽培し、春まき作物の耕地では春まき作物を栽培する。そして、休閑地にある地条は耕作せず、休ませておく。家畜は休閑地か、その他の収穫を終えた耕地に放牧された。村落はたいてい、三圃制の通常の土地交替に従わない、誰もが、とりわけ村の最貧層が、自由に使用できる土地を残していた。使用目的は様々で、居住目的や家畜の放牧、土地を持たない村民が小規模な耕作をおこなうこともあった。イングランドでは、こうした共有地が後々重大な問題に発展することになる。

ヨーロッパの中世村落の多くでは、少なくとも土地の一部を村民間で再配分〔割替〕することを定期的におこなっていた。再配分は、家族の成員数や労働を負担できる能力、家畜の数の変化、あるいはそれ以外の配慮に応じてなされた。中世後期ないし初期近代に多くの村々では、土地保有が不動産化したり、少なくとも特定の家族の相続財産になっていった。こうした共同保有から個別保有への変化は、農業の近代化にとって決定的な一歩であった。公共機関としての村落、農民と外部者の間に立つ仲介者としての村落は、二〇世紀に至るまで存続しつづけた。

農民たちは複雑多様な集団であった。多くは自由民の小農か、ヴィレインと呼ばれた「慣習上の小作人」であった。村落はまたジェンダーによっても分かたれていた。例えば、通常、男性は村の耕地で犂や馬を使って大変な耕作作業をおこなっていたが、女性は家庭菜園の地片を耕したり、裁縫や育児に関するあらゆることをこなしたりしていた。年老いた寡婦たちのための耕地を別に用意した村落もあった。こうした女性たちの生活や人生を慈善活動や教会に委ねた村も別にあった。ただ、そうした女性たちも、産婆術のような自身の得意とする奉仕をおこなった代償として食料を得たりすることは多かった。

ほとんどの農民は、定義するのが難しいが、「農奴」であった。ある者は一定の義務を負った解放奴隷であるし、またある者は托身行為と呼ばれる、庇護などの見返りに耕作の義務を負うことを受け入れた自由民であった。また、ある者は土地と農具を獲得するために農奴的な境遇を受け入れた。これは近代の債務奴隷制を予見させるものであった。農奴は普通、かれらが住む農場や土地に緊縛されていた。かれらに移動の自由はなく、土地所有者の意思に従う以外ほぼ道はなかった。農奴は土地とともに、あるいは土地とは別にされて、売買されることがありえた。農奴たちは大きな意味での農村共同体の一員ではなかったかもしれないが、家も家族もあったので、奴隷とは異なり、人間扱いはされていた。

農奴の義務の本分は、領主の土地や領主直営地を耕作することであった。通常、領主は直営地を「直接」耕作していた。「直接」の意味は、領主が直営地での農民たちの働きを、かれら自身か、農民たち自身の中から選ばれることもあった土地管理人を通して監督していたということであった。教会や修道院の所領では、直営地はグランジュと呼ばれる単位に分割され、教会や修道院が提供するそれらの土地では、作物生産を託された隷農たちが働いていた。農奴たちはまた、領主に一定の支払いをする義務があることが普通であった。その支払いは、農奴の保有地の生産物を現物で納めることが多かった。

農奴の義務は、数世紀に及ぶ農民と領主の対立と交渉を通してたいていは形成されてきた。九世紀には、ほとんどではなくとも西欧人口の多くが隷属民となっていた。地域によって幅はあったが、一〇%から多いところでは八〇%を超えていた。ただ、アイルランドやスカンジナヴィアや東欧といったヨーロッパの周縁部では、中世期に農奴であったとしても、隷属民となった者はほとんどいなかった。

◆中世村落の転換

中世の絶頂期は、中世の気候の最適条件のピークと一致する。中世の気候の最適条件とは、夏は温暖、冬は温和で、一四世紀に広まる気候よりも降水量は少なく、乾燥している状況を意味している。温暖な気候と安定した政治状況は、交易の復活と人口の増加を促した。こうした発展は、中世農業の根幹の発展を刺激することにもつながっていった。すなわち、耕地面積は西欧においても、その周縁部でもともに拡大基調にあった。

耕地の拡大は、いくつかの異なった形で生じていた。既存の村落や荘園では、住民たちが村の荒地や近隣の未耕作地を村有地に取り込んでいった。荒地や林地を新たに開墾する「林地開拓」に言及している史料は数多くある。オランダやフランスの沿岸部では、人々は湿地を干拓し、堤防を築き、「ポルダー」と呼ばれる干拓地を生み出していった。これらの干拓地は非常に肥えており、生産力も高かった。東欧では、「東方への衝動」と称された一連の過程の下、ドイツの宗教騎士団がバルト地域やポーランド、ベラルーシやロシア西部に土地を求め、入植していった。ドイツ人、ポーランド人、リトアニア人の貴族・司教・支配者は、農民たちがもし、住み慣れた故郷を離れ、見知らぬ荒涼とした土地で新たな生活を始める危険を冒す気持ちがあるのであれば、農奴身分からの解放と数年間の免税、およびその後の軽い税負担を認めるとし、農民たちを勧誘した。新たに入植した者の中には、在地の権力者に自らを売り込み、より負担の大きい義務までも解消させた者もいた。領主としてのカトリック教会や正教会は、耕作とともに異教徒を改宗させるためにも、東方にキリスト教徒を定住させようと努めた。

こうした耕地の拡大は、耕作可能な、事実上すべての土地のみならず、開墾され、ようやく耕作が可能になった周辺部の土地にまで及んでいった。耕地面積が極大化したのは、地域にもよるが、一二五〇～一三五〇年にかけての時期であった。多くの場所ではそれよりも早期であったが、一三〇〇年までに村々は人口が過密になり、複数の家族で一つの農民保有地を分割するということもしばしば起こった。旧来の土地においても、新たに開墾された東部の土地においても、上述の耕地の拡大は森林の破壊を招いた。一三世紀には、人口増加のために農民たちは周辺部の土地に移住せねばならなくなったが、そうした土地は長期間の耕作には不向きであり、生活してゆくのに十分な収穫量も生み出さなかった。自由が約束された東方の新開地に多くの農民が移住すればするほど、中欧の農民たちは自らの隷属的な境遇にますます堪えられなくなっていった。

この時期、改良された農具や農業技術が普及した。それらは、例えば、三圃制であり、金属の刃や車輪や撥土板の付いた犂であり、有効なはみを装着した馬の使用であった。多くの荘園では水車や風車が建設された。それらは伸長した穀物生産の下支えをし、手作業の製粉作業や亜麻をはじめとした繊維作物の加工作業から農民たちを解放してくれた。

一一五〇年のヨーロッパにおける土地利用のあり方は、カール大帝の時代に比べると一変した。大半の土地には人が住み、湿地は干拓され、森林は切り拓かれ、広大なブドウ畑や穀物畑が広がり、家畜も増え、交易も盛んになった。貨幣経済も進展し、道路網も整備され、交易の要衝や街道の結節点には都市が生まれた。農業生産が地域の特産を生み出し始めたことによって、中世後期の多様化や特化の基礎が築かれた。牧畜の核となる耕作地や牧草地をも、農民たちは広げていった。かれらはブドウや亜麻、麻やその他の工業作物も栽培していた。

経済的な発展は、重大な社会的、政治的な変化をもたらした。最も重要であったと思われるのは、農奴制が徐々に解体していったことであった。一二世紀までに農奴の地位は改善されていった。領主層は自由農民と農奴の義務をどんどんと平準化していき、義務の内容もだんだんと賦役から地代の支払いへと変更していった。今や農奴も法廷に訴え出ることもできたし、地域の共同体にも含められたし、人として扱われるようにもなっていった。封建的諸負担や税を免ずる条件での新たな土地への移住は、多くの農民の関心を引いたが、同時に、旧来の土地にいる農民たちを引き続きそこに留まらせておくために、同様の譲歩を農民たちに対してすべきであることを領主たちに納得もさせた。また、農民たちの中には、合法的な権利付与によって自由を買い戻す者も現れ始めた。領主層は買い戻し価格を設定したり、交渉したりすることができたので、こうした傾向におおむね好意的であった。貴族層が長子相続制を採っていた地域もあったが、所領を子どもたちの間で分割してしまうために、相続者が農民に比しても貧弱になってゆく地域もあった。フランスの大半の領主は、賦役を地代の支払いに代えても、影響はほとんどなかった。なぜなら、かれらの所領の十分の一のみが領主直営地で、農民たちはそれ以外の農地を耕し、それにかかる地代を支払っていたからであった。このように、農民の苦役を取り除くことは、土地保有の拡大にはすぐには結び付かなかった。農民たちが終止符を打とうとしたものは、貴族領主層への隷属ではなく、高利貸しからの借金であった。

貴族層も賦役を地代に転換することには賛成であった。十字軍への参加といったかれらの出費の嵩む生活スタイルや行動が、深刻な借財を呼んでいたためである。領主たちは会計の専門家を雇い、領主直営地を分割して区画を貸したり、売ったりして、直営地の解体に着手し始めた。その結果、村落は複数の領主によって分割されることもあった。これらの貴族領主は税収によって支えられた行政機構の確立をますます目指すようになり、税収の増減は農民の市場への参画の如何にかかっていた。どちらかと言えば自給自足的であった荘園の姿は、今や過去のものとなってしまった。教会所領のグランジュ制度も、市場経営の圧力の下、似たような経過を辿っていった。

イングランドは異なる道を歩んでいった。ノルマン征服の後、イングランドは強大な中央政府の権力下で治められていった。一二世紀、イングランド経済は急速に発展した。旧来の産業分野である毛織物業が伸長したのに応じて、食糧生産も増大した。干拓、排水、耕作地の拡大は、フランス以上にイングランドが先行し、一三四八年の黒死病流行時のイングランドの人口は、一〇六六年の三倍以上に達していた。だが、イングランドの農民のほとんどが置かれた状況は悪化していた。ノルマン人は家臣である領主たちに、農民に対してのかなりの支配権を容認した。一一～一二世紀、領主の要求が高まるにつれて、自由民である小作人の数は減少していった。領主直営地は、一三世紀には、イングランドの耕地の約三分の一を占めるに至り、農奴のような義務を再び強化したり、所領内のすべての農民に賦役を課す領主も多かった。荘園内には隷属民しかおらず、自由民は皆無という荘園もイングランドには存在した。イーリーとラムゼーの二つの大修道院は貨幣での支払いを賦役に逆戻りさせ、賦役を増やしさえした。負担を軽減させた領主もいないことはなかったが、大陸部のヨーロッパで賦役が減少に転じている中、一般的にイングランドでは賦役は増大していった。

◆「大飢饉」以後

西欧の中世後期は、一三一五～二二年の極端な低温と飢饉の発生によって始まった。一三一五年の五月に降り始めた豪雨は、ヨーロッパ北部全域にわたって八月まで降りつづき、一三一八年は年間を通して再び降水量が多く、その状態が一三二〇年まで続いたところもあった。耕地は池と化し、水浸しの土地に馬が足を取られ、兵士が闘うこともできなかった。収穫量はどこも破滅的であった。一三一六年のヨーロッパでの収穫量は、通常の年の半分であったと見積もられている。ただ、一四世紀までの「通常」の収穫量では、もはや人口を養うことはできなかった。こうした状況は飢餓や病気による膨大な数の死者を生むに至り、「大飢饉」として語り継がれることとなった。食糧不足は宮廷にまで及んだ。一三二二年の極端に寒い冬の後、天候はようやく通常の状態に戻った。この危機的な状況は、小氷期の前兆であった。

小氷期の第一期は一四世紀に始まり、わずかながらの暖かさが戻った一六世紀まで続いた。第二期は極端な寒さを伴って一七世紀に再び始まり、徐々に暖かさを取り戻してゆき、一八五〇年頃に始まる本格的な温暖局面まで継続した。寒冷で湿潤な天候により収穫は激減し、飢饉が発生した。これらによって人々は、その後の時代に流行する疫病に対する抵抗力をさらに低下させていった。寒冷で湿潤な天候に起因する飢饉は、一三五六年、一三六一年、一三七四年に流行した疫病に先立って発生している。一四世紀、ヨーロッパの人口の半分から三分の二が、これらの飢饉や疫病によって命を奪われた。

一四世紀の災難は、思いがけず、ヨーロッパの主食作物である穀物の価格の長期的な低迷を引き起こした。飢饉のあった一三一五〜一八年には価格は通常の一〇倍に跳ね上がったが、ヨーロッパの状況がいったん回復すると、東欧という新たな穀倉の登場が大きな原因となって、穀物価格は低下・低迷した。イタリア商人はコンスタンティノープルや黒海との交易を拡大させた。この交易はウクライナ・クリミア・バルカン諸国・クレタ島・シチリア島から穀物を買い付け、イタリアやフランスで販売しようとするものであったが、この交易による結び付きが黒死病をヨーロッパにもたらした。バルト海の商業諸国家の連合であるハンザ同盟の商人たちは、ポーランドやプロイセンの大農場から穀物を購入し、それをスカンジナヴィアやイングランド、オランダへ売却していた。穀物を満載したかれらの積み荷はヨーロッパ中の港に押し寄せ、それゆえ穀物価格は安価に保たれた。

ヨーロッパの農民の多くが経済の諸変化を実感し、より利益の上がる生産物に転換していった。それらの生産物は今日まで引き継がれて、地域を代表する農業特産品となっている。例えば、地中海沿岸地域やライン川、モーゼル川沿岸では、ワインの生産に従事する農民が多くなったが、一方で都市近郊の農民たちは野菜や果物、その他付加価値の高い作物に特化していった。また、織物向けの作物に特化した地域もあった。放棄された広大な土地と村落を前にして、牧畜に転換していった領主と農民たちもいた。規模はきわめて小さいが、領主たちが数千の養殖池を掘り、西欧市場向けに養殖魚を育てていた地域もあった。ヨーロッパでは特に羊の飼養が好まれ、一四〜一五世紀には、数千万頭が飼養されていた。一三〇〇年頃まではイングランドの羊毛が最高級であると考えられており、オランダやイタリアの織物生産者に羊毛を届けていたのはイングランド人であった。

一四世紀、イングランド人は生産した羊毛を自前の織物業のために取り置くようになり、イタリアやオランダは新たな供給源をスペインに求めた。スペインでは、正にキリスト教諸王国がイスラーム教諸国を排撃したところであった。ヨーロッパ各地からの需要がスペインを、最高品質の羊毛を持つメリノ種の一大放牧場に変えていった。羊の飼養者たちがメスタと呼ばれた組合を設立したのもこの頃（一二七三年）であった。拡大する羊毛輸出を後押しするために、政府はメスタの羊飼いに対して特権を与えた。その特権によれば、羊飼いが移牧のために行き来するルートに対して農民たちが干渉する権利や、羊が損失を与えた農地の代償をメスタに請求する権利は制限された。他方で、スペインは他のヨーロッパ諸国と同じく穀物の輸入国となっていった。一八三六年まで存続したメスタは、スペイン経済の発展を阻害してきた団体であった。イタリア南部も、ドガナという類似の羊飼養者の組合の下で羊毛経済を発展させていった。

このように、中世後期のヨーロッパの農業は、牧畜への転換が一つのパターンであった。そして、このパターンこそがヨーロッパの農業や後のアメリカやオーストラリアの農業を、他のいかなる農業制度からも際立ったものにしているのである。

飢饉や疫病、市場の回復、そして農民自身の努力の甲斐もあって、聖俗いずれの領主層も、農民たちにより多くの権利と自由を与えるように促された。その結果、荘園制と農奴制は衰退、もしくはほぼ消滅するに至った。一三世紀以降、所領とそれへの権利は極度に細分化されていく。所領経営は出費ばかりが嵩み、領主層は借財を重ね、所領の経営を小作の農民に委ねる者が増加した。経営を委ねる代償として、領主たちは「禁令」を含めた他の諸義務を課した。禁令とは、一定の料金を支払った上で、製粉は領主の製粉機でおこなうように、パンは領主の竈で焼くようになどの諸義務を、所領に住む農民たちに要求するものであった。領主層はまた人生におけるイベントにも課金した。人生のイベントへの課金としては、息子が父親から相続を受けることを認める相続上納物や、農民の息子に結婚を認める結婚承認料などがあった。後にフランスでは「バナリテ」と呼ばれたこうした諸義務は、フランス革命によって廃止される農奴制の最後の名残りであった。

黒死病を生き抜いた農民たちは労働力の不足を盾に取って、より良い雇用条件や借地条件を要求した。他方で、安い穀物価格や高い賃金要求に直面した領主たちの中には、隷属的な諸義務を再び課そうとする者もいた。ほぼ領主層によって構成されていたイングランド議会は、黒死病が流行している中、労働者令を制定した。この法令は、賃金を一三四六年と同じ水準に保つことを定めていた。しかし、条件を指示する立場にあったのは農民たちであった。多くの領主たちは不本意ながらも、領主直営地を農民たちに賃貸しした。これらの譲歩は、最終的に、経営コストを農民たちに付け替えることになり、多くの領主は収入を増加させた。そして、これらのことはまたイングランドから農奴制と荘園制を消滅させていったのであった。

しかしながら他のケースでは、隷属的な諸義務を復活させようとする領主の試みや課税をしたいという政府の要求が、しばしば多大な暴力を伴う農民蜂起を惹起させる結果につながった。一三五八年に北フランスで起こったジャクリーの乱では、一五〇以上の貴族の城や館が農民によって破壊され、数百人の貴族とその家族が拷問をされたり、殺害されたりした。農民たちのこうした振る舞いは、貴族や国王軍が農民たちを敗退させ、血の報復を加えるまで続いた。カタロニアでは、最後の隷農であったレメンザたちが、一四六二〜八六年の間、アラゴン王フェルナンド二世がかれらの解放を最終的に宣するまで、内戦を戦い抜いた。皮肉なことに、カタロニアの農奴たちを解放した国王は、コロンブスの新世界への船出を許可し、その地に確立される農奴制よりも抑圧的な制度を公認した国王でもあったのである。

◈イスラーム地域——帝国と農業

イスラーム帝国の起源は、ヒジャーズと呼ばれるアラビア半島南西部の諸都市において始められた軍事的・宗教的な運動に求められる。だが、イスラーム帝国は作物と家畜のアジアからヨーロッパへの伝播という、世界史上最も重要な農業発展の一つにも大いに貢献した。

七〜八世紀、ムハンマドの後継者たちはスペイン、北アフリカから中東を経て、中央アジア、インダス川流域にまで広がる広大な領域を、イスラームの支配・影響下に置いた。かれらの政策の多くは、農に関する要素を含んでいた。非イスラーム教徒の農民は、征服地において土地を維持するためにイスラーム教徒が課したジズヤと呼ばれた人頭税や貢納を支払う義務があった。征服期にムハンマドの後継者たちは、一つの理由として、生産力の高い農業制度を壊さないために、アラブ人の戦士や移住者を征服した社会から隔離しようと試みた。しかしながら、土地所有者がイスラーム教への改宗を拒んだがために、アラブ人が土地を奪った事例も見受けられた。

カリフを担った二つの王朝であるウマイヤ朝（六六〇～七五〇年）とアッバース朝（七五〇～一二五八年）は、税制と農業経営に関しては先行の諸制度を改善しつつ引き継いだ。ウマイヤ朝はササン朝ペルシャを打ち破ったが、ササン朝の土地税や人頭税は保持し、その上で追補的な税を地方の住民に課した。ただ、それはウマイヤ朝に対する農民反乱に火を点けることになった。七世紀末までには、アラブ人の多くが征服地に同化され、ペルシャ語を学び、土地所有者や農民になっていった。かれらは、時にペルシャ人の役人であることもあったが、地方官吏に従属し、現地の住民と同じように過酷な税制にも従った。七三五年までに、こうしたアラブ人移住者たちはウマイヤ朝のカリフに敵対するようになり、ウマイヤ朝を破ったアッバース朝の支持者の中核になっていった。

アッバース朝も以前の税制に依拠したが、当初はまったく強欲的ではなかった。かれらはディワーニーと呼ばれた財務大臣や州知事、地方官吏によって担われた中央集権的な官僚制度を維持した。農地を確定し、生産力を測るために地方の役所が検地をおこなった。中央の権力は、これらの検地結果を用いて、地方が徴収する税の割当てを設定した。カリフ時代の初期には、農民たちは自由で独立した土地所有者だった。

この新たな帝国は人や思想や物の移動を好ましいと考え、農産物市場の拡大につながる人口増を支持した。アラブ人農民たちは、地中海沿岸地域では目新しかったり、持ち込まれて日も浅い多種多様な作物に対する需要が高まっていることを知ることになった。そうした作物としては、例えば、サトウキビ・モロコシ・硬質小麦・アジアンライス・ダイダイ・レモン・バナナ・プランテーン・ココヤシ・ナス・アーティチョーク・ホウレン草・スイカ、そして食料・繊維・薬・化粧品・織物・木工製品・その他の用途に用いられた数多くの産品などがあった。これらの作物は南アジアや東南アジア、アフリカが原産の作物であった。アラブ人はほぼ仲介者の役割を果たし、作物を選び、栽培方法を学び、地域への普及の手助けをした。

こうした作物の導入と普及は、重要な変化を生じさせた。これらの作物は、そのすべてが大量の水を必要としたからであった。イスラーム帝国の土地は乾燥し、十分な灌漑施設がないところがほとんどであった。八世紀以降、多くの農民や役人が既存の灌漑網を整備したり、新たに建設したり、未知の方式を導入したりした。新たな方式としては、水車や撥ねつるべ、蒸発量を減らしながら地下水を引くカナートと呼ばれる地下水路などがあった。

また、上記の作物は土地の利用法も変更させた。伝統的に近東やエジプト、地中海沿岸地域では、農民たちは主に秋に植えて春に収穫する秋まきの穀物や豆類を栽培してきており、春まきの作物の栽培はきわめて稀であった。だが、アラブの耕作地域は赤道にも近く、ヨーロッパに比べても気温や天候は一定であった。したがって、灌漑が普及するにつれて、新たな品種を獲得した農民たちは、一年を通して作物を栽培することが可能になった。ホウレン草やナスのように年に四回収穫可能な作物もあった。また、米や小麦、モロコシや豆類のようにもう少し時間を要する作物は、交互に栽培することができた。アラブ人農民は休閑地は設けなかったが、上述のような生育期の短さもあって様々な作物間での輪作はおこなっていた。かれらは土質に関して、昔の農民たちよりもはるかに洗練された知識を備えていた。灌漑施設も手慣れた形で使いこなし、灌漑を用いれば、ほとんどの土地は耕地として活用することができた。

またアラブ人は、この時期、土地は私有財産として保有していた。かれらも村落に居住していたが、同じ時季には同じ種類の作物を栽培するようにと村民に強要する、ヨーロッパにあったような共同体的な制約は存在しなかった。アラブ人農民も、物々交換ではなく貨幣を用いる高度に発達した市場経済の中で働いていた。裕福な土地所有者や豊かな農民は投資や貸与も可能な資金を保持していた。これらの資金によって、給水設備や果樹園の建設といった長期にわたる事業が促進されていった。アラブ人支配者は税を課したが、それらは低額であったし、それから逃れる農民も多かった。この時代、アラブ地域の農業は中世初期のヨーロッパのそれよりも制約が少なく、融通も利き、市場に対して開かれてもいた。

アラブ人の拡大はイスラーム地域での急激な人口増に依ったものであったが、他方で拡大が人口増を助けたところもあった。イスラーム地域の農業制度は、一〇〇万人以上の人口を抱えたバグダードをはじめ世界最大の都市のいくつかを支えてきた。地方もまた人口の過密化が進み、チグリス川沿岸のように農地の減少が見られるところさえあった。

この時期にカリフたちが現出させた政治的な統一とアラブ人の移動を好む性向もあって、アラブの作物や農法は広い範囲に伝播していった。旺盛な需要が、農民たちが新たな作物を多く栽培することを促しもした。作物を農民たちが数多く生産するようになると、特に綿花の例で見られたように、その作物に対する需要は社会の階梯を駆け下りて広がっていった。農民も富裕な土地所有者も、特にオレンジやレモンのような果樹作物の場合には、市場の動向を予測して新たな作物を生産した。

◆アラブ式農業の後退

最終的には、地中海沿岸地域においてアラブ式農業は根付かなかった。頻繁に耕作しなければならないことと灌漑利用に大きく依存せねばならなかったことが、根付かなかった理由の一つであった。農地はどんどんと塩を含むようになり、放棄せざるをえなくなった。農民たちは地味の薄い、痩せた周辺部の土地まで耕作するようになった。加えて、戦争や侵略がそれまでの交易や資金の流入を途絶させた。アラブ式農業は、首尾よくおこなっていたことが逆に災いに転じたこともあった。例えば、農業人口が増え過ぎたために、農民たちは交易には不向きな土地や、侵略に対して無防備な土地へも入植せざるをえなかった。一〇世紀には、多くの居住地が記録から姿を消していた。

外部からの侵略も耕作を妨げた。スペインや地中海沿岸地域では、西欧からの征服者がイスラーム支配を打ち破り、多くのイスラーム教徒を追放したために、かれらとともに多くの作物の栽培法に関する知識も大量に流出した。一例を挙げれば、シチリアでは、サトウキビ栽培を復活させるために、後世の支配者たちは外国人を雇い入れねばならなかった。

衰退の原因の一部は、内部の要因にもあった。アッバース朝の衰退に伴って、地方勢力が権力を強奪し、より高額の税を徴収するようになった。農民たちは負債を背負い、地方の大土地所有者の庇護に身を委ねる者が増加した。それゆえ、大土地所有者は貴族の特質の多くを帯びるようになり、農民はますます奴隷化していった。集団的な土地保有の形態も様々な形が現れてきた。例えば、学校やモスクのような団体に土地を寄付するワクフなどがその例であった。土地の生産物は、団体を支える目的で用いられねばならなかった。ワクフの新しい所有者は経営手腕は無いが、収入の確保は望んだ。そこでかれらは自らの利益のために、ワクフに住む農民たちを搾取する管理人を雇用した。こうしたワクフはエジプトやオスマン帝国内において急速に広まっていったが、その分それらの地域では農業的な成長や技術革新が抑えられてしまった。

九世紀までにアッバース朝の権勢は、分与地（イクター）の徴税権を兵士や官吏に与えるという政策が一つの引き金になり、ひどく衰えたものとなった。軍指揮官や官吏に対するこうした封土や報奨金には、苛烈な徴税が伴った。徴税権を手にした人々は、自身の立場を利用して、農民たちに農地を自身に譲るように仕向けた。その手法はタルジア（訳せば、托身）か、ヒマーヤ（保護）と呼ばれるものであった。農地を奪われた農民を糾合したイスラーム教徒の役人たちが反抗し、税収を絶つことでアッバース権力を弱体化させていった。ミルクと呼ばれた私有地は、ますます少なくなる傾向にあった。

上述のような対立は、中東の経済をひどく弱体化させるものであった。メソポタミア地域の灌漑設備は、地域が人口減少をきたすほどに壊滅的な状態であった。過酷な徴税や徴税請負人の横暴が、生産を拡大させようとする農民のやる気を削いでいった。一二世紀にはイラクはもはや、中東で最も豊かな地域の一つから最も貧しい地域の一つに成り下がってしまっていた。公式にはアッバース朝はまだカリフの地位を保持していたが、各地方は様々な経路を通して農民たちを束ねた支配者の勢力下に入っていった。支配者の中には、搾取的な徴税請負制を永続化しようとする者もいたが、セルジューク・トルコのように灌漑設備を拡張し、農業を復活させようとする者もいた。ただ、それは一二五八年にモンゴル人が侵入し、セルジューク朝を倒すまでのことであった。

ヨーロッパから来襲した十字軍によるイスラーム地域の征服も、イスラーム地域の農業を停滞させた。多くの場合、イスラーム教徒は征服地から追放されたり、逃亡したりした。イスラーム教徒が権利を保有していた土地は奪われ、かつてイスラーム教徒の土地であったところでも、ヨーロッパ式の耕作がおこなわれた。ただ、このことが風景や土質を害することは少なかった。

新世界の「発見」と西欧の帝国主義的な拡大は、全般的には、アラブ式農業の重要性を低下させる結果となった。元々はイスラーム地域の作物であったものを新世界で生産し、それらをヨーロッパやイスラーム諸国で安く販売するというのが西欧の商売であったので、イスラーム教徒の農民は太刀打ちできなかった。一七世紀以降は、ヨーロッパからの輸入に依存する傾向が強まり、イスラーム地域におけるこうした作物の生産は減退の一途を辿った。外国からの輸入品によって国内の生産者が職を失うといったパターンは、一九〜二〇世紀にも再び繰り返されることであった。

ヨーロッパ人が占拠したアラブ地域においては稀なケースではあったが、ヨーロッパ人がアラブ式農業をヨーロッパのシステムに置き換えたこともあった。スペインのレコンキスタは、その重要な事例である。レコンキスタでは、二〇〇年以上にわたっておこなわれた断続的な戦闘が、一四九二年、ヨーロッパ人によってグラナダが陥落させられたことで終結を迎えた。スペインの新たな支配者であるフェルナンドとイサベルは、スペインにおけるイスラーム教徒とその他の外国人の影響を削ごうとして、ユダヤ教徒を一四九二年に、イスラーム教徒を一五〇一年に国外追放とした。さらにスペイン国王は、カトリック教会の司法機関やその他の「調査」を駆使して、一六〇五〔一六〇九か〕年、キリスト教徒を装っていたとされるイスラーム教徒、モリスコたちを見つけ出し、国外追放に処した。こうしてスペイン国王たちは、アジア由来の作物の栽培法を熟知していた人々のほとんどをスペインから追放してしまった。一〜二世代後に、ヨーロッパ人はこれらの作物が必要だと考えたが、かれらは以前自分たちが捨て去った農法やアラブ人農民を再度輸入しなければならない羽目に陥った。

◆中国——危機と技術革新

隋、唐、宋といった中華帝国時代の中国史においては、農業は中心的な役割を果たすものであった。農業危機、反乱、そしてそれらからの復興が、帝国の存否を左右し、時にはそれを決したのであった。中国の指導者の手法や対応力は、自然災害や不作や生存の危機によって試された。それゆえ、このことが宋代（九六〇～一二七九年）には、各種の早稲米の導入につながった。華北での侵略や農業危機が原因となって、多数の農民が肥沃な土地を求めて長江の南に移住していった。宋代までには、中国の人口の大部分は南部に居住するようになっていた。

漢の滅亡後、中国はいくつもの国々に分裂した。それらの国々は漢から引き継いだ政治問題や農業問題を解決しようとしたが、ほとんど成果は上がらなかった。そうした国々の一つであった西魏では支配者が、家族労働によって自活可能な農民兵を招集して、自らの軍隊を再建した。この制度は「府兵制」と称され、その後中国の諸政府は、断続的ながら、一八世紀に至るまで同様の制度を採用することとなった。この制度によって、二〇万人の軍事力が創出された。隋（五八一～六一八年）は、皇帝の努力もあり、府兵制の拡充と農民への土地の再配分によって、大土地所有者を弱体化させる政策に着手していた。

隋は、数百万の農民を動員して大運河を建設したり、万里の長城を修復するなどした精力的で、好戦的な王朝だった。慢性的な農業問題や食糧問題は相変わらずであったので、隋の初代皇帝文帝《ぶんてい》は、常平倉《じょうへいそう》による食糧備蓄制度を復活させた。この制度は、豊作で価格が安いときに当局が農民から余剰生産物を買い上げ、逆に食糧不足の時に価格を下げ、飢餓を和らげるために穀物を放出するというものであった。しかし、飢饉で多くの農民たちが飢えているときに、皇帝は豪奢な生活を送っていたことなどが原因となり、隋は滅ぼされた。

唐（六一八～九〇七年）は、隋が引き起こした災難からの復興にまず取りかかった。唐の高祖は、土地の利用法に関して当局が管理を徹底することを宣言し、土地の売却を禁止し、旧来の均田制に基づいた農地の均等配分政策を導入しようとした。しかし、二代目の太宗の治世の頃には、売却の禁止にもかかわらず、富者が貧者の土地を「食べ尽くして」いるとの報告が政府に届き始めていた。歴代の皇帝は繰り返し、貧しい農民から違法に購入した土地はすべて農民たちに返還されねばならないと命じ、大土地所有者からそうした土地を買い戻すための資金を地方の役所に配分したりもした。だが、こうした法律が何度も発布されたことは、問題が終息していないことを意味していた。

　均田制も失敗した。実際に運用することが難しく、長江流域の米作地には適用できなかったからであった。米作は長期間にわたる土地への投資が必要だが、均田制は農地の再配分に依拠する制度であった。唐代は干ばつや洪水、深刻な飢饉を生じさせた虫害によって慢性的な不作に悩まされつづけた。隋と同じく、唐の政府も常平倉制度を信頼し、飢饉救済のためにそれに頼った。

　軍事的な展開も、唐代の農業に影響を与えた。府兵制の評判は芳しくなく、多くの中国人が徴兵逃れをするか、逃亡してしまった。そのため政府はこの制度を七四九年に止めてしまった。府兵制の廃止によって、大土地所有者の土地保有の拡大を妨げるものがすべてなくなってしまった。府兵制の廃止は同時にまた、国境防衛において中国政府は地方の軍団に頼らざるをえないことも意味した。地方軍団の指揮官の一人、安禄山《あんろくさん》は、打ちつづいた自然災害と七五〇年代初めの飢饉の機を見て、反乱の火の手をあげた。この八年にわたる反乱（七五六〜七六三年）と、反乱のために政府が対応できなかった飢饉によって、当時の人口の半数を上回る三〇〇〇万人を超える人々が命を落としたと推定されている。反乱鎮圧後、政府は農業の復興に取り組んだ。時の政権は、兵士の大半を農地へ定住させ、裕福で影響力を持った富農が土地を兼《けん》併《ぺい》（他人の土地を併合すること）したり、水利を壟断《ろうだん》（独り占めにすること）したりすることを禁じ、小農に対しては種苗や食料を分け与えた。

農業経済は回復した。しかし、貧しい農民の土地を侵奪しようとする富者の問題は再燃した。政府は税制改革をおこなったが、それによって問題を解決することはできなかった。農地を放棄する貧しい農民が相次ぐ中、富める者は、合法・非合法を問わず、土地を侵奪しつづけた。絶望した農民たちが結集した反徒集団と自立化した地方政権の戦いが続き、九世紀末には、皇帝の権力は地に落ちた。一〇世紀初頭に唐が倒れ、短命な小国が続いたが、それらに関する記録はほとんど残されていない。

中国を再統一した宋は、政府が主導した「緑の革命」の嚆矢として農業史において非常に重要な地位を占めている。宋代初期の皇帝たちは、数十年に及んだ環境危機と唐代末からの軍事対立を経て、衰退と混乱の中にあった農業を抱えた中国に向き合わねばならなかった。人口も生産力もともに激減し、多数の農民が税と戦争を避けて逃亡したために、地方は打ち捨てられた農地で溢れていた。新政府は、農業を回復させるための定番の諸政策をまずは実行した。すなわち、兵士たちを農地に定住させ、援助の食料や種子を分配し、農書を出版し、そして生産を奨励するために税の免除を伴った一連の行政改革・土地改革をおこなおうとした。第三代、第四代の皇帝の治世には、状況は好転したものの、不公平も現れた。つまり、貧しい農民たちが持ち分以上の税を支払っている一方で、大土地所有者たちは税を逃れ、贅沢な生活を送っていた。農民たちは地力の逓減による収穫量の減少に直面し、多くの地方で耕作もされないままの土地が茫漠と広がっていった。

一〇一一年、長江下流域と淮河流域の一部で、日照りによって米の収穫が大きく落ち込んだ。一〇一二年には真宗《しんそう》（九九七～一〇二二年）が、それまでの政府がおこなってきた救援策でもある、干ばつ被害の地域に種子を送る政策を再度試みた。しかし今回皇帝は、チャンパー（現在のヴェトナム）米の品種の系統を引く福建省（中国南東部の沿岸地域）産の種子を送った。この品種は、当時栽培されていた大半の米が通常一五〇日を要したのに対し、一〇〇日間で収穫可能となった。チャンパー米はまた、干ばつにも耐性があった。チャンパー米は栽培期間が短く、小麦のように畑作でも、また水田でも、いずれでも栽培可能な作物だったので、農民たちは二毛作をおこなうことができた。チャンパー米の導入は、その後、中国の富農や役人にさらに早稲の品種を追い求めさせるきっかけとなった。そうした品種は通常の日数を要する品種よりも収穫量はやや劣るが、二毛作をおこなう機会が増し、農業生産の実質的な総量は増大した。

新品種が食糧生産の大幅な改善を約束してくれたにもかかわらず、その普及はなぜか緩慢であった。政府は農書を農民に配るなどして、新品種の栽培を奨励した。だが、モンゴル人の侵攻する一三世紀より以前に、農民たちが新品種を広く栽培していたのは、長江下流域の四つの稲作中心地の省のみであった。新品種が本格的に広がっていったのは、明らかに明代・清代になってからであった。

窮乏化という慢性的な問題はいまだ未解決であり、農業生産を低下させる主因でもあった。新品種の導入も事態を即座に好転させることにはつながらなかった。深刻な不作や飢饉は起きつづけていた。仁宗《じんそう》の治世（一〇二二〜六三年）に起きた飢饉では、兵士への供給も必要であったため、政府が救援策として供給できる食糧の量ではまったく追いつかなかった。当局の推計では、飢饉に見舞われた人々の半数以上が死亡したと言われている。新品種の普及とその効果を妨げたのも、農民たちの貧困であった。たいていの農民は農地を肥やしたり、適切に除草をおこなうための手段も持ち合わせていなかった。仁宗は、こうした農民の状況を改善するために、未耕地に入植した農民に対して免税をおこなったり、土地保有を制限したり、実質的には税額の再査定である「方田均税法《ほうでんきんぜいほう》」を導入したりした。しかしながら、大土地所有を縮小させることは、結果として不可能で、「方田均税法」も機能しなかった。貧困に苦しむ農民たちは、政府が用意した以上の救済を必要としていた。

一一世紀には、それぞれの省の様々な環境・経済条件が、隷属的な農業関係を生じさせることもあった。宋の法律は、地主が農民たちを土地に縛り付けることを禁じていた。このように農奴化は禁じられていたが、多くの地主はこの法律を無視していた。宋代の中国は「荘園制」経済ではなかったが、省によっては広大な土地を所有する地主たちも存在した。それらの中には、中世ヨーロッパのそれに近い、中心的な管理機構を持つ一円的な地所もあれば、地主ですら適切に管理できるとは期待せず、地代の受け取りが可能なだけと考えるような多数の、分散した狭い地片から成る地所もあった。小作人の従属の度合いも様々で、一定したものではなかった。租客《そきゃく》は、地主に抵抗できる法的な権利を持った、最上位の身分であった。地客《ちきゃく》は、より正確に言えば使用人で、わずかな権利しか持たず、従属的な関係にあることがしばしばだった。田僕《でんぼく》は雇われた労働者だが、実態は奴僕に近かった。かれらは、一日から数年という期間、年季奉公人として働いて借金を返済するためや、金や食料を得るために、自由民（良民）としての身分を放棄したのであった。たいていは中国内陸部に住む漢民族ではない民族集団の中であったが、奴隷も少数ながら働いていた。

おそらく、これらの多種多様な隷属的な集団も、総人口の半数を超えることはなかったが、かれらは東部の商業的により発展した省よりも、華中のいくつかの省に多く住んでいた。隷属的な関係の広まった地域では、地客や時には租客までもが、農奴に近い条件の下で働くことが多かった。かれらは働いている場所から立ち去れず、もしも地主がその土地を売却した場合には、かれらも土地とともに売られることになった。これらの小作人は地代を払い、地主のために一定の仕事を賦役としておこなわねばならず、例えば、子どもの結婚を許可してもらうためには課金を支払わねばならなかった。こうした緊縛は、中国南部の内陸部に位置する湖南省や湖北省、あるいは福建省内の多くの地域においては、普通に見られた慣行であったと思われる。また、中国の法律は、地客と田僕、そして時には租客さえも法的に不平等に扱っていた。かれらは、自由民、特に地主層よりも厳しく罰せられた。

他の地域には、隷属的な集団はほとんどいないか、あるいはまったく存在しなかった。長江デルタ地帯周辺の商業化の進んだ地域では、大土地所有者もほとんどおらず、都市部の土地に比べると農地は、投資的な観点からも魅力に欠けていた。こうした地域には、都市の大市場向けに生産をおこなう独立した小土地所有者が多かった。広大な土地を所有する地主は、小作人に農地の経営を任せた不在地主であった。これらの地域ではまた、地価の変動が激しく、租客たちを土地に縛り付けないことが地主の利益にもつながった。これらの地域には、地客がほとんどいなかった代わりに、湖南省の租客よりもはるかに自律的に働く租客たちが多数居住していた。ただ、かれらも無償の諸義務を果たさねばならず、法的地位もいまだにひどく従属的なものであった。

以上が、宋代における遺棄地と、地主と貧しい農民大衆の間に横たわる極端な富の不均衡といった慢性的な二つの問題の社会的背景であった。農民たちが、税や地代や食料需要に応えるために、しゃにむに作物を生産して自身の土地を疲弊させていったのに対して、地主たちの土地では集約的な作物生産をそれほどおこなってこなかったために、収穫量はかえって高かったりもした。また、大地主たちは在地での勢力を用いて税逃れを働いていたが、貧しい農民たちは所有する土地額に従って、あるいはそれ以上の税を支払っていた。こうした状況が政府の歳入の減少へと跳ね返り、供給力を減退させることにつながっていった。

一〇七〇年代、宰相となった王安石《おうあんせき》は上記の諸問題を解決するために、広範な改革を実行に移した。例えば、強欲な高利貸しから農民たちを守るための融資制度や商品価格を固定化する政策などをおこなった。

これらの諸政策は、期待されたほどの成果を上げることはできなかった。貸付けを拡大した役人も、それを受けた富農の多くもいずれもが制度のもたらす結果を完全には理解できないでいた。役人たちは、富農たちが利息を支払えない場合であっても、かれらに貸付けをおこなっていた。貧しい農民たちが返済不能に陥ると、政府は返済の尻拭いをより裕福な隣人に求めた。このことが往々にして、そうした隣人たちが自身の主要な財産を売り払わねばならなくなる事態につながっていった。

この改革が行われている最中の一〇七四年に、また飢饉が発生し、農民たちは借金が嵩むことを避け、食料を見つけるために、土地を捨てていった。宮廷内の王安石の政敵たちは王に代わって老齢の官僚を担ぎ出し、かれが融資制度を廃止した。餓死者は無くならなかったので、この官僚は現行の政策は農民と地主の対立を解消できないと判断し、妙案が浮かぶまでの「待機」策を採用した。

その後、数十年が経過し、南宋の時代に入ると、中国の支配者たちは農業生産を向上させるために、あらゆる伝統的な政策を試みた。灌漑施設を整備し、農地を整理し、王安石の融資制度を復活させたり、廃止したり、土地を開墾したり、人口の少ない土地に兵士を入植させたりといった具合であった。不作や飢饉は繰り返し発生したが、救済に必要な食糧の量は食糧備蓄制度で供給できる量をはるかに凌ぐようになっていた。宋末の一〇〇年間、皇帝たちは農業生産を回復させるために、より極端な方策に訴えるようになった。一二世紀末の孝宗《こうそう》は、収穫量の低い省の役人たちを解雇し、種子の貸付けや灌漑施設の建設、減税といった手段に訴えた。しかし、農民たちの土地放棄は相変わらず止まず、税収だけが低下した。理宗《りそう》（一二二三～六四年）は、政府の購入によって大土地所有を完全に廃止することを命じた。この方策も、役人たちが価値の下がった紙幣で市場価格以下の価格を提示することが多かったり、かつて羽振りの良かった地主たちの多くを破産させてしまったがためにうまくいかなかった。一二八〇年までに南宋の国庫は枯渇し、反乱が起こり、略奪も横行し、もはやモンゴル人の侵攻を防ぐことはできなかった。

◆古典古代以降――奴隷状態、自由、そして農業の変容

ローマ帝国と漢が滅亡してからの一〇〇〇年の間に、農民の二重の従属は複雑な変容を被ってきた。この期間は、生産者である農民と大土地所有者の間で、自律と生存をかけた闘争が絶え間なくおこなわれた時代であった。大土地所有者は、自身の土地保有と権力を、農民たちの犠牲の上に立って、維持・拡大させようとしてきた。しかし、そのことは、農民たちやいくつかの政府の反発を買うこととなった。ビザンツ帝国や中国では、皇帝たちや下級官僚たちは大土地所有の拡大に歯止めをかけ、侵奪された農地を小土地所有者たちに返還しようと試みた。これらの政府は、中国の府兵制やビザンツ帝国のテマ制のように、領主・地主層を農民兵に置き換えようとしたが、成果は限定的であった。これらのケースはいずれもが、政府や農民が耕作者の社会・経済的な従属傾向に対して抵抗を試みようとしたものであった。

古典古代以降の時代のヨーロッパは、経済的な衰退、政治的な分裂、そして外部からの侵略に苛まれていた。農民たちの多くは、農奴の境遇という従属を代償にして、安寧・安全を追い求めた。侵略の時代が明けると、ヨーロッパの農業システムは、周辺部の土地を耕作する多数の人々の活動だけではなく、増大する多様な欲求を孕んだ貨幣経済や諸都市の存在もあって、地理的な境界まで拡大していった。鈍重で柔軟さに欠ける荘園制は、農業にとって必要な変化を妨げるものとなり、その代償は大きかった。一四世紀の危機は、農民たちが領主や当局に対して、農民の利益の一部だけでも受け入れるようにと求める機会を提供した。

しかしながら、当時のヨーロッパの諸政府が、ビザンツ帝国や中国の政府がおこなったような、大土地

所有者の犠牲の上に立った農民保護に向けて踏み出そうとすることはほとんどなかった。大貴族が主体の政府はたいてい、農民たちのことを潜在的な問題か、脅威と見なしていた。農民たちが部分的な自律や、稀有なケースではあったが、身分の解放を勝ち取ったのは、困難な経済的交渉や政治的な闘争、そして時には反乱という手段を通じてのことであった。最終的には、一八世紀にヨーロッパの精神生活を一変させた啓蒙主義によって初めて、ヨーロッパの諸政府は農民の大半を解放する動機を与えられるのである。

古典古代以降の時代における農業や農民の生活にとって、環境的な要因は重要で、しかも時に決定的な役割を果たした。中国やビザンツ帝国では、恒常的な災害が収穫を台無しにし、飢饉を引き起こした。ヨーロッパの状況は当初はより好ましいものであったが、時代の終盤は、数世紀にわたって続いた、農業と人口にとっての大きな危機であった小氷期によって閉じられた。

こうした環境にまつわる危機への対応もあって、古典古代以降の一〇〇〇年間で、農業はゆっくりとではあるが、積極的な変化を遂げていった。スペインからインドに至る帝国を築いたイスラーム教徒であるアラブ人も、アジアやアフリカ原産の多様な作物がヨーロッパ全域に広まる手助けをしてくれた。そこからヨーロッパ人は好みに従って作物を選別し、その後、世界史において決定的な展開となるプランテーション複合体を作り上げていった。中国の宋の支配者たちはヴェトナム米の早稲の品種を導入して、農業の強化という長い時間を要する過程に先鞭をつけた。この導入を起源とする米の品種によって、中国の人口や経済、そして帝国自体も大規模な拡大を可能とすることができたと言えよう。米の品種を改良したいという宋代の努力は、時に「緑の革命」と称されることもある。「緑の革命」は技術的な「解決策」を用いた歴史上最初の試みであり、それは農民が環境的な災害に従属せねばならないことに抵抗する手助けとなった。

ヨーロッパの領域的な拡大やイスラーム帝国との交易によって、東洋と西洋の間の農業面での結び付きも増進されていった。しかし、ヨーロッパとアジアの農業は異なるものでありつづけた。すなわち、中国やアジアの大半の国々が集約化や作物生産を強調するのに対して、ヨーロッパでは粗放農業や牧畜が重視される傾向がますます強まっていった。ヨーロッパ型の力点の置き方は、食糧を得るためには交易に依存するというヨーロッパの立場を明確にした。広大な国家の内部においても、地域の特産品や交易がそれぞれの農業を形作っていった。例えば、ビザンツ帝国では、エジプトからの穀物輸入は当たり前のことであったし、中国では、米作に関しては長江流域の農民に依存しており、かれらの作る米が「大運河」の舟運によって遠い華北にまで運ばれ、北部の人々に供給された。地域に特化し、東方からの穀物輸入に依存するヨーロッパ農業のやり方は、近代期には、食糧生産のグローバリゼーションのさらなる拡大につながってゆくことになるであろう。

さらなる読書のために

中世ヨーロッパに関する良書としては、Renée Doehaerd, *The Early Middle Ages in the West* (Amsterdam: North Holland Publishing Company, 1978); Georges Duby, *Rural Economy and Country Life in the Medieval West* (Chapel Hill, NC: University of North Carolina Press, 1968); Warren Treadgold, *A History of the Byzantine State and Society* (Stanford, CA: Stanford University Press, 1997). アラブ人の農業貢献に関する信頼できる研究としては、Andrew M. Watson, *Agricultural Innovation in the Early Islamic World: The Diffusion of Crops and Farming Techniques, 700-1100* (Cambridge: Cambridge University Press, 1983).

中国に関しては、第2章で掲げた著作群も参照のこと。加えて、Joseph McDermott, "Charting Blank Spaces and Dispute Regions: The Problem of Sung Land Tenure," *Journal of Asian Studies* 44(1) (1984), pp. 13-41.

第4章　近世の農業とヨーロッパ式農業の優位――一五〇〇～一八〇〇年

一五～一八世紀、世界の大半の地域において、農民たちはそれ以前の時代よりも劣悪な環境下に置かれることとなった。やや暖かな時期を含みつつも、小氷期が異常な寒冷気候をもたらしていた。様々な環境要因が周期的に危機を引き起こし、特に北半球においてその傾向が顕著であった。冷夏、厳冬、深刻な不作、そして飢饉が頻発した。

農民たちはまた、いくつかの隷属的なシステムの下に暮らしていた。隷属を生み出すシステムのあるものは、ほとんど認識できないほど徐々に自由農民を誰かに依存する存在に変えていった。オスマン帝国やムガル帝国などの南アジアのイスラーム帝国では、自由農民たちはまず勢力を拡大しつつあった地方領主の権力下に入っていった。東アジアでは、政府の姿勢や市場の力が相まって、隷属的な農民の数をかなり減少させることができた。中国や日本では、小農や小自作農や小作人が地方経済の伸長によって潤ったが、政治的な対立や自然災害には大いに悩まされていた。

アジアとは対照的にヨーロッパは、ひどく隷属的なシステムを作り上げ、それの維持に努めていた。東欧では、通常「再版農奴制」と呼ばれる、抗《あらが》いがたい新たな支配の下に農民たちは陥っていった。他方、西欧では、農奴制こそ僻地でわずかに見られるだけであったが、ほとんどの農民は種々の伝統的な慣行や貴族層の負担の再要求や強大化する政府権力に従わざるをえない状況のままであった。西欧の探検家や商人、植民地主義的な政治家たちは、征服したアメリカの土地と奴隷にしたアフリカ人やインディオを結び付け、奢侈品を大量に生産する制度である「プランテーション複合体」を生み出した。

◆小氷期

長期の寒冷期である小氷期が、一四～一九世紀まで続いた。寒冷期のあり方は必ずしも一様ではなく、温暖な時期と寒冷な時期が周期的に繰り返された。一六八〇～一七三〇年の寒冷期には、世界中で氷河が標高の低い土地まで押し寄せ、極端な気候が多数の問題を生じさせた。一五世紀のイギリスでは、低温でブドウが生長せず、ワインを生産することができなかった。一五九〇年代には、寒さが原因となって、イギリスや大陸部で不作や穀物価格の高騰、食糧不足や食物を求めての蜂起が発生した。一七〇九年は恐ろしく寒い冬で浮氷が河川をふさいでしまい、フランス政府がいくつかの地方の飢饉を救うべく穀物を送ろうとしたが、それも邪魔される結果となってしまった。同様の危機は、近世期、繰り返し発生していた。一七世紀の中国では、江西省に残っていた最後のミカン園が、異常な寒さによって壊滅的な状態になってしまった。

小氷期を生じさせる原因としては、太陽黒点の増加やメキシコ湾流の流量の衰微、大規模な火山噴火の頻発などが挙げられうる。一六〇〇年にペルー南部で噴火したワイナプチナ火山は、一八八三年のクラカタウ火山の大噴火の規模に相当した。グリーンランドから南極までの、一六〇〇年とそれ以降の氷床コアから検出されたワイナプチナ火山からの火山灰は、一六〇一年の夏とそれに続く数年間を、数世紀のうち、いや一〇〇〇年のうちで、北半球において最も寒い状態にした。こうした気候が、一六〇一～〇四年のロシアにおける大飢饉のような不作と飢饉を生じさせた。科学的な諸研究では、小氷期の影響は南半球よりも北半球において甚大であったとされるが、その影響は地球全体に及んでいたとも言える。

小氷期は、生活・生存を不安定化させる環境面での状況をも生み出した。ヨーロッパにおける不作や飢饉は、食物を求める蜂起や、中央・地方の政府権力や徴税に抵抗する民衆反乱につながっていった。中国や日本、およびその他の東アジア諸国では、一七世紀に史上最も悲惨な干ばつを幾度も経験し、それが原因となって、反乱やその他の政治的な危機に見舞われることとなった。異常かつ変動著しい気候とその結果としての不作は、税収の落ち込みや兵站への支障、地方権力者の反乱を利するといった形となって政府を苦しめた。農地に関する抗議の脅威を減らし、食糧危機を回避ないし予防する方策は、政府の農業政策の目的の一つであった。

◈農のアジア——隷属的なシステムの興隆と衰退

一五～一八世紀におけるアジアの農業社会は、二つの主要な文化・経済圏の影響下にあった。一つは南アジアと中央アジアのイスラーム帝国であり、もう一つが東アジアの中華世界であった。農民と領主は、双方の世界で、異なる仕方で生きていた。イスラーム世界では、多様な食用作物を受け継ぎ、小規模の自営農を主体とする時代としてこの時代は始まった。中華世界では、政府が農民を国家の経済的な基盤として支援したが、政府の力が弱まると領主層は農民たちを従属的な状態に置こうとする強い傾向があった。この両地域のあり方が逆行するのが、近世という時代であった。

◈イスラーム帝国における農業——オスマン帝国の農業制度

一三世紀のアナトリアで形成されたオスマン帝国は、一五世紀に至るまで、シパーヒーと呼ばれた騎兵と、被征服民から徴募したイェニチェリと呼ばれる歩兵の「新軍」を基礎に発展した。オスマン帝国は、アナトリアではティマールと称された土地をシパーヒーに与えていた。しかし、潜在的な軍事的脅威を取り除くために、シパーヒーたちを常に軍事遠征に赴かせたり、ティマールの受領者を頻繁に変更したりしていた。

オスマン帝国は征服した地域の全土で、領主層の弱体化と農民層の支援を試みた。例えば、一五世紀初めにオスマン帝国がバルカン地域に侵攻したときは、セルビア貴族とかれらの農奴たちが対立を深めていた時期でもあった。所領を奪ったオスマン帝国は、貴族層を排除するか、帝国のエリート層に組み込むかし、農奴制を廃止した。農民たちは比較的軽微な「地租」さえ支払えばよくなった。

オスマン帝国では、すべての土地はスルタンのもの、あるいはスルタンによって政府に移譲されたものである、と宣明された。オスマン帝国の法令では、農民たちが土地を耕作している限り、かれらから土地を奪うことはできず、土地はかれらの子どもたちに引き継がせることができると謳っていた。オスマン帝国では、種々の農法や農耕が許されてもいた。エジプトでは、自治村に住む農民たちは個人に対してではなく、村落に対して課税されていた。エジプト南部では、配分を均一にするために、毎年、土地の割替までもがおこなわれていた。この慣行は、一九世紀にエジプトの新政府が村落を私有化するまで続けられた。

オスマン帝国は一六世紀に最盛期を迎え、その後、緩やかに後退期に入っていった。農業関連では、この断続的な後退が一連の増税の流れや地方エリートの勢力の伸長を引き起こした。一六～一八世紀に、帝国の人口は二倍近くに増大したが、耕作地は二〇％しか拡大しなかった。このことは逆に、村落の過密人口や都市での失業、また食糧不足を発生させた。政府は、頻発する戦争や膨れ上がる宮廷歳費に対応するために増税をおこなった。税負担や地方の人口過密によって、農民たちは金貸し業者に頼らざるをえなくなるか、村を捨て都市に逃げ込むしかなかった。

財政的な負担は、地方の土地所有者層やティマールを保有するシパーヒーたち、そして徴税目的で政府が地方に派遣した徴税請負人をはじめとした官吏たちの肩にものしかかった。これらの官吏たちは、しばしば農民たちから違法な税を巻き上げ、賦役を強要した。官吏たちをイスラーム法廷に訴える農民たちもいたが、多くの農民は逃亡するしか仕方なかった。ティマールの保有者やその他の領主は逃亡した農民を見つけ出すことができたなら、法廷に訴えて、農民を自身のティマール地に連れ戻させることができた。

一七世紀に入ると、オスマン帝国の支配層は帝国を自給自足が可能な国にしようとし、輸出を禁じたが、商人たちはさしたる困難もなく密輸をおこなっていた。こうした秘密貿易は地価を上昇させ、イェニチェリや腐敗した官吏やティマール保有者の多くは、この状況の中で利益を得るべく広大な農地を獲得しようとした。こうした新たな地主層は、アーヤーンと呼ばれ、都市へ逃亡した農民たちが放棄した土地を自らの農園にすることが多かった。アーヤーンの多くは、逃亡農民をこれらの農園の労働者として雇い入れたり、中東の奴隷市場で奴隷を購入したりした。アーヤーン層は急速に国家の管理を逃れるようになり、小規模なイェニチェリ軍団を形成するまでになった。多数の農民たちは最終的に、オスマン支配によって免除されていたいくつもの隷属的な義務に従わざるをえなくなっていった。農民たちは賦役の履行や作物・家畜・金銭の徴発に応じなければならなくなった。

農民の中には、こうした従属に抵抗し、かつて兵士だった者と一団を組む者も現れた。帝国の支配者たちは減税によって事態を軽減するように努めたが、戦争となれば、税はすぐさま引き上げられた。このことが再度、農民の都市への逃亡、人口の過密、食物を求める蜂起、そして反抗的な一団の形成につながっていった。一六世紀以降のオスマン帝国の衰退にとって、土地や農民の権利や地租を原因とした諸闘争は重大な要因であったと言えよう。

◆ムガル帝国下の南アジアと農業

ムガル帝国以前に南アジアが統一されていたのは、二度の短期間の時期だけであった。すなわち、マウリヤ朝（紀元前三二一～前一八五年）〔紀元前三一七～前一八〇年との説もある〕とグプタ朝（三二〇～五五〇年）の時代であった。これ以外の時期の南アジアは、多数の小さくて短命な王朝が分立していた。残されたこれらの時代のわずかな史料によれば、古代南アジアの地方社会には農民と領主が存在した。しかし、かれらのアイデンティティや関係は南アジアのカースト制度によって表された。カースト制度においては、すべての人間は特定の社会集団・血縁集団に生まれ落ち、それらの集団がかれ／かのじょの社会における役割や身分を決定することになる。最下層のカースト諸集団から成るシュードラ階層や「不可触民」が、高位のブラーフマン階層に属する諸階層のために人夫として働くこともあった[1]。ヒンドゥー教の寺院は、ヨーロッパの修道院のように、かなりの所領を所有することも多かった。農民たちは種々の税を支払わねばならなかった。

ムガル帝国が安定した国家として真に歩みを始めたのは、アクバルの治世（一五五五〔一五五六年か〕～一六〇五年）においてであった。ムガル帝国は、インドの国家としては実質的な史料が残された最初の事例であった。財務長官であったトーダル・マルの計画に従って、アクバルはインドの主要地域から地方に至るまで、一〇年間の生産量の平均に基づいた税制度を導入した。こうした見積もりを準備することは、当時のインドにとって重大な業績であった。この制度によって、穀物生産量の三分の一と、その他の作物のそれ以上の収量が徴収されたが、当初、農民たちはそれらを差し引いても、生活するのに必要な量以上の食物を、ほとんど毎年、生産できていた。

オスマン帝国と同様に、ムガル帝国では、ムガル朝のスルタンが土地の公式の所有者であった。ただし、農民たちには土地の売却・購入・相続が許されており、通常の状況であれば自らの土地を奪われることはありえなかった。一九世紀に行われた土地保有状況の大規模な調査によれば、農民や耕作者が土地を共同ないし集団保有しているところはほとんどなかった。ムガル朝期やそれ以前の時代には、土地は実際には私的か個別に所有されていたが、ムガル支配下において農民たちは土地を離れることが許されなくなった。法律や繰り返し出された法令は、土地を捨てた農民に対して故郷に戻るよう、役人に戻させるように命じていた。当時のインドにはかなりの空き地が存在し、それを耕す農民の方が不足していた。政府が上記の法律を強要したのは、農民たちに所領に留まってもらい、税を支払い、ムガル帝国のエリート層を支えて欲しいと考えたからであった。農民たちは、土地保有は保証されているものの、身分としては「半農奴」であった。

農民たちは、パンチャーヤトと呼ばれた村会やムカッダムと称された長の権威の下にあった村落に暮らしていた。だが、農民たちにとって最も権威があったのは、ザミーンダール、つまり地主であった。ザミーンダール（ペルシャ語の地主に由来する用語）には三つの集団がある。ムガル朝が任命し、政府に従わせたラージャと呼ばれた旧来の在地の支配者たち、自身が土地を所有した在地の徴税請負人たち、そして、多くの場合これを意味したが、地方の小地主たちの三集団であった。ムガル帝国の法律では、ザミーンダールは土地の最終的な所有者ではなかったが、耕作者から生産物や諸種の支払いを受け取る権利は得ていたし、土地を売買することもできた。ムガル帝国の官吏はザミーンダールを徴税人と見なし、在地の徴税請負人と十把一絡げにする傾向があったが、ザミーンダーリーと呼ばれたザミーンダールの保有地は私有財産として扱われた。もしかれが税を支払わなかったり、反抗したりすれば、支配者はザミーンダーリーを別の誰かに割り振ることになる。ザミーンダールたちは、多くの場合、武装した集団を抱え、自らが治める地方では専制的な権力となっていたが、ムガル帝国の権力を脅かすほどの軍事力と団結力を保持することは稀であった。かつてのラージャや特に強力なザミーンダールのごく一部のみが、ムガル帝国にとっては真の脅威であった。

ムガル帝国期の農業は高度な生産性を持っていたが、作物によってその生産性が異なっていた。およそ一億四〇〇〇万人の人口に対し、現在の耕地の半分以下しか耕作されていなかった。インドの農民たちは播種機（これの使用によって農民は、播種の間隔や深さを制御することができるようになった）や苗の移植といった先進的な技術を用いていた。最も注目すべきことに、インドの季節は、気温ではなく、ほとんどの夏に降る大雨であるモンスーンによって決められる。灌漑施設を賢く利用し、作物を賢く選ぶことによって、年に二〜三種類の作物を生産する農民もいた。西部や北西部では、一般的に小麦やキビが栽培され、東部や南部では米が生産された。消費や販売向けとしては、綿花・麻・ジュート・藍・アヘン・果物・野菜といった他の作物も多く栽培され、トウガラシ・トウモロコシ・タバコといった新大陸の作物栽培も増加していた。多くの土地が未耕作のままであったので、農民たちは牽引と食用のために家畜も飼養していた。村では砂糖や織物も生産されていた。

外国人のインドに対する印象としては、国が生み出す産品の見かけの豊かさと農民の貧しさが著しい対照をなしていた。インドは、香辛料・砂糖・絹布・綿布をはじめとして高価な農産物を大量に輸出していた。インドの多くの地域では、特産物の生産への特化が進んでいった。しかしながらインドでは、モンスーンの雨が降らなかった後が多いが、激しい飢饉に見舞われることが恒常的になっていた。そうした危機の最悪の事例が、シャー・ジャハーンの治世である一六三〇～三二年に起きた飢饉である。シャー・ジャハーンの妻ムムターズ・マハルは、一六三一年、出産がもとで死亡した。インドの数百万人の人々の死や飢えよりも、明らかに愛妃の死に心動かされたシャー・ジャハーンは、飢饉の最中に、妻を記念するタージ・マハルの建設を開始した。かれはこの目的を達するために数百万ルピーを費やしたが、それは多くの命を救うことができたはずの金額であった。

ムガル朝期に飢饉が原因となって生活が困窮し、生命が奪われる事態は、インドの見かけの豊かさが、農業生産量や生活の全般的な水準の低さを覆い隠していたことを示唆している。これらの飢饉は、ムガル帝国の土地政策や租税政策に加えて、自然災害の頻度の多さとその厳しさを映し出していた。ムガル朝の支配者たちは、支持者に報い、支持を保っておくために、軍事的家臣に対し土地の条件付き譲渡をおこなっていた。支配者たちは、ジャーギールと呼ばれたこれらの土地が、敵対の温床となることを避けるために、ジャーギールダールと呼ばれた受領者を数年ごとに入れ替えていた。こうした方策は、ジャーギールダールたちが土地の農民から、ムガル政府への税のみにとどまらず、自らのために搾り取れる限りのものを搾取することを促す結果となった。アクバルからアウラングゼーブに至るまでの政府の記録には、ジャーギールダールやその他の官吏たちが、耕作を放棄して、逃亡しようとする農民たちを抑圧している様が記されている。アウラングゼーブに仕えたフランス人医師フランソワ・ベルニエは、農民たちが逃亡したり、官吏の虐待によって死亡したりしたために、多くの土地が耕作もされぬままに放置されていると伝えている。それでも、ムガル朝の支配者たちは、戦費や建設費を賄うために非常に高額の税を課すことによって、ザミーンダールたちの手元に何も残らないようにすることが常であった。

こうした悪政の結果として、農民もザミーンダールも、時には両者が手を取り合って、反乱を起こした。

一六六一年、ムガル朝はコーチ・ビハールの西地区を占領し、それまでのラージャ（地方支配者）よりもはるかに過酷な税を課した。すると、農民たちが蜂起し、その地区からムガル朝の人間を追い出した。農民反乱の多くは、カーストへの帰属意識と新興のシク教によって結び付いていた。[2]ザミーンダールたちはしばしば税の支払いを拒み、反乱に訴えた。このことは、自分たちのムガル朝に対する反抗に農民たちの支援を獲得すべく、ザミーンダールたちが農民たちに対する扱いを和らげていくことにつながった。

ムガル朝の支配者たちが反乱の原因を取り除くことは、容易ではなかった。統治の初期には、支配者たちも高圧的なジャーギールダールを罰し、搾取から農民たちを守るためにかれらを別の土地に移動させることもあった。しかし、一七世紀末になると、アウラングゼーブは、絶え間なく生ずるマラーター（インド西部に住む大規模なヒンドゥー教徒の民族集団）や、それ以外の集団によるムガル権力や徴税に反対する反乱への対応と、軍の指揮官や退けた敵対者にジャーギールを付与して支援を維持する必要とで、手いっぱいとなっていた。こうした状況の中で、農民たちの生活状態への配慮は後回しにされがちになった。だが、軍の編成を農民に頼っていながら、マラーターやその他の反乱者たちも、自分たちが追い出したムガル朝の支配者やジャーギールダールとまったく変わるところがなく、抑圧的であった。マラーターの指導者であったシヴァージーは、自身が支配した領域にムガル朝が搾取していた金額の二倍の税を要求した。農民反乱は、同じ農民への搾取で終わるということがままあった。これらの地方的騒乱や一七世紀末〜一八世紀にかけての政治対立こそが、南アジアにおいてイギリスが帝国支配を築くことを許していく環境を生み出したとも言える。

上述のようにイスラーム帝国では、オスマン権力もムガル権力も帝国内の村々における諸集団の分立と格闘しつつ、地方を生産物や労働力や兵員の供給地として搾取していた。中央権力が地方を、支援や向上のために自ら寄与するに値する対象であると見なすことはきわめて稀であった。飢饉の救済でさえも、最低限のことがなされたか否かというレベルであった。農民たちからすれば、こうした体制こそが、度重なる環境的な危機と、無規律な略奪を結び付ける結果につながっていったように思われた。

◆中国――明清交替と中国での農奴制の終焉

中国の政変は、農民と農業に密接に結び付いている。諸王朝はたいてい、経済危機や戦争による人命の喪失やカオスの結果として、農地が放棄され、生活が不安定となる中で、開かれた。新王朝は農民に譲歩し、かれらがより多くの農地を耕作することを奨励した。例えば、新たに興った明朝は、一三七二年、王朝交代期の戦乱で荒廃した地域においては、農民たちに耕作できるだけの農地を要求することを認めた。諸王朝は飢饉対策として、飢饉救済用の穀物倉庫の制度も復活させた。

しかしながら、王朝の基盤が確立すると、地方官僚や地主たちは早晩、中央権力が弱まる機会を利用して農民たちを隷属的な地位に陥れようとした。明代には、農民たちは奴僕に近い状態に置かれた。自身の所有地に居住する地主はたいてい隷属的な耕作者を抱えていたが、不在地主は農地の耕作を、監督係の奴僕の管理の下、自営の小作農に任せていた。明朝はこの慣行を止めるべく、一三九七年に功臣以外の庶民が奴婢を所有することを禁じた法律を制定した。これ以後、庶民は奴僕を義理の子という扱いにしなければならなくなった。明・清代の史料は、地方に住む多くの人々は奴僕であったが、自営農も多かったと伝えている。相互の人数を確定するのに十分な情報はないというのが現状である。

明代では後になるほど、奴僕の地位は低下していった。かれらは明の法律では、平民より身分の低い「賤民」に区分され、法を犯した場合にはより厳しく罰せられ、官職に就いたり、教育を受ける道は閉ざされていた。監督係の奴僕は、自身の低い身分に不満を持っていたであろうが、少なくとも金を稼ぐ機会は保持していた。耕作を担っていた奴僕は、主人の家族の一員とされることが多かったが、苛烈な扱いに耐えなければならなかった。奴僕たちはたいてい、悪天候でもほとんど休みもなく、十分な食事も取れないまま、主人たちに命ぜられ、働かされていた。妻や娘は犯され、奴僕が死亡すると、その財産は没収され、家族が主人によって売り飛ばされることもしばしばであった。

一六世紀末～一七世紀初めにかけて、明朝が衰退するにつれて、自然災害に起因する飢饉が増えていった。「貧戸」や「飢民」が穀物倉庫を襲い、時には裕福な家族の家までも襲った。明政府は税の免除で対応しようとし、郷紳地主たちは共同の救済組織を整備した。だが、これらの取り組みは十分なものではなく、一六三〇年には内陸部の陝西省で、飢饉が原因となって農民たちは、反乱の主導者である李自成《りじせい》を支持するようになっていった。李自成の乱は一四年間に及び、反乱軍の支配した地域では軍が、富める者と貧しい者の土地の公平化を図り、富裕な地主を多数殺害し、所有地の多くを奪ったり、荒廃させたりした。この反乱が原因となって、一六四四年、明は滅亡したが、数年後〔正しくは、数か月後〕には満洲族が侵攻し、反乱勢力もその権力を失った。

危機的な飢饉が繰り返される中での満洲族の征服活動やそれに伴う政府の実質的な不在は、膨大な数の人命を奪った。中国の人口は、一四世紀のおよそ八〇〇〇万人から、一七世紀初頭には一億五〇〇〇万人に増加した。ただし、満洲族が最後の抵抗を打ち破った一七世紀末には、人口は九〇〇〇万人ほどに減少したと推定されている。

権力を奪取してすぐに、満洲族の指導者たちは自身の親族や支配下の諸集団、武官など、旗人と呼ばれた人々に土地を与えて報い始めた。それは、通常、管理者の下にある一〇人の農奴が付いた、五〇ヘクタールほどの土地であった。明代末期〔原文では、「満洲族の終わり」つまり「清代末期」とあるが、おそらく誤記〕、奴僕たちは地主層への反乱を開始していた。満洲族の侵攻以降は、満洲族が押し付けた新たな地主に対しても奴僕たちは反抗した。これらの反乱は、隷属状態を脱したいという集団的な要求から、郷紳家族やかれらの所有地への暴力的な攻撃まで様々であった。人口の増大が、こうした社会の不安定を引き起こす一因でもあった。というのは、清朝が付与した土地は、数十年もしないうちに、増大する隷属民を支えられなくなってしまったからであった。

一八世紀初めになると、農民の不満を軽減するために、清は隷属的な制度の解消に取り組み始めた。一七二七年、一七二八年、そして一七四四年に制定された法律で、政府は世僕の身分を「賤民」から平民へと格上げした[3]。一七五〇年代には、中国経済において奴僕たちが果たしていた役割は取るに足らないものであった。しかし、上記の改革や中国経済の拡大に伴って、清代初めの中国の富農たちは、成長する都市の市場向けの生産を盛んにおこなうようになっていったが、そうした生産の伸びは家族労働の活用を強めることに依存していた。

一八世紀末までに中国の隷農制が衰退してゆくと、中国の農場は小土地所有者か、小作人の家族経営の農場がほとんどとなった。地主層には、旧来の地方郷紳や学者官僚、そして農場を都市の工場で仕上げる綿花や布地の供給地と見なしていた成功した商人たちが含まれていた。この当時、農民層は地域により、また経済的基盤によりかなり多様であった。辺鄙な内陸部では、農民たちは食物生産によりいっそう注力しようとしていたのに対し、長江デルタのような都市化が進行していた地域では、農民たちは拡大する市場向けの商業作物、特に綿花の栽培にどんどん転換していっていた。一四世紀の長江デルタなら、綿花を栽培する農家は、いたとしてもほんのわずかにしかすぎなかったが、一九世紀には、実際のところ、すべての農家が綿花を栽培していた。そうした綿花が織物生産のブームを支え、年に数千万反に及ぶ綿織物の輸出を支えていたのであった。

しかしながら、上述のような商業化は、生存を維持するための最低限の生活水準から抜け出すことすらほとんどできていない家族経営の農場に依存していた。宋代や明代に開発された米の早稲の品種は、一七世紀にはすでに生産力の限界に達していた。中国農業がこの限界を超えるためには、一九七〇年代の緑の革命を待たねばならなかった。一八世紀以降、人口が増加しつづける中国では、次々と継承される世代ごとに、農家は土地の割当てが減少していると実感することになる。農家は、より高い収益を上げようとするならば、たとえ儲からない仕事であっても、できるだけ多くの家族構成員に仕事をさせる必要に迫られた。この「自己搾取」とも言える方策は、世界中の低所得集団の多く、特に農民層の間でいまだに広まっている。中国の農業や織物生産の高い生産力は、このように貧しい中国の農民たちの、生き延びるための絶望的な苦闘に依拠していたのである。

それでも、清代初期の一〇〇年間においては、中国の農民たちもかなりの水準の生活を送ることができた。明・清の移行期に生じた人口の喪失は回復し、中国の人口は一八世紀末までには、明代のピーク時の二倍に相当する、推計で三億人にまで達した。こうした人口増加の一因に、清朝期に改善された飢饉救済制度の存在がある。常平倉制度がほぼ一八世紀全体を通じて効果的に機能し、これによって政府は、一七世紀末〜一八世紀にかけての飢饉の影響を軽減することができた。

◆日本の農民――世襲農奴から市場個人主義へ

日本における農業は、朝鮮半島や中国でのやり方を模倣した稲作がおこなわれた紀元前一〇〇〇年に遡ることができる。当初、日本の農民たちは移動農耕をおこなっていたが、人口が増加し、政府の統治が確立すると、土地は不足がちとなり、貴重な財貨となっていった。農民たちは納税と賦役と軍事的な義務を負った。

七世紀の大化の改新によって、日本の支配者たちは土地の私有制を廃して、中国に由来する土地の国有制を布こうと試みた。この変革は私的な土地所有を認めてきた伝統にそぐわず、日本の農民たちも新たな制度から逃れようとしたために、支配者たちはそれを断念せざるをえなかった。それどころか、私的土地所有者や仏教寺院が非常に多くの土地をわが物としたために、一二世紀には私有地や荘園が日本の国土の半分に達するほどになってしまった。

荘園領主とは、西欧中世の荘園に当たる日本の荘の領主のことであるが、日本の荘園には領主直営地（先に論じたように、領主によって直接経営されるヨーロッパ荘園の一部のこと）は存在しなかった。実際には、荘に住む農民たちは、自身がそれを所有するかのごとくに農地を扱っていた。異なるのは、農民たちは領主に現物で年貢を納めねばならなかった点である。一二世紀以降に生じた荘園制の強化は、日本における農業生産の拡大と軌を一にし、米とその他の作物の二毛作や灌漑施設の普及なども伴った。しかしながら、日本の農業は、時に作物を台無しにし、飢饉をも引き起こす気候条件に大きく左右されやすいままであった。

続く数世紀の間、荘園領主たちは新興の地方支配者である大名と対立関係に入っていく。そして、一五世紀末〜一六世紀にかけての戦国時代に、大半の荘園は大名たちの支配下に置かれていった。一六世紀末〜一七世紀初めに、主要な大名たちが他を退け、最終的には徳川家康が徳川幕府を開くに至った。徳川幕府は、広範な検地をおこなって、農民の私的な土地保有が日本の農業制度の基礎を成している事実を確認した。徳川幕府は日本に平和と安定と経済的な発展をもたらしたが、農業面での変化ももたらしていた。一六世紀までの日本の農業制度は、農民家族のつながりと私的な土地保有に基づいて築かれていた。多くの農地を得る家族もあれば、自身の農地で賄うことのできる人数以上に子沢山な家族もあった。家族を貧困から救い、子らに機会を与えるために、貧しい家族は土地持ちの家族に、自身の子どもたちを譜代下人や下人として売ったり、与えたりした。深刻な飢饉の際には、貧しい家族は、成人も含めて、何千という家族の構成員を譜代下人として売ったであろう。幕府はこうした身売りを繰り返し禁止したが、危機的状況においては徐々に容認していった。譜代下人は新しい家族に対して労働力としての貢献をし、かれはその家族が与えた教育や相続などの機会を享受した。おそらく、一七世紀の日本の農村人口の一〇％は譜代下人だった。

村々には名子《なご》となった土地なしの人々もいた。名子とは、名子親と呼ばれる広い土地の所有者に寄託された農民たちの一大階層のことを言った。ヨーロッパの農奴と同じく、名子とその家族も痩せた地片と、家畜・農具・肥料・種子・水といった耕作に必要な最低限の物を親方から受け取った。見返りとして、名子たちは親方の農地で働き、かれに対してその他の賦役もおこなった。一七世紀、名子親が名子を労働力として雇用することに何らの制限もなかったが、特に不作や飢饉の際には、名子に手厚い支援を適宜与える必要があった。名子たちは、日本の地方人口の半数を占めていたように思われる。

江戸時代初期の日本の農業は、これまで述べてきたような多数の家族や隷属民の集団に依存していた。家族は一人の息子を家長として指名し、土地や家産のうちからかなり多めの割当てをかれの家族に与えた。それ以外の息子たちや親族は、より少ない土地や家産を受けることになる。しかし農作業は、家族・親族や下人が総出でおこなった。水入れ、田植え、田畑の耕作と続く作業は、水利や気候条件が農作業をできる限り速やかに終わらせることを要求しているので、一家総出でおこなわれた。家族集団による農法は、生産量も人口もともに増加させた。一五〇〇～一七〇〇年の期間で、日本の人口と耕作地は三倍に急増した。

農業の伸長は、都市化と経済発展によって刺激されたものである。日本における都市人口の増加は、日本全体の人口の増加率をはるかに上回っていた。一五九〇年には一村落に過ぎなかった江戸（後の東京）は、一七三〇年には、おそらく世界で最も巨大な都市であったと思われ、五〇万人の人口を抱えていた。他の多くの都市も、この時期、おおむね人口増を経験していた。これらの大都市は、食物や織物に関して膨大な供給量を必要としたし、またそれを可能にする大市場に依存せざるをえなかった。村落もこの状況に呼応して、都市市場向けにより多くの食物を生産し、農地の一部に綿花や蚕のための桑を植え、蚕の世話や綿布を織らせるために家族を動員していった。これらすべてが、市場を基礎にした交換の過程でもあった。すなわち、種子や肥料、糸紡ぎ機や機織り機を購入したり、異なった生産段階の製品を他の家族や仲買人、あるいは町人に直接販売することが、市場ベースの交換に他ならなかった。

一六九七年に出版された農民のための浩瀚な指南書である宮崎安貞《みやざきやすさだ》の『農業全書』は、生産の増大を目指す農民たちの努力を映し出している。熟練の農夫である宮崎安貞は、長い年月をかけて日本中の農民たちから学び、様々な農法を学習した。かれの著書は何世紀にもわたり不動の古典となり、江戸時代にはいくつもの類書が書かれることとなった。多くの農民がかれの書を読んで、その考えを実践した。農民たちが試した技術改良に、肥料をより多く使用することがあった。ただ、肥料は高価で、手に入らなくなることもしばしばであった。その他の技術改良としては、灌漑設備の整備や特産品への地域的な特化、改良を図った輪作や主要作物の品種改良などが挙げられる。そして、これらの技術改良が二〇世紀に至るまで引き継がれている事実は印象的でさえある。

これらの方策・農法は、重要ではあるが、思いがけない効果ももたらした。これらの方策によって日本の農業は、手間暇のかかる、よりいっそう複合的で複雑なものとなった。その結果、農家の規模が小さくなりすぎると、単独で耕作を維持するのが難しくなり、規模の不経済に陥ることになる。すでに述べたように、日本の農民たちは家族内の相続者間で農地を分割してきた。そして、人口が増大していっても、このやり方を続けていた。多くの大規模な農家は維持はされたが、一八世紀には齟齬をきたした農家もあった。そこでは、親族を基礎として守ってきた大土地所有のあり方や、隷属的な名子の労働形態、そして集団的な労働様式といった昔からの伝統が大きく揺さぶられた。

一八～一九世紀、所有地を割って、小作に出す大百姓が増えていった。同時に、かれらの下人であった名子は、地代を払う独立した小作人になっていった。名子の身分を廃止する法律が制定されたわけではないことは明らかで、そのため二〇世紀に入ってもまだ名子でいる人々もいた。しかし、一八世紀以降、名子は検地帳にも記載されなくなり、検地帳の記載の上では小作人に置き換えられていった。

◆隷属的なヨーロッパ

一四～一八世紀にかけてのアジアでは、西アジアや南アジアの自営農たちが次々と隷属的な状態に陥ったのに対して、中国や日本の隷農たちは解放されるか、新法や市場の影響力によって少なくともその境遇は改善された。同じ頃、ヨーロッパの土地制度も別の隷属の形を取ろうとしていた。西欧の大陸部では、市場を志向しようとする変化が、中世期の農奴制を解体させ、主として領主と国家の収入しか志向していなかった非生産的で、ヒエラルヒー的な制度に終止符を打たせるに至った。東欧の大部分では、西欧のかっての農奴制に似た、ただし中央政権が統制・強化する新たなタイプの隷属に農民たちは陥っていった。最後に、オランダやイギリス（あるいは、その他のいくつかの地域）の農民たちは、生活のためなどではなく、むしろそれ以上に市場での販売をあえて目指す農業制度を発展させていった。発展した農業制度は生産性をどんどん高め、余力を強めていった。本章では、近世の隷属的な制度の事例として、前二者の制度について考察し、三番目の事例である「農業革命」については、次章において考察する。

◈西欧――アンシャンレジーム

中世後期の農民反乱や、土地・身分・賃金にまつわる対立は、辺境な地方には農奴身分のままの農民がまだ一〇〇万人以上いたものの、西欧の農民の大半を隷属的な状態から解放した。ただ、解放された農民たちも、貴族領主や支配者に対する様々な慣例化された、旧来の諸義務をいまだに負っていた。西欧の農業社会はヒエラルヒー的なままで、一八世紀にはその傾向がいっそう強まった。一握りの貴族エリート層が土地と富を独占していたが、ほとんどの貴族は貧しく、農民と何ら変わらない状態であった。同様に、上層農民のわずかな一団が（かなりの不満を抑えて）村を支配していた。村には、多数の小土地所有者とさらに多くの貧しい土地なし農がいた。土地を共同で保有し、ロシアの農村共同体のように、それを定期的に再分配していたモーゼル川流域の農民たちのようなより平等主義的な集団は、きわめて稀であった。

原則上も、法律上も、支配者や貴族層や教会がヨーロッパの農地のほとんどすべてを所有していた。中世期同様、それらの所有権は個々の村落に跨ったり、村落内に飛び地を形成したりしていた。しかも、こうした所有権には、伝統的な諸義務を課す権利が随伴していた。その諸義務には、サンスのような地代や労働賦役、相続税や教会への十分の一税、現物で納めるタイユ〔貢租の一つ〕や国家のために道路建設をおこなう賦役に至るまで様々なものが含まれていた。他方で貴族には、飢饉の際の救済のような農民に対する双務的な義務が生じるはずであったが、深刻な飢饉であれば、貴族が救済を施すことのできる限界を超えてしまったであろう。

貨幣と現物で農民が納める税は、通常、かれらの収入の半分、時にはそれ以上に上った。こうした高額の支払いによって、農民の手元には生産量に比してわずかしか残らず、しっかり働いて生産性を高めようとか、農地や設備を改良するように努めようといった多くの農民たちのやる気が削がれていった。近世期のヨーロッパでは、こうしたことが農業生産性の低さにかなりの影響を与えていた。

ヨーロッパでは、どんな作物よりも穀物、特にライ麦とオーツ麦が小麦以上によく栽培されていた。その理由は、ライ麦やオーツ麦が、当時の全般的に寒冷な時期においては、天候や土壌環境にはるかによく適応したからであった。それでも、一七〇九年、一七四〇年、一七七二年の凶年を耐えた作物は皆無だった。新奇な作物を導入しようとした貴族領主や支配者たちもいなくはなかったが、農民たちはたいていそれに抵抗した。新奇な作物として最も有名なものとしては、一八世紀のジャガイモの事例を挙げることができる。

一九世紀に至るまで、大陸ヨーロッパでは、農民たちがおこなう農法は中世期のそれからほとんど進歩していなかった。大陸全体を通して、中世の三圃制がいまだに支配的な作付け様式でありつづけていた。重要な例外が、オランダであった。三圃制は、農地の相当な部分を家畜のためにあてがうが、そこでは作物は、クローバーや牧草でさえ、一切栽培されなかった。また三圃制は、農民たちが村域内に散らばった多くの地片を保有するという、中世的な様式を維持するものでもあった。

開放耕地制と分散した地片には、農業的・経済的に利点もあれば、欠点もある。多数の農地で作物を栽培すれば、悪天候のときへの一種の保険となる。ある農地は別の農地よりも悪天候の被害を被るであろうし、異なるタイプの農地が村民に分配されていれば、不満の減少に寄与することになるからである。ただ、いくつもの農地を持つことは、農民にとって農地から農地へと移動する時間とエネルギーを費やすこととなり、村が決めたそれらの農地での作物ローテーションに従う必要があった。三圃制の最大の欠陥は、穀物栽培の合間に農地を「休ませる」ために牧草地として使用することがあった。フランスでは、一七八九年まで、耕地の三分の一から五分の二が、毎年、牧草地となっていた。オランダやイギリスで起きた革新の鍵は、これらの土地を空き地とすることなく使用することができた点にあった。この革新によって、三圃制は衰退していった。

農法もまた時代遅れとなっていた。農民たちは手で種を播き、木製の鋤を使い、鎌や大鎌で収穫作業をおこなっていたが、そのために穀粒は地面に落ちてしまっていた。収穫後、女性と子どもたちは手で落ちた穀物を集める落穂拾いをしなければならなかった。肥料に関して農民にはほとんど選択肢はなく、主におこなわれたのが家畜を収穫後の農地や牧草地に放つことであった。生産量は低く、収穫が播種した量の三倍から五倍に留まることがしばしばであった。このことは、かれらが生産した作物の大半は生活維持と現物での貢租に消えてゆき、利益を得る販売や向上のための蓄えとなる分はほとんどないことを意味していた。農民たちは常に貧しかったのである。

農民の食卓に上るのは穀物がほとんどで、その他の食物はずっと少なかった。晩春には食物が底を突き、収穫の時期まで代用物を食べるか、ひもじい思いをしていた。農民たちはたいてい家畜とともに粗末な家に住み、自家製の衣服を着ていた。全般的には困窮に喘いでいたが、農民たちの状況は経済・社会的な状態によって千差万別であった。成功した少数の農民は、頑丈な家に住み、多くの衣類とましな食料を持っていた。時に人口の三分の一を占めた貧農の一大集団は村を捨て、物乞いや放浪者、果ては罪人になっていった。村に留まった貧農たちの多くは、土地なしの労務者であった。一七九六年の住民調査によると、バイエルンに住む成人男性の農民一二万二〇〇〇人の内、五万人ほどが上記の土地なし層に該当した。一八世紀を通じて、農民たちの生活状態は悪化の一途を辿った。活用できるはずの農地は貴族の所有となっている一方で、人口増に見舞われている農民たちが利用可能な農地の拡大は微々たるものであるか、まったく拡大もしていなかったことが、生活状態の悪化の一因であった。

一般的に、西欧の領主は直営地をほとんど持っていないか、まったく持っていなかった。直営地のすべて、ないしは大半は、農民の小作地とされた。自身の所領での生産性の向上に関心を持つ貴族はほとんどいなかった。かれらにとって、農民に優越する自らの身分を維持することの方がはるかに重大な関心事であった。農民たちは後進的で、愚かで、人間以下と言ってよいほどであると考えていた領主は多数いた。東欧においては、この考え方が民族主義的な偏狭な信念に反映されることがあった。ポーランド貴族がウクライナ農民を支配した例はそれに当たった。農民たちは抑圧的な制度の犠牲者であることもあって、現状のような状況にあるのだ、と理解する貴族や支配層もいた。

一八世紀を通じて争われた農民や農業に関する対立は、西欧では貴族と君主の間で展開された「貴族反動」と称されることが多かった。貴族たちはより厳格に、またより完全に徴税をおこなおうとし、忘れ去られていたような古い義務を再び持ち出し、農民の土地を奪い、自身を縛る法律を無視しようとした。こうした要求に対し、農民たちはしばしば抵抗を示した。多くの国では、農奴とされた農民でさえ自治的な機関を持っており、政府内に何らかの代表を送っていることもあった。スイスの各州やドイツの一部、あるいはフランスでは、（集会が開催される場合）農民たちは所領の代表となり、多くの地域の農民たちは歴史が古く、たいていは選挙制の自治組織を持っていた。

中世的な農法と農具、貴族領主による支配、エリート層の農民に対する侮蔑的な言動のすべてが相まって、後進的で搾取の対象となる地方社会が創り出されてゆき、その地の変革や発展は停滞を余儀なくされた。一般とは異なる土地ローテーションのやり方やその他の技術革新を試みた、先進的な農民たちも存在しなかったわけではない。しかしながら、ほとんどの農民は目新しいアイデアややり方には懐疑の眼を向けていた。

◈ロシア——再版農奴制

東部ドイツ諸国、バルト諸国、オーストリア、ハンガリー、バルカン地域、そしてロシアを含む東欧の土地制度は、中世期にそれぞれ個別に形作られていった。上記の諸地域の貴族層や支配者は、自身の土地に定住して耕作をおこない、家族を養おうとする農民に対して好条件を提示していた。だが中世後期に発生したいくつかの事件によって、新たな形の隷属的な制度ができあがっていった。

一二三七〜四〇年のモンゴル人によるロシア支配は、決定的な出来事であった。モンゴル支配によって、モンゴル帝国の北西部に、一〇〇年以上にわたりキプチャク・ハン国が建設された。同国を倒した後に、ロシアは戦乱と対立の数十年を経て、タタールの軛《くびき》から解放された。ロシアの都市国家は、モンゴル人の要求に応じて貢納を支払うために、民衆からの搾取をおこなわざるをえなかった。また、ロシアにおけるモンゴル人の代理となるために、都市国家は互いに競い合う必要があった。この争いにモスクワが勝利し、その他の都市国家を併合し、統一されたロシア国家、モスクワ大公国の支配者としてモンゴル人にとって代わった。

モスクワの支配者は、一五世紀からロシア語でカエサルを表すツァーリと呼ばれるようになっていたが、初めは貴族の軍隊に頼っていた。ツァーリはかれらの忠誠心を維持し、その家族を援助するために、貴族たちに農民の村落を含めた土地を分け与えた。このシステムを維持するとともに、税を支払う民衆を確保していくためには、分け与えた所領の農民たちが逃亡しないということを、ツァーリは保証しなければならなかった。一六世紀末～一七世紀初頭にかけて、深刻な経済・軍事的な危機が訪れたが、その間の空位時代は「動乱時代」と呼ばれている。この危機に際して、ツァーリは農民たちが自身の土地から離れることを、暫定的に禁止する法律を策定した。一六四九年には貴族たちからの圧力もあり、ツァーリは貴族が逃亡農民の返還を要求するにあたって期限を設けないことを認める法典を発布した。これによって、ロシアにおいて農奴制の確立が果たされた。政府は、貴族の所領以外に住む農民に対しても同様の支配を適用することとした。

ロシア西部や東・中欧の貴族たちは、農民の解放要求を拒否するとともに、逆により過酷な要求を農民に課した。一四八七～一六四五年までに、デンマーク、ボヘミア、ポーランド、ハンガリー、プロイセン、オーストリア、そしてその他の東欧諸国において、農民を農奴と見なす法律が裁可された。それらの法律は、農民に市民権や参政権を認めず、かれらを土地や農奴所有者に緊縛するものであった。

これらの諸国で農奴制が新たに確立したのには、経済的、政治的、軍事的な理由が存在した。バルト諸国には広大な所領があり、成長しつつあった西欧市場に向けて穀物を生産していた。ポーランドは、地方における権力と地位を安定化させたい貴族層によって統治されていた。ロシアでは貴族権力は脆弱であったが、中央権力が徴兵や都市の要塞化を進める際の賦役のために農奴制を活用していた。したがって、ロシアの場合、農奴制は生活関連の目的と同時に国家防衛に適うものであった。上記のいずれの国においても、農奴制の確立によって、貴族層は中央権力の末端に効果的に組み込まれ、徴税や政府の諸政策の履行を担わされた。

　東欧の農奴制は、西欧の農民の緩やかな隷属状態に比べると、はるかに過大な要求を課すことが多かった。デンマークでは、貴族は農奴に所領での二〇〇日の馬耕を要求していた。多くの地域では、農奴は週数日の賦役をおこなう義務があり、収穫期にはさらに数日多く働く必要があった。通常、東欧の農奴たちは現物か貨幣で地代も支払わねばならなかった。そのため農奴たちは、領主直営地での賦役とは別に、限られた時間の中で、自身の小さな分与地で生産される生産物においても、領主の取り分のために働かなくてはならなかった。

　ロシアでは、農民の負担は地方ごとに様々であった。ヴォルガ川の南部やウクライナでは、利益の得られる余剰穀物を産出することは可能であったので、これらの地域においては農奴たちの義務の主たるものは、バルシチナと呼ばれた領主直営地での賦役であった。北部においては、そうした収穫量が得られることは稀であったので、貴族層はオブロクと呼ばれた貨幣地代を主として要求した。農民たちが町に出て、所領での生産物を販売することを貴族たちは許していたので、自由を買い戻すほどに豊かになる農奴もわずかではあったが存在した。

　しかしながら、大半のロシア農民の地位は、一八世紀には低下した。ピョートル大帝（一六九四～一七二五年）からエカチェリーナ大帝（一七六二～九六年）までの君主は、貴族の西欧化を支援する一方で、貴族の悪行を中央権力に訴える権利を含む、農民の基本的な諸権利を無視し、逆に貴族には農奴をひどく罰したり、シベリアへの流刑に処することを認めた。ロシア貴族は、アメリカの農園主が奴隷を正にそうしていたように、農奴を売却していた。政府は、貴族の所領以外に居住する農民たちを国有地農民と位置付けた。国有地農民とは、抑圧がやや緩やかなタイプの農奴のことであった。またロシア政府は、農奴たちを徴兵の対象とし、数年に一度、長期の兵役のために二〇家族ごとに一人の青年男子を政府に差し出すように求めた。村々は、青年が兵役に旅立つとき、葬儀をもって「祝福した」。他の東欧諸国でも、農民たちの基本的な人権である自由権は体制側によって奪われていった。

しかし、ロシアの農民たちは、農民と外部の権力の間に入って農民を保護してくれる機構を持っていた。それがミールやオプシチナと呼ばれた集団的な農村共同体であった。それぞれの用語は、次のことを明らかにしている。ミールとは「世界」や「平和」を意味し、村落の紛争を解決する役割を反映している。他方、オプシチナとは「全ての農民に共通の問題」という意味であり、村の農地の農民による管理を暗に指していた。貴族と政府は農村共同体に諸負担と賦役と税を課したが、これらの負担をより平等に分担するために、農村共同体は村内の各世帯間で定期的に地片の再分割・再分配をおこなっていた。東欧の他の村落においても、ほぼ同様の共同体組織を保持していることが多かった。

◈隷農とヨーロッパ式生活

近世ヨーロッパに見られた生産性の低い隷属的な農業システムは、その時代に飢饉や反乱が頻発した原因の一つであった。一八世紀フランスの「飢饉謀略」の噂とは異なって、実際の飢饉は自然災害や、寒冷で湿潤な天候が続くことが多い小氷期や、不十分な蓄えが原因となって発生した。政府は救済をおこなったが、凶年にはそのための備蓄も十分ではなかった。ワイナプチナ火山の噴火後の一六〇一〜〇四年に、ヨーロッパやロシアで起こった飢饉は、その極端な例であった。一七三九〜四〇年に起きた飢饉は、ルイ一四世が起こしたすべての戦争よりも、フランスにおいてより多くの人々の命を奪った、と書き残した人もいる。

反乱の発生は不作のそれよりも頻度自体は低いが、影響の及ぶ範囲は広大であった。一風変わった原因から、一七〜一八世紀のロシアでは四度にわたって大規模な反乱が発生した。農奴の境遇を逃れた中央ロシアの農民たちは南部に行き、大河沿いに居住していた軍事集団コサックに加わった。ロシアの反乱はすべてコサックの反乱として始まった。拡大する一方のロシア国家の要求に反抗したコサックの蜂起は、相当数の農民の支持を獲得した。最大の反乱は、エメリアン・プガチョフが一七七四〜七六年に率いた反乱であった。かれの軍隊はモスクワに迫っていたが、エカチェリーナ大帝によって退けられた。ロシアの君主たちは、その後何十年にもわたって、新たなプガチョフの乱が起こることを恐れつづけた。

ヨーロッパの農業が提供できたものは、どちらかと言えば不安定な暮らしであった。西欧の半隷属的な農民たちが、自身を十分に食べさせていくだけの生産を毎年おこないえたかと言えば、必ずしもそれは達成されていなかった。ましてや、多くの大都市の人口を支えることは難しかった。これらの国々ではたいてい、東欧の農奴たちが生産した食糧を輸入しなければならなくなった。ルネサンスの文化的な開花も、宗教改革も、宗教戦争も、科学革命も、啓蒙運動も、それらすべてが、実はかなりの部分、東欧の隷属的な農民たちによって支えられていたのであった。一八世紀末になると、東欧でも西欧でも、ますます多くの教養あるヨーロッパ人が、このシステムは不公平であると考えるようになっていった。

◆大西洋プランテーション・システム

仮にユーラシア全体を一つと考えるなら、ある地域では隷属的な農業制度は衰退しつつあり、他の地域では、最も抑圧的な制度がロシアで形成されつつあったように、それはまた拡大しつつもあった。これらの農業制度は、その国で消費される日常食や主食を生産・供給し、限定的ではあるが、それらを商品として近隣諸国に、さらにはより遠方にも輸出していた。しかし、これらの農業制度の中で、資本投入と輸出のグローバリゼーションに他ならない新世界でのプランテーションという暴挙や搾取に関わろうとするものは皆無であった。他方で、イギリスから中国まで、消費者たちは豪勢な食品を新大陸の隷属的なプランテーション・システムから得ていた。この「大西洋システム」ないし「プランテーション複合体」こそが、コロンブス以前のアメリカ大陸とヨーロッパそれぞれの農業の特徴を結び付け、できあがったものに他ならなかった。

◆コロンブス以前のアメリカ大陸の農業

ヨーロッパが近世を迎えていた頃のアメリカ大陸には、メヒーカ族とも称せられるアステカ族とインカ族の二大社会が存在していた。これらの社会は、トウモロコシや豆類、ジャガイモやその他の塊茎類、トウガラシ、そして数種の家畜によって支えられていた。いずれの社会も、農民たちに隷属を強いていた。

メヒーカ族は、一二八〇年頃、メキシコの高地から現在のメキシコシティへと移動してきた。かれらは軍事的な負担を担う代わりに、谷間にある大きな湖テスココ湖に浮かぶいくつかの島を、先住民のテパネク族から譲り受けた。メヒーカ族はチナンパでも耕作をおこなった。チナンパとは浮き島状の菜園で、湖底の土壌や動物の排せつ物や堆肥を肥料としていた。チナンパではトウモロコシや豆類をはじめとした作物がよく穫れ、テスココ湖では徐々にチナンパが定着していった。一四世紀、メヒーカ社会は拡大し、テノチティトランという首都を築くまでになっていた。テノチティトランには、ウイツィロポチトリをはじめとした諸神のための巨大な神殿があり、神々には生贄が供せられていた。

メヒーカ族の社会はカルプーリと呼ばれた各地域の氏族から成っていた。カルプーリは集団として貢納をし、税を支払い、ミルパという土地を保有し、またそれを定期的に再分配していた。一三七〇年、カルプーリの首長たちの集まりは、近隣にあった有力な都市国家トルテカに対して、初代メヒーカ王（トラトアニ）となるべき指導者を送ってくれるように訴えた。こうして選ばれた王とその家族はすぐに支配階級となり、農奴の状態にあった農民と土地を含め貢納を獲得した。軍功を挙げた兵士や国家への貢納を徴収した商人、高位の聖職者たちも、所有地を手にすることができた。

一四二〇年代までにメヒーカ族は、近隣の部族を征服し、この地域で帝国を形成するに至った。太陽神ウイツィロポチトリへの信仰が国家宗教となった。かれらが信ずるところでは、太陽神は日々闇の力と闘っており、明日まで生きながらえるために生贄の人間の血が常に必要とされるのだと言う。メヒーカ族の指導者たちは、ウイツィロポチトリが闇を防ぎ、この世が終わりを迎えないようにするのを助けるために、戦闘や征服や供犠の義務を負っていた。こうした考えが要因となって、この地域でかつて存在していた社会においては儀式が頻繁におこなわれ、急激に生贄の数が増加していった。よく知られていることとして、メヒーカ族は生贄の犠牲となった人の人体の一部を、儀礼的に食していた。また、かれらが恒常的に戦争をおこなっていたのは、生贄の儀式に必要な捕虜を獲得するためでもあった。以上のような過程を経て、カルプーリの区割りは衰微し、新たな征服地が農奴を供する土地となり、生産物と貢納品を生み出す経済区画の主流になっていった。

アステカ帝国は、早い段階で生存限界に達してしまった。チナンパの方式は、帝国の拡大に伴う都市人口の増加に追い付いていくことができなかった。また、周期的に起こる干ばつが食糧不足をさらに悪化させた。国家は土地開墾の大事業を開始し、段々畑を築いていった。しかし、そうした施策によっても、慢性的な食糧不足と飢饉は食い止められなかった。メヒーカ族の人々は、太陽神に捧げるために征服地から次々と人々を連れてきた。このために生産力が弱まるとともに、反乱や蜂起が引き起こされた。メヒーカ族はたいていこうした反乱を鎮圧し、支配した人々の一部を虐殺し、以前よりもずっと重い貢納を、物品でも、食品でも、生贄のための人員においても課したのであった。上述のように、アステカ帝国の辿った過程は、食糧生産を蝕み、アステカの諸都市のみならず征服した諸地域にまで飢餓を拡大させてしまった。他方で、メヒーカ族の貴族層は、国家や経済に過度の負担をかけながら、自らの勢力を拡大させ、より多くの従者や家臣を手中に収めていた。

首都の食糧不足を打開しようと、最後の皇帝の一代前のアステカ皇帝アウイツォトルは、一五世紀末に、チナンパを維持するためにテノチティトランに水を引く大規模な水路を建設した。この事業が洪水を引き起こす原因となり、首都は荒廃してしまった。アウイツォトルは一五〇三年に死去したが、かれを継いだモクテスマ二世は、食糧不足であっても、反旗を翻した家臣や近在の勢力に対して無益で、出費のみが嵩む戦争を繰り返した。モクテスマ二世の無益な戦争は、スペイン人の征服者エルナン・コルテスがやって来るまで続けられた。

メヒーカ族はそもそも環境面で持続可能な農業制度を発展させていたが、やがて人口を養うだけの食糧生産ができなくなり、自らの血なまぐさい宗教のために反乱を惹起させてしまうような帝国になってしまった。インカ族も、異なる食糧制度に依拠した上ではあったが、巨大な帝国を建設した。だが、インカ族の食糧制度は内部矛盾によって崩壊していった。

インカ族が帝国を築いた、現在のエクアドルからチリの北部にかけてのアンデス山脈地域は、地理学的には三つの地域に分けられる。乾燥した沿岸地域の平野には、河川によって形成されたオアシスが点在している。アンデス山中の平野部であるアルティプラーノは、現在のペルー南部からチリ北部やボリビア西部へと広がっている。内陸の平野はたいてい熱帯雨林に覆われ、雨水はアマゾン川へと注ぎ込んでいる。現地の人々は地域に応じたきわめて多種多様な作物を栽培してきた。太古の人々は、トウモロコシや豆類、現地の主要な家畜であるリャマやヴィクーニャへの飼料作物、そして沿岸のオアシスでは綿花を栽培してきた。一〇〇〇年には、灌漑用の長い水路や段々畑がアルティプラーノには造られていた。世界で最も重要な作物の一つとなるジャガイモも、様々な種類が他の塊茎類とともに栽培されていた。インカ族の人々は寒冷で乾燥した山の空気を利用して、ジャガイモをフリーズドライにして、数年間の保存のきくチューニョを作っていた。

インカ族は、ペルーの高地にあるチチカカ湖周辺に居住していたいくつかの部族の一つを祖としている。一三世紀以降、アイユーと呼ばれた地域の親族共同体が形成された。アイユーにおいて人々は、必要とするだけの土地を耕作することが許された。ただ、老人や寡婦や孤児といった支援が必要な人々のためや、宗教儀式のために作物を生産することも求められた。こうした相互扶助の原理が、後年インカ国家を支えることとなる税としての労役の基礎を成していた。

インカ族は太陽神インティを崇拝していた。インティへの信仰は自分たちの祖先への信仰であり、かれらはきわめて厳格に儀礼を執りおこなってきた。往古の歴史では、インカ族は首長を「インカ」と称したと言う。一四三八年、支配の座にあるインカの息子が敵の侵攻を打ち破り、インカ・パチャクティとして政権を奪取した。パチャクティの治世下、インカ族は「分離相続」の制度を確立している。土地は国有地と支配者であるインカの土地に区分され、後者によってインカやかれのパナカ（インカのその他の息子たちやその親族の一団）、従者やかつて官職にあった者たちとその家族が扶養された。言い換えれば、それぞれのインカがそれぞれのアイユー、すなわち農民の共同体に相当するものを代表していた。インカが死去した場合、息子の一人が政治的な後継者となり、政権を継承した。しかし、死去したインカの土地や財産は相続しなかった。土地や資産は死亡したインカとかれのパナカのものでありつづけた。パナカは一〇〇〇人にも上る人々によって構成されることもあり、個々の構成員は農民の住む村落と召使と贅沢な暮らしのある土地を所有していた。

この分離相続の制度と死去したインカのパナカを維持しつづけたことは、インカ帝国に大きな経済的要請を課すこととなり、帝国が拡張主義を取るきっかけとなった。自分自身と自らのパナカのために土地を獲得しようとするならば、新インカはそれぞれ新たな領土を征服しなければならなかった。国家や軍役を担った人々、農民やその他の職業の人々にとって、繰り返される戦争や征服活動は重い負担としてのしかかった。新インカが即位する度に、経済体制から多くの土地が奪われていった。最終的には、伝統に正しく則った最後のインカが死去したときに、正統な相続人であるワスカルは祖先崇拝を止める決断をおこなった。かれの異母弟であるアタワルパは、パナカや祖先崇拝を墨守する他のインカの支持を得ながら、七年間にわたる王位継承戦争を戦い抜き、勝利した。しかし、この争いは甚大なる国土の荒廃と人命の損失を引き起こし、最後はフランシスコ・ピサロ率いるスペイン人の侵略に見舞われるのであった。

インカ国家のこの特殊な歴史は、既存の経済制度の素地の上で生起したという意味では、実に見事であった。インカ族は、数千年にわたって海岸に堆積した海鳥の糞からできたグアノが肥料として有効であることを発見し、それを広く活用した。かれらの築いた段々畑や水路や貯水池は、かれらが水を高度に管理していたことを示している。ただ、かれらの技術水準は新石器時代後期のそれを凌いでいるにすぎなかった。かれらは車輪も、鉄も、馬具も知らなかった。かれらが用いた主な農具は、青銅か石でできた小さな掘る道具であるタクリャや、土塊を砕くための木槌、小さな鍬、そして収穫用の包丁であった。しかし、こうした農業制度がコロンブス以前のアメリカ大陸で最大の帝国を支えていたわけである。帝国は税を賦役で納める制度に依拠していた。そうした賦役はミタと呼ばれ、国有地やパナカの土地での農耕や軍役、運搬賦役、倉庫や駅の警備、灌漑水路・段々畑・井戸・道路の建設や修復、その他の奉仕活動が含まれていた。スペイン人征服者たちは、名目上、原理上は、ミタを保持したのであった。

一六世紀にやってきたヨーロッパ人にとって、アメリカ大陸の食糧制度はきわめて豊かで、生産的なものであるように思われた。多種多様な作物は、アメリカ大陸の人々が高度に革新的で、創造的な農業社会を維持してきたことを示している。一六～一八世紀にかけて新大陸の先住民とヨーロッパ人との間で行われた物資の交換を通じて、アメリカ大陸の作物は広く普及し、多くの国々で食糧生産を劇的に向上させた。しかしながら、アメリカ大陸の食糧制度は、コロンブス以前のアメリカ大陸にあった諸帝国を支えるには不十分であった。生産性は低く、一時的ないしは慢性的な食糧不足をきたしていた。生産性の低さは、地力の減退と政権の農民に対する搾取的で、隷属的な姿勢に由来するものであった。アステカとインカの制度は、環境に対する農業の生産力と要求された物を生産する農民たちの能力の限界を押し広げた。それらの制度は、同時に、政権が課した法外で、時に暴力的ですらある要求をも充たしていた。コルテスやピサロが遭遇した内戦は、もしスペイン人征服者たちが現れなかったとしても、いずれの帝国も長くは存続しなかったであろうとわたしたちに想像させるものである。

アメリカ大陸の帝国は、新大陸起源の作物やそれらを栽培する農民たちが持つ可能性を十分に開花させたわけではなかった。その理由は、主として帝国の宗教的・政治的なイデオロギーに起因するものであった。一方で、一六～一七世紀にアメリカ大陸に渡ってきたスペイン人やポルトガル人、またその他のヨーロッパ人の探検家や事業家たちは、当地の農業の可能性や作物の潜在能力をすぐに見抜き、これらの作物の生産を他の国々にも広めることで、世界の農業を実質的に変えていった。しかしながら、中南米の農業に対するヨーロッパ人の搾取は、食糧生産の著しい拡大をもたらしたといえども、現地アメリカ大陸の諸制度にとってはほぼ暴力に等しいものであった。

◆ヨーロッパ、アメリカ大陸――プランテーション複合体の形成

スペインやポルトガルが、一六～一七世紀の中南米で形成したプランテーション複合体の基礎は、主に中世イベリア半島の農業制度とアラブ地域の作物に求めることができる。この中世の農業制度は、スペインにおける農奴制の名残りであった。一二～一五世紀、スペインのキリスト教徒は、レコンキスタと呼ばれる南部のイスラーム国家との長期の戦い、すなわち聖戦を戦いつづけていた。スペインのキリスト教諸国はレコンキスタによって新たな地域を獲得したので、スペインの支配者たちは中世初期からイスラーム教徒たちが保持してきた無数の大所領を、奴隷やソラリエゴと呼ばれた農奴を所有するスペイン人領主たちに譲渡した。イベリア半島の大半が乾燥した気候であったために、スペインの支配者たちはメスタの管理の下に置かれた牧畜に力を注ぐこととした。かれらは奴隷やカタロニアの農奴（レメンサ）を解放し、ソラリエゴにも多くの人的権利を授け、領主への義務を軽減した。スペインの海外進出によって、史上最大の奴隷制に依拠した農業制度が創り出されようとしていたまさにそのときに、皮肉にもスペイン人は自国の奴隷に自由を与え、農奴を解放し、国の経済において作物生産を牧畜の下位に位置付けたのである。

プランテーション制度において生産されたアラブ起源の作物で鍵となったのが、砂糖と当初は最も重要な作物であったコーヒーであった。サトウキビは南アジア起源で、ローマ時代に地中海沿岸に伝わった。

カリフ時代に砂糖の生産は拡大し、イスラーム、ヨーロッパの両市場に浸透していった。ヨーロッパの十字軍は、パレスチナやシリアで広大な砂糖農園を目にしていた。中世後期、スペインやポルトガルの商人がキプロス島に砂糖プランテーションを建設した。そこでは、農奴や地中海沿岸地域の奴隷市場で購入されたヨーロッパ人の奴隷、雇われた人夫が働いていた。

一四五三〔原文では一五四三〕年のオスマン帝国によるビザンツ帝国の首都攻略に伴って、ポルトガル人とスペイン人は砂糖生産の拠点を西に移さざるをえなくなった。ポルトガルは同国南部のアルガルヴェにプランテーションを設立し、一四五〇年以降は、大西洋のマデイラ諸島、カボヴェルデ諸島、サントメ島にも造られた。これらの島々のポルトガル人事業者やカナリア諸島のスペイン人事業者は、砂糖プランテーションを設立し、アフリカや現地から奴隷を連れて来て、働かせた。砂糖やコーヒー、あるいはその他の奢侈品の生産において、上記の植民地や後に独立する国々が生産競争や価格競争を試みようとするにつれて、ヨーロッパ市場を対象とした国際競争が開始されていった。一四九〇年頃にはマデイラがヨーロッパ向けの砂糖生産では首位にあったが、一五三〇年頃にはカナリア諸島がマデイラを抜き、一五五〇年頃にはサントメがカナリア諸島を抜いていた。だが、アメリカ大陸はこれらの島々を物ともせず、最大の生産者としてかれらを市場から駆逐してしまった。

ヨーロッパで新奇の食物に対する競争市場が形成されたことに関連して言えば、続く一六世紀前半にコルテスやピサロの征服がおこなわれ、同じ時期にポルトガル人によるブラジルの発見がなされることになる、一四九二年のコロンブスによるヨーロッパにとっての西半球の発見こそが、すぐさま世界の農業を劇的に一変させることとなった。アメリカ大陸はスペインやポルトガルに、農業生産に適した広大な土地と服従する多数の人々を差し出した。一六世紀、最初に大陸にやって来たのがイベリア半島の出身者たちであったため、アメリカ大陸での植民地的搾取は、スペインやポルトガルの中世的な農業制度と一六世紀に地中海沿岸地域や大西洋の島々で成立したプランテーションに由来するものとなった。前者の中世的な農業制度は不十分ながらも農奴制を脱したばかりであったが、後者のプランテーションは奴隷の労働力に依存するものであった。

コロンブスとその後継者たちは、サントドミンゴ島で奴隷労働による砂糖プランテーションを興そうと努力したが、望んだ成果はほとんど得られなかった。アステカとインカの征服の後、スペインは当初、エンコミエンダ制という委任制度に則ってスペイン人事業者や貴族に現地の人々を委託した。これらの事業者は現地の人々を、農作業をおこなう使い捨ての奴隷として扱うこともしばしばであった。こうした虐待は、ヨーロッパ人がもたらした疫病と相まって、先住民の大量死を引き起こした。バルトロメ・デ・ラス・カサスのような人道的な聖職者がスペインの支配者に訴えたために〔4〕、エンコミエンダ制は廃止されたが、先住民たちは疫病と貧困が原因で引き続き多くがその命を失っていった。人夫を必要としていたスペイン人とクレオール（アメリカ大陸生まれだが、ヨーロッパ人を祖先に持つ者）の農業経営者などは、スペインからの年季契約労働者は高すぎると考え、スペイン君主にアフリカ人奴隷の輸入を懇願した。

労働力に関するこうした要請や、間接的には、ヨーロッパや新植民地で増大しつつあった砂糖需要に応じる形で、最初はポルトガルが、後にはオランダやイギリスなどの貿易会社が、西アフリカ沿岸地域、果ては東アフリカ沿岸地域の各地に貿易拠点を作り上げていった。奴隷貿易はアフリカでは古来よりおこなわれてきた商業行為であったが、スペインとポルトガルの商人は、一五世紀からこの奴隷貿易に参画していた。一六～一七世紀、西方に向けた奴隷貿易はヨーロッパ人の受け継ぐところとなり、著しい拡大を遂げた。ヨーロッパ人たちは、多くは織物、特にインドや中国製の綿布と交換で奴隷を手に入れていた。また、かれらはアメリカ大陸で採掘された金や銀や、アメリカ産の砂糖で製造したラムなどの産品によって奴隷を購入していた。したがって、この貿易は循環的で、自給的な貿易であった。

奴隷商人たちは、数か月以上にわたり、アフリカ沿岸地域の港から港へと奴隷を買い付けて回った。商人たちは奴隷たちを数百人単位で狭い船に押し込み、時には船倉にかれらを鎖で縛り付けもした。奴隷たちには寄港地の食物が与えられたが、大西洋を渡り切る前に全員が壊血病で死亡することもあった。船倉が奴隷たちですし詰めとなり、互いが折り重なり、実際動くことはおろか、呼吸さえも難しいぐらいの空間しかなくなって初めて、船への奴隷の積み込みが終了し、商人たちが乗り込み、大西洋横断の三か月の船旅が開始された。航海中には病死する奴隷たちも多かった。また時には、反抗して、船員から撃たれ、航海中に死亡する者も多かった。船から海に飛び込んで、自殺を図って逃れようとする者もいた。それでも驚くべきことに、通常、捕らわれの身となった人々の八〇～九〇％は生き延びて、アメリカ大陸に到着し、プランテーションで働いたり、その他の職業に従事するために売られていった。

砂糖やコーヒー、タバコやその他の奢侈品は生きてゆくためには必ずしも必要ではなく、多くの場合消費者にとって有害でさえあるが、これらを生み出す経済は、広範囲に広がったグローバルなモノとヒトの交換ネットワークによって支えられていた。商人たちは膨大な利益を生み出していた。奴隷船の船長は、今で言えば、数十万ドルの収入を得ていた。贅沢品を生産する奴隷たちの無償の労働や自由労働者の低賃金の労働こそが、富者の富の基礎を成していた。

アメリカ大陸での奴隷―農業制度の歴史は、アメリカ、アフリカ、ヨーロッパの三大陸に跨り、スペイン、ポルトガル、イギリス、フランス、オランダの少なくとも五つの大国が参与し、砂糖、コーヒー、綿花、カカオといった数種の作物が関係するものだった。その歴史は、一部が重複する三つの時代を経て展開してきた。第一の時代は、一五五〇～一七〇〇年にかけての制度の創成期である。第二の時代は制度の最盛期に当たり、地域や作物によって異なる年代となるが、一般的には一八～一九世紀初めとなる。第三の時代は奴隷の解放によって画され、制度の最盛期と重なりながら一八世紀末に始まり、一八八〇年代まで継続した。

メキシコとペルーのスペイン植民地と、ブラジルのポルトガル植民地が、一六世紀半ばにアフリカからの奴隷を受け入れた最初の地域であった。メキシコとペルーでは、エンコミエンダ制が瓦解して以降、スペイン人の地主たちはアシエンダと呼ばれる農園と家畜農場を組み合わせた、ヨーロッパ式の大農園をアメリカ大陸にも応用していた。輸入された奴隷たちは、そうした農場で雇用され、この経済制度が続く限り働かされた。しかし、メキシコとペルーが受け入れた奴隷の数はわずかであり、生産量も小規模で、対象も在地の市場に限定されていた。

大規模な輸出を志向した最初のプランテーション制度は、一五五〇年代のブラジルで始まった。ヨーロッパ市場向けの砂糖生産に適した土地を探していたポルトガル人事業家たちは、ペルナンブコやバイアといった北東部に条件に見合う地域を見つけ出した。同地域では、一五八〇年までに一〇〇を超える砂糖プランテーション（エンゼーニョ）が建設されている。プランテーションは中心にある製糖工場とその周りに広がる一群の畑から構成されている。工場には、多くが水力で駆動したサトウキビの圧搾機とボイラー、砂糖およびその他の商品を精製・梱包するための設備が備え付けられていた。畑ではサトウキビだけでなく、主にトウモロコシであったが、日常生活に必要な作物も、奴隷たちに食べさせる必要もあり、栽培されていた。ブラジル経済が発展するにつれて、プランテーション以外の農園や地域では、サトウキビ栽培はプランテーションに集中させているので、日常的な作物の生産に特化しようとするところも現れてきた。

一五七〇年代に入ると、ブラジルのこれらのエンゼーニョでは、働いていたのはほとんどが奴隷化された現地のインディオであった。多くのインディオが天然痘で死亡してしまったので、一五八〇年代頃から、プランテーション経営者たちはアフリカからの奴隷に切り替えていった。一六二〇年には、プランテーションはほぼ例外なくアフリカ人ないしはその子孫の労働力に頼っていた。

ポルトガル人とブラジル人の砂糖製品の販売は、特許商社であるオランダ西インド会社を介してオランダ船の航行に委ねられていた。一五八〇〜一六四〇年まで、ポルトガルはスペインの支配下に入ったので、スペイン系ハプスブルク家への抵抗の一環として、ブラジルはオランダの標的となった。一六四二年から、プランテーション経営者たちの反乱のあった一六四五年まで、ブラジル北東部の砂糖生産地域は、オランダに支配されていた。スペインに対抗するためにオランダは、圧搾機の技術や信用状や奴隷たちを、イギリスやフランスの支配下にあったカリブ海の島々に移動させてしまった。

イギリスとフランスは、一七世紀中葉にスペインから、カリブ海の島々のいくつかを奪い取っていた。それらの島々の農業条件は、奴隷労働による砂糖プランテーションには最適なものであった。イギリスの砂糖生産の最初の拠点となったバルバドス島は、一六七〇年には、イギリス市場で販売される砂糖の大半を生産するようになっていた。島はすぐに大プランテーションによってほぼ占められ、人口の大半はアフリカ系の人々となった。イギリスとフランスの商人たちは、サトウキビ栽培をジャマイカ島やイスパニオラ島などの島々にも広めていった。イギリスとフランスは、一六五二〜七〇年の海戦や関税によって、海運業におけるオランダの競争力を削いでいった。一六八〇年代には、カリブ海の砂糖の生産・海運・販売は、イギリスとフランスの支配するところとなった。

大西洋農業制度の絶頂期は、スペイン継承戦争を終結させた一七一四年のユトレヒト条約をもって始まった。この条約によってイギリスは、アシエントと称された奴隷貿易独占権をスペインから獲得した。スペインはこの権利を、一七八九年にはすべての国に認めることとなる。こうした変化と砂糖需要の増大もあって、一八世紀にはその他の時代の大西洋奴隷貿易の総数よりも多くの奴隷たちが新大陸に連れて来られた。その数は六〇〇〜七〇〇万人に達した。奴隷貿易は一九世紀前半に、イギリスがその行為を禁止し、違法な貿易商人を捕らえるために大西洋に海軍を展開させるようになって初めて衰退の兆しを見せ始めた。それにもかかわらず、奴隷貿易は一八七〇年代まで続けられ、一八〇〇〜八〇年の期間にさらに三〇〇万人の奴隷たちがアメリカ大陸に送り込まれた。

奴隷を基盤にして成り立っていた砂糖生産の絶頂期は、拠点の変移の歴史でもあった。最初の一大拠点は、フランスの植民地であったサンドマング（現在のハイチ。イスパニオラ島の東半）だった。この植民地は最大の面積と生産量を誇り、世界で最も影響力のある砂糖生産地であったが、一七八〇年頃には四五万人に上る奴隷たちの過酷な労働によって成り立っていた。近在のジャマイカ島にあったイギリスの植民地もこれに続こうとしたが、追いつくことはできなかった。一七九一〜一八〇四年のハイチ革命によって、ハイチは砂糖市場から退場した。新たな拠点にはキューバがなった。一七六三年の七年戦争の終結時に、キューバは短期間、イギリスの支配に服した。イギリス人がサトウキビやその他の作物のプランテーション制度を始めたが、七年戦争後にスペインがキューバの支配権を奪い返した際には、プランテーション制度もスペインに引き継がれた。

採算性も高く、刮目すべき輸出貿易の一方で、上述の植民地ではどこでも、自由民であれ、奴隷であれ、農園で働く人々の多くは、国内需要に応じた食用作物や製品も生産していた。例えば、ブラジルのサンパウロ市は、トウモロコシや家畜、その他の食品をサンパウロや別のプランテーション向けに生産する、奴隷労働によるプランテーションが周囲をぐるりと取り巻いていた。トウモロコシは奴隷貿易の主要作物であった。トウモロコシは奴隷船上での主たる食料であり、多くのアフリカ諸国の主要作物となり、大半の奴隷植民地に暮らす人々の主食でもあった。

アフリカから新大陸へ連れ去られた奴隷たちの多くは、ブラジルかカリブ海の島々に送られた。少なくともプランテーション複合体が形成された最初の世紀には、奴隷たちの生活条件・労働条件はきわめて過酷であった。サトウキビの伐採と運搬はひどく骨の折れる仕事であった。プランテーションの管理人は反抗する者を容赦なく処罰し、他の者への見せしめのために公開でむち打ちをすることもしばしばあった。当時は、プランテーションの所有者にとって、所有する奴隷の世話をしたり、奴隷たちが子育てのできる環境を整えたりするよりは、新たに奴隷を購入する方が安くつくと一般に思われていた。こうした誤った考えが、奴隷貿易の規模拡大を助長することとなった。だが、逃亡した奴隷たちも多く、解放された奴隷たちも多かった。一八世紀以降の人口の急増に貢献する形で、家族や子どもを持つようになった奴隷たちも数多くいた。プランテーションで働く人々の大半は、スペインとポルトガル政府が早くから奴隷たちに、自由を買い戻す法的権利であるコアルタシオンを付与していたこともあって、奴隷ではない人々が占めていた。このことが、一九世紀の奴隷制の根底にあった最も重要な事実である。イギリスもフランスも一九世紀初頭に、自身の自由を買い戻す権利を奴隷たちに与えていた。

大西洋農業制度が成立してからの一連の経緯において決定的であったのは、コロンブスの交換と呼ばれた、アメリカ大陸と世界のその他の地域との間でおこなわれた農作物と家畜の移動と生産であった。この交換は中世アラブの農業上の交換にも似ているが、それと比較してもはるかに広大で、より深刻な結果を伴った。

ヨーロッパ人たちはアメリカ大陸に砂糖だけでなく、小麦やオーツ麦といったヨーロッパの作物、牛・馬・豚などの家畜、そして雑草までも持ち込んだ。ヨーロッパの作物は熱帯地方である中南米ではうまく生育しないことが多かったが、家畜は丈夫に育っていった。後にアルゼンチンと呼ばれることになる土地へのヨーロッパ人の最初の定住の試みは、一六世紀前半に一度失敗に終わったが、数十年後にヨーロッパ人が戻ってみると、そこに残されたわずかな数の牛や馬が何倍にも増え、数百万頭になっていた。

反対に、ヨーロッパ人たちはいくつもの重要な作物をアメリカ大陸からアフリカ、中国、南アジアへともたらした。トウモロコシとタバコは最も短期間で広まった。ジャガイモとトマトの普及はもう少しゆっくりではあったが、二つともすぐにヨーロッパ、アフリカ、アジアにおいて欠かせない作物となった。トウガラシはアフリカやアジアで非常に一般的な食材となり、現地の農民たちの新種の開発も進んだ。地中で成熟するため、ヨーロッパで落花生と呼ばれたピーナッツは、特に一九世紀にヨーロッパの帝国主義者たちによって建設されたアフリカの植民地において、きわめて重要な食品や油料作物となった。一八世紀に始まる世界の人口増加といった人口学的な変化の背景には、アメリカ大陸産の作物の存在が、農業的な要因の主たるものとしてあったように思われる。

近世の世界史において、プランテーション複合体が果たした役割への評価は賛否相半ばするものであった。プランテーション複合体は、比較的少数の人間を使って、ヨーロッパやアメリカ大陸などに住む多数の消費者に向けた大量の作物や商品を生産・加工させることには成功した。後年、ヨーロッパの帝国主義者たちは、一九〜二〇世紀のアジアやアフリカで、この制度の諸要素を熱心に模倣しようとした。しかしそれは、東欧における農奴制以上に、キリスト教から一八世紀の啓蒙思想に至る、ヨーロッパの人道主義思想と相容れないものであった。スペインとポルトガルの植民地のみで昔からおこなわれてきたのだが、プランテーション制度に償いができる点があるとするならば、それは奴隷に自由を買い戻すことを認めたコアルタシオンの法であろう。この法律によって、数十万の奴隷たちが、一八世紀以降、自由の身となっていった。

◆結論——隷属的農業の盛期

近世期に、農民たちは二重の従属を最も極端な形で経験することとなった。小氷期が原因となって、ことに北半球において農業は空前絶後の危機に見舞われた。隷属状態にあった農民たちが、全農民に占める割合はおそらくかなり大きく、歴史上のどんな時代よりも多くの、世界の農業産品を生産していたと思われる。しかしこの時代は、アジアにおいて広範な農奴解放がおこなわれた時代でもあった。

ロシアでも、イスラーム諸帝国でも、アメリカ大陸においても、支配者層や領主層は、隷属的な農民層に税を安定的に納めさせ、日常生活の基盤となるように仕向けつづけることによって、自らの権力や支配を拡大させようとした。中国や日本、また時に西欧においては、政権は農民たちをより制限の少ない環境で生活させることの方に価値を見出していた。緩やかな制度の下では、農民たちは市場に即した行動を取ることができ、生産力と販売力を向上させることもできた。法律と市場の力が相まって、中国の債務労働者たちは解放され、日本の名子は中世ヨーロッパのそれに似た小作人へと姿を変えていった。しかし、東アジアでは明らかに、その過程はより平和的であり、変化はより急速であった。

上記のほとんどの地域では、小氷期や個別の自然災害が原因となって、慢性的な食糧危機や不作や飢饉も発生していた。ロシアの皇帝たちのように、備蓄を増やし、生存の危機を乗り越えていくためには、農民たちが確実に生産を続けていくようにさせるべく、農民たちの移動の自由を制限する必要があると考える君主たちもいた。対照的に、中国の政治指導者や日本の領主たちは、市場の拡大や農業生産の多様化と強化を通じて、農民たちを隷属的な状態から解くことこそが生産の刺激に直結するという事実を知るようになっていた。

アメリカ大陸を世界農業に結合させたことは、逆説的な結果をも生んだ。一方で、奴隷労働に頼ったプランテーションは、奴隷貿易や過酷なプランテーションでの労働条件の点で多大な人的コストを支払いつつも、輸出向けの奢侈品をはじめとした多くの作物を大量に生産していた。当時、これほどに暴力的で、搾取的な制度は他の地域で見つけることはできなかった。多々ある類似のケースの中にあっても、ロシアの農奴所有者たちでさえ、農奴の扱いという点で、アメリカ大陸のプランテーション制度の残虐さには及びもしなかった。また、プランテーション制度は、当時の人々もそのように認識していたが、有害で常用性のある生産品を消費者に販売することによって、消費者を搾取する結果となっていた。少数の政府や企業家、株主の利益のために、安価な労働力や大衆の嗜好から搾取をおこなう形式は、二〇世紀や二一世紀初頭のアグリビジネスの食料制度を予期させるものであった。他方で、ヨーロッパとアメリカ大陸間での作物と家畜の交換は、数十億人の人々に生存の基盤を提供し、人々の生活をおおむね豊かにさせていった。そうした作物や家畜は、世界の人口増加に対処する際にも、根幹を成していくことになるであろう。

農民や農奴や奴隷たちは、上述のごとき支配の拡大に対してしばしば抵抗を繰り返した。かれらの反応は、即応的な蜂起や逃走から、搾取を軽減させ、無くそうとする慣習的で伝統的な手法を控えめにおこないつづけることまで実に様々であった。搾取の対象となった農園の労働者たちの自己防衛の試みや、都市に住む教育を受けたエリート層による労働者たちへの擁護については、ともに次章において議論されるが、それらこそが一九世紀の偉大な解放や、それに続く農業発展を促進させていったのであった。

訳注

〔1〕 インド史の小谷汪之氏によれば、ブラーフマン（バラモン）、クシャトリア、バイシャ、シュードラという四社会階層区分は、古代インドの法典類に見られるもので、これらの階層はヴァルナ（色）と称された。紀元後になると、これらの下に「不可触民」（アスプリシュヤ）という階層区分が設けられ、五ヴァルナ区分となった。七〜八世紀頃から様々なカースト（ジャーティ）が形成され、それぞれのカーストをいずれかのヴァルナに帰属させるようになった。これによって、各ヴァルナは多数のカーストを包摂するようになった。つまり、一般にカースト制度と言われるのは、様々なカースト（ジャーティ）が五ヴァルナの枠組みによって序列化された社会制度のことであると言う。

〔2〕 同じく小谷氏の助言によれば、コーチ・ビハール地方はインド亜大陸東端のベンガル地方とアッサム地方の間にあり、亜大陸西端のパンジャーブ地方に興ったシク教がコーチ・ビハール地方に広がっていたとするのは不可解に思われる、とのことであった。

〔3〕 中国史の岸本美緒氏によれば、この部分の叙述にはかなりの誤解が含まれているとのこと。一七二七年以降のいわゆる「賤民解放」政策は、奴婢全般を解放したものではなく、清朝は、庶民が身売り契約による奴婢を保有することは、むしろ明朝よりも明確に公認していた。一七二七年に解放された「世僕」とは、徽州など一部地域での賤民集団に限られる。身売りして主人の家に入る奴婢と異なり、かれらは自立した家計を持つものの、代々特定の家に労働奉仕などをおこなう義務を負い、賤民として区別されていた。雍正帝は一種の合理主義的見地から、起源が曖昧なこうした差別を解消し、芸能などの「賤業」に従事しない限りにおいて、かれらの良民化を認めたにすぎない。

〔4〕 ドミニコ会士でもあったラス・カサスは、スペインによる征服戦争やエンコミエンダ制を厳しく弾劾し、平和的改宗を訴え続けた。スペイン人植民者の蛮行を糾弾した『インディアスの破壊についての簡潔な報告』（一五五二年）は、かれの手に成るものである。

さらなる読書のために

南アジアの農業に関して、鍵となる二つの研究としては、David Ludden, *An Agrarian History of South Asia*（Cambridge: Cambridge University Press, 1999）と、Irfan Habib, *The Agrarian System of Mughal India*（New Delhi: Oxford University Press, 2001）がある。Stanford Shaw, *A History of the Ottoman Empire and Modern Turkey*（Cambridge: Cambridge University Press, 1977）は、地方の生活に関して豊富な情報量を誇っている。ヨーロッパとロシアの農奴制に関する優れた研究としては、次の二点が刊行されている。Jerome Blum, *Lord and Peasant in Russia*（New York: Atheneum, 1969）と、同じ著者の *The End of the Old Order in Rural Europe*（Princeton, NJ: Princeton University Press, 1998）は、定評のある研究となっている。G. W. Conrad and A. A. Demarest, *Religion and Empire*（Cambridge: Cambridge University Press, 1984）は、インカ帝国とアステカ帝国の農業史に対する独自で、詳細な洞察を提示している。大西洋における奴隷制に関する優れた研究を二点挙げれば、Philip Curtain, *The Rise and Fall of the Plantation Complex*（Cambridge: Cambridge University Press, 1998）と、Herbert Klein and Ben Vinson III, *African Slavery in Latin America and the Caribbean*（Oxford: Oxford University Press, 2007）がある。東アジアの研究で有益なのは、Philip Huang, *The Peasant Economy and Social Change in North China*（Stanford, CA: Stanford University Press, 1988）と、同じ著者の *The Peasant Family and Rural Development in Yangzi Delta*（Stanford, CA: Stanford University Press, 1990）、そして Thomas Smith, *The Agrarian Origins of Modern Japan*（Stanford, CA: Stanford University Press, 1959）.

第5章　一九世紀の農業——解放、近代化、植民地主義

本章では、一九〜二〇世紀に生じた農業の大規模で近代的な変化について、その前半期を概観する。この変化は、ヨーロッパ資本主義経済の形成と、ヨーロッパおよびアメリカによる経済・政治的な支配の台頭というかなり広範な過程の一部でもある。一九世紀、こうした変化には、隷属状態にあったアメリカ大陸やヨーロッパの大多数の農民や労働者を解放することも含まれていた。一九世紀の変化には、市場作物に特化した農業制度の発展も含まれる。しばしば「農業革命」とも称されるこうした発展は、革命というよりは、オランダやイングランドの農業制度において試みられた別様の方策と解した方がよいであろう。このオランダやイングランドの農業制度は、アメリカ合衆国やアルゼンチンの農業において最大限に花開いていくことになる。

また、本章では、迫りくるヨーロッパ支配や植民地支配に服していくものとして、アフリカ・アジア・ラテンアメリカの農業制度を検討していく。この植民地支配には、ヨーロッパ人が現地の伝統的な農業をヨーロッパ式の農法にはめ込もうとしたり、上記の諸地域をヨーロッパ中心主義的な世界経済の勃興に巻き込もうとしたことも含まれる。これらの過程の帰結は、皮肉なものであった。すなわち、奴隷制や農奴制を廃止したその文明が、多くの農民たちに負債を負わせ、それにより旧来の奴隷制と大差なく、かれらを抑圧し、縛っていったからであった。

◆環境的な条件

一九世紀は、小氷期から温暖化が全地球的に進行する移行期に当たっていた。一七～一九世紀にかけてのアルプス山脈を描いた絵を見ると、氷河が徐々に後退していっている。温暖化は日常生活との関連では、これぐらいの変化としてしか現れなかった。一九世紀後半のロシアでは、前半に比べて、暖かな日は倍増した。ロシアの河川や北部の北極海では、一九世紀末には、以前に比べて氷が減少していった。寒さや雨がちの気候による大凶作は、一八一六～一七年と一八四五～四八年に起こったのが最後だった。

環境と農業社会の連関を示す事例が、一八四五～四八年に発生したアイルランドのジャガイモ飢饉であった。この飢饉はヨーロッパの北西部の大半にも影響を与えた。一九世紀初頭までのアイルランドは多くの人口を抱え、その人口は一八四五年には八〇〇万人に達していた。そのほとんどは、狭い土地でジャガイモを栽培して生活していた、小規模な自給自足的な小作農たちであった。一日に五～一〇ポンド〔約二・三～四・五キログラム〕のジャガイモを牛乳とともに食したかれらの食事は比較的滋養に富むものであり、イギリスの都市労働者の大半のそれよりは良好なものであった。しかしながら、アイルランドの農民たちは、毎年の収穫から蓄えを得たりすることはほとんどないか、まったくなかった。全体としてアイルランドの蓄えは限られており、イングランドへの主たる輸出品は牛であった。一八四五年に、正体不明の病気がジャガイモの収穫量のほぼ半分を失わせた。一八四六年には再び病気が発生し、収穫は壊滅的となった。病気は、勢いは幾分か緩やかであったが、一八四八年にも再発した。後にこの病気は、アメリカ合衆国から偶然に持ち込まれたジャガイモ疫病菌という毒性の高い菌類によるものであったと特定された。湿潤寒冷な気候条件や風が、この病気をスコットランドやイングランド、オランダや北ヨーロッパのその他の地域に広めていった。湿潤寒冷な気候条件は広くヨーロッパ中で穀物の収穫量を減退させ、一八四八年革命のきっかけとなる不満や不安を掻き立てもした。アイルランドとイギリスの政府は、一八四五年末〜四七年にかけて救済策を立て続けに打ち出した。アイルランドはこの頃には、実質的な食糧輸入大国になってしまっていた。それでも、一〇〇万人以上のアイルランド人が死亡し、おそらく二〇〇万人が、絶望的な状況下で、アメリカやカナダに移住していった。

気温が暖かくなっていくにつれて、エルニーニョ南方振動と今日呼ばれるような傾向がヨーロッパでも観察されるようになっていった。この地球規模での壮大な遠隔相関、つまり互いに離れて進行する二つの過程を結び付ける気候上の様式が、ペルー沖の東太平洋で発生している水温上昇と、南アジア・東アジアで頻発するようになった台風被害を結び付けた。こうした気候上の遠隔相関は最初、イギリスの気象学者たちによって発見され、その後広く記録されるようになっていった。

一九世紀初頭のヨーロッパの、寒冷な気候による危機の後、農業の歴史において重大で、より劇的な環境危機としては、一八七〇年代末と一九〇〇年代に発生した台風被害と、それに伴う飢饉があった。これらの深刻な干ばつは、インドや中国の多くの地域に加え、東アフリカの一部やブラジル北東部の乾燥地帯をも荒廃させた。台風被害はインドや中国の広範な地域において飢饉を生じさせ、数百万人の死者を生み出した。干ばつやその他の極端な気候条件のような深刻な環境危機は、ロシアやアメリカ合衆国のような他の国々に対しても影響を及ぼしていた。こうした災害は、一九世紀半ばまでに築き上げられてきた、広範でグローバルな貿易制度を途絶させるものであった。

幸いなことに上述の災害は、危機を軽減し、予防するための研究や技術開発を促す側面もあった。政府や科学者たちは、災害を深く分析し、取り組みを続けることで、犠牲者を救い、灌漑制度や乾燥に強い作物によって生産性を向上させ、輸送力の強化も図っていった。これらの方策が、二〇世紀の一大農業発展の礎となっていった。

◆偉大なる解放

西欧の農民たち、東欧の農奴たち、そしてアメリカ大陸のプランテーションの奴隷たちが、一八世紀末～一九世紀にかけて解放されていったことは、当時においては、人類史上最大で、最長で、かつ最も影響力のあった解放の過程であった。諸政府はこうした改革を、通常は中産階級であることが多い進歩的な人々や農民、農奴の支援を得て、断行していった。反対や抵抗を示したのは、領主や地主、農奴や奴隷の所有者たちであった。

◆ヨーロッパでの農奴解放

オランダとイングランドでは、一八世紀末までに輪作の手法が改良され、より高い収穫量が得られる近代農業がすでに浸透していたために、その他の大半のヨーロッパ諸国での農業が時代遅れで、非効率に映った。イギリスの農業作家であるロバート・ヤングは、各地でおこなわれている開放耕地制を、より高い生産性を目指そうとする気概を削ぐ方式であるとして批判している。それでも、一八世紀中に耕地整理と土地の囲い込みをおこなったのはデンマークだけであった。

フランスの哲学者からロシアの過激思想家に至るまで、ヨーロッパの知識人や作家たちは、農民たちの窮乏やその不衛生で恵まれない生活環境、収穫前の「空腹の季節」における慢性的な飢餓、また農民たちに課された税と賦役について記している。多くの農民たちが放浪者になっていったが、貴族特権ないし国法の存在によってかれらを受け入れる農地はほとんどなかった。改革をおこなおうとした啓蒙絶対君主たちの単発的な試みは、多数の農民と貴族の貧困と抵抗にもかかわらず、失敗に帰した。貴族たちの多くは、現在農民たちに要求している負担を強化しようとしたり、過去の負担を復活させようとした。こうした「領主反動」は、農民の不満を高めるだけであった。ロシアでの大規模な反乱やヨーロッパ各地での隷属的な義務に対する反対や抵抗もあって、一八世紀後半の地方社会は不満が爆発する寸前の状態であった。

一七七一～一八八四年に、貴族の若干の抵抗はあったが、多くは農民反乱の気運の中で、ヨーロッパの各政府はようやく農民解放に着手し始めた。重大な政治危機もあり、政府はより広範な目的を達するためにも、農民解放をおこなわざるをえないことが多かった。一七八九年のフランス革命時における「封建制度の廃止」は、影響力の大きな事例であった。一七八九年に全国三部会が召集されたことによって、前年の不作ですでに不満を募らせていた農民たちの多くは、領主（貴族）支配を弱体化させるために貴族の所領を襲い、帳簿を破り捨てるに至った。貴族と聖職者と平民による国民議会は、国王権力と闘うために農民の支持を必要とした。一七八九年八月四日、貴族たちは自らの特権を廃し、「封建制度の廃止」を決議した。一七九二年七月一七日には、国民公会がすべての領主特権を補償なしに廃止するとした。

中欧の一八四八年革命は、解放への農民の欲求を支持した。オーストリアとハンガリーでは、新たに選挙された議会が、農民の代表も含んでおり、隷農の解放をおこなった。貢租の支払いと賦役の履行を止めた農民に続いて、オーストリア議会は農奴の解放もおこなった。ハンガリー議会は、四万の武装した農民たちが議員たちを襲いに来るとの噂もあって、農奴たちを解放した。後にその噂は虚偽であることが判明した！

一八六一～六六年、ロシアの農奴と国有地農民に対しておこなわれた最大規模の解放は、ロシアの様々な階層から長きにわたって望まれ、かつ恐れられていた事件であった。皇帝アレクサンドル一世（位　一八〇一～二五年）とニコライ一世（位　一八二五～五五年）は農奴制を悪と見なし、改革を志向したが、反乱発生の恐れから実行には踏み切れなかった。クリミア戦争（一八五三～五六年）での敗北は、保守的な貴族たちや新たに即位した皇帝アレクサンドル二世にも、大多数の知識人たちの意見に同意して、ロシアの後進性を克服するためには農奴の解放が必須であることを理解させた。

多くの農奴解放では、農民にはいくらかの農地が与えられたが、その土地は貴族の所有物とされたため、貴族に対しての補償が必要であった。ロシアの農民たちは、一九〇五年革命までの数十年間、買戻しのための支払いをおこなっていた。オーストリア政府は、国会において農民の代表に迫られて、貴族に対して補償金を支払った。また、農奴解放においては当初、農民たちが農地を棄てて立ち去ることができるため、地方の領主たちは労働力を失い、農民たちが危険な農民プロレタリアートになるとの恐れから、農民の移動を制限していた。改革に失望し、抵抗を示す農民もいたが、ほとんどは新たな権利や新規に手に入れた農地を活用することに注力した。資本主義的な農業を試みた貴族もいたが、多くの貴族は自らの所領を失い、それらの土地は商魂たくましい農民や都市民たちに貸し出されるか、売却された。

◆アメリカ大陸での奴隷解放

アメリカ大陸における奴隷解放は、一方に奴隷制の非人道的な性格があり、他方に奴隷が自らを買入れることができる法的権利が存在するという相矛盾した状況の中から生じた側面もあった。一八世紀にイベリア半島出身の植民者たちが非常に多くの奴隷を解放したために、一八〇〇年にはほとんどの植民地において、解放された男性（と女性）が奴隷の数を凌ぐようになっていた。他方でイギリスとフランスの植民地では、こうした形で自由を獲得した奴隷は、一九世紀までは少なかった。〔ラテンアメリカでは〕多くの奴隷がプランテーションを抜け出して、クイロンボと呼ばれた自由な奴隷植民地に逃げ込んでいった。最大の奴隷人口と最大の領域を抱えるブラジルは、最大のクイロンボを持つ国でもあった。政府からの攻撃に抗うクイロンボもあれば、作物を生産し、諸都市と交易をおこなっていたクイロンボもあった。

このようにスペインとポルトガルの植民地は、フランスとイギリスの植民地の不満のはけ口でもあった。フランスの植民地だったハイチは、一七八〇年までは世界有数の砂糖生産地であり、最も過酷な搾取で知られる奴隷制度を持つ土地であったが、その地で奴隷たちは、一七九一〜一八〇三年に、劇的かつ激しい反乱を起こして、奴隷解放の幕を切って落とした〔ハイチ革命〕。一七八九年のフランス革命は、解放された黒人とムラート〔アフリカ系と白人の混血者を祖先に持つ人々〕に人権を与えたのであった。ハイチにおいて白人と解放された黒人とムラートとの間で続けられた争いが、農園主たちから奴隷を所有する気を失わせていった。

ジャマイカ出身のブークマンという名の奴隷は、フランスでの出来事に通じた宗教指導者で、最大の砂糖生産地域において奴隷たちと出会ったことで、突如反乱を組織するに至った。一七九一年の八月、奴隷たちは北部地域全体において蜂起し、その地のプランテーションのほとんどを破壊した。ブークマンは反乱の中で命を落とすが、かれの後継者であり、教育を受けた解放奴隷でもあるトゥサン・ルーベルチュールがハイチの反乱奴隷たちを率いて、イギリス・スペイン・フランスの軍隊を撃破した。一八〇三年までに奴隷たちはハイチを解放し、砂糖プランテーションを解体させていった。

ハイチの反乱があって、植民地政府は奴隷支配を強化するようになったが、奴隷制に対する啓蒙主義的な著述家たちの攻撃は止まず、数十年にわたって解放が求められつづけた。一七七〇年代以降、ヨーロッパ諸国や合衆国北部では奴隷制は廃止され始めていた。ハイチでの危機はイギリス国内の廃止運動を勢いづけ、一八〇七年には、イギリス議会が奴隷貿易が違法であることを宣言し、以後五〇年間、この禁令が有効になるようにイギリスの船舶を展開させた。ジャマイカの奴隷たちが一八三一〜三二年におこなったストライキや蜂起は、イギリス議会が一八三三年に奴隷制廃止法を成立させる一助となった。この法律により、イギリス帝国全土において奴隷たちは解放されたのであった。フランスがハイチ以外の地域で奴隷制を廃止したのは、ようやく一八四八年革命のときであった。

奴隷制の維持を画策する農園主たちと、奴隷解放を支持する都市の廃止論者と解放された非白人たちとの間の対立が、ラテンアメリカにおいては奴隷制の延命につながった。キューバやブラジルでは、奴隷制が最後まで維持された。イギリスが奴隷貿易を停止しようとしたにもかかわらず、キューバでは一八六四年まで奴隷の輸入が続けられていた。キューバの砂糖生産者たちはハイチ革命でかえって利益を得ており、生産量も着実に上がっていた。アフリカ出身の奴隷、年季奉公のアジア人、そして自由な労働者を含むキューバのサトウキビ労働者たちが、最新の蒸気圧搾技術を用いて一八七〇年に生産した七〇万トンの砂糖は、全世界の生産量の四〇％以上を占めていた。その他の作物においても、奴隷植民地は相応の生産量を誇っていた。コーヒーの生産ではキューバとブラジルの農園主たちが、綿花ではブラジルとアメリカの農園主たちが競合関係にあった。

一八六八〜七八年に、スペインに対する反乱がキューバで起こり、スペインは奴隷解放を定めたモレート法を成立させた。スペイン政権は一方で反乱を鎮圧させながら、他方でこの法律を施行させていた。ブラジルでは一八七〇年代に、解放都市や解放地区を創設しようとする民衆運動が広がり、奴隷たちを解放地区に送るための「地下鉄道」が維持された。こうした運動は、警察官や兵士たちが逃亡奴隷を捕捉して送り返すことに消極的だったこともあって、政府が一八八八年に奴隷の解放を決断することを促した。この一八八八年の法の施行により、最終的にアメリカ大陸から奴隷制が姿を消すこととなった。

アメリカ大陸における奴隷の解放とヨーロッパにおける農奴の解放は、ともに数十年の期間を要し、激しい反対に抗して達成されることが多かった。キューバやブラジルをはじめとした国々では、奴隷であった人々による反乱が、いまだに奴隷である人々を無条件で解放することを諸政府に促した。ヨーロッパと植民地において同時に発生した大規模な解放運動は、当初、農業生産を落ち込ませた。しかしながら、農業生産量はすぐに回復し、多くの地域では増加に転じた。かつて奴隷制を採っていた地域でも、農業制度の転換がおこなわれた。それは、解放された労働者と私的土地所有と、そして最も成功した農業制度と見なされていたヨーロッパやアメリカ式の、市場を志向した生産を組み合わせようとするものであった。

◆企業家への道

イギリスで起こった「農業革命」は、それ以前にオランダで生じていた農業の市場志向への変容と似てはいるものの、より緩やかで、偶発的で、局地的で、積み上げられていくものであって、「革命」という言葉が示すよりずっとゆっくりとした現象であった。ヨーロッパ大陸部の隷属的な制度と比べると、オランダやイングランドの農民たちは村や領主からほとんど制約を受けることなく働いていた。それゆえ農民たちには、市場向けの農業生産に集中する道が開けていった。

資本主義的な農業への突破口は、まずオランダにおいて開かれた。オランダでは、一四世紀から多くの人口が都市に集中し、その富と市場の需要が多種多様な農産物の生産を可能にさせていた。都市市場に向けた集約的な生産を可能にした鍵となる技術革新が、休閑地の排除であった。休閑地は、中世の農民たちのほとんどが土地の生産力を回復させる唯一の方策であると考えていた。だが、一三二〇年代からオランダの農民たちは、土地を休閑地とするのではなく、家畜の飼料とするレンズ豆やクローバーやカブなどの作物を栽培し、地力も回復させていた。かれらは食用作物と牧草やクローバーを交互に栽培し〔輪作〕、除草を容易にするために作物を列にして、数種類の肥料を施した。こうしたやり方はより多くの労働と投資を必要とし、その費用を賄おうと思えば、農民たちは〔生産物に〕より高い価格を付けざるをえなかった。だが、一六世紀の「価格革命」でほとんどの物の価格が上昇し、オランダの消費者の収入も全体的に高くなり、農民が高価な価格を付けたとしても、利益が上がるようになった。こうした状況の唯一の例外が穀物だった。穀物価格は、一四世紀半ばから低下しつづけていた。オランダでは、バルト海諸国から穀物を輸入することによって集約的な牧畜を支えていた。このように、オランダの自由農民の、市場を志向した集約的な農業生産を可能にしていたのは、東欧の隷農たちの労働なのであった。

自身の農業が農園外での販売にどんどんと特化していくにつれて、オランダの農民たちは使用する生活必需品や自身が消費する食物の大半でさえ、農園の外部から購入するようになっていった。こうした農業スタイルは、近世以前であっても、近隣のフランスやドイツで同時代におこなわれていた自給自足的な農業よりも、後の工場を基礎とする工業の方が共通点が多かった。オランダの農民たちが牧畜をより重視していたことを除けば、オランダの企業家的な農業は、清朝初期の中国のそれによく似ている。

イングランドの「農業革命」は、数世紀をかけて徐々に、また不規則な形で起こってきた。先行したオランダでの変化のように、イングランドの農業も、自給自足的な農業から市場向けの生産や工業式の農業制度に移行していった。イングランド農業の変容は、固有の環境に由来するものである。中世期から近世期にかけて、イギリス産の羊毛に対するヨーロッパの需要は高まっていった。オランダ農業の高い生産性を真似ようとするイングランドの領主たちも、日増しに多くなっていった。一六〜一七世紀には、ロンドンをはじめとする諸都市において、大規模な国内市場が形成され始めた。

羊毛需要の高まりに対して、イングランドの領主や農民たちは囲い込みをおこなうことで対応しようとした。囲い込みとは、農民たちを村の共有地から追い出し、その土地の周りに柵や垣根を建設するものであった。そうすることによって荘園領主は、当該の土地を村の輪作制度から外し、牧羊のような他の目的のためにその土地を使用することができた。共有地であった土地に立ち入れなくなった土地なし農の中には、物乞いや浮浪者になる者もいた。追い立てられた農民たちの中には、囲い込まれた土地で人夫として働く者も多かった。

イングランドにおける農業上の変化を支えたものとしては、地域間の差異もあった。イングランド中部では、村落が農作業を管理する伝統的な開放耕地制をおこなっていた。しかし、東部と南西部の村落では、私有地と囲い込み地がかなり多く、農民たちは個々独立して農作業をおこない、市場の動向にも敏感であった。これらの地域には、域内に市場もあり、分割可能な土地もあり、少数の大土地所有者の下で働かざるをえない小農たちも多く暮らしていた。市場志向がより強かったこれら東部と南西部の地主と農民たちが、イングランドの農業を変革していったのであった。

イングランド人はオランダ人のやり方を採用した。休閑地に飼料作物や代替作物を植え、牧草地に変えた。「湿地牧草地」のような自身が生み出した新たな技法も活用した。「湿地牧草地」では、水が流れ出ないように牧草地の周囲は土手で囲われ、冬を通して数インチの水が張られていた。東アジアの水田のように、こうして水を張っておくことで、収穫量が向上した。農民たちは増産された飼料を、肉用の大型家畜を飼養するために使用した。かれらが生産した脂身の「さし」の入った肉は、人々に好まれた。

イングランド農業における上述の事例をはじめとした諸改良は、すべて囲い込みに起因するものであり、一七〇〇年までにイングランドの耕地の七〇％が囲い込み地になっていた。〔トマス・モアなどの〕人道主義者や政治家は囲い込みを糾弾し、農民たちも激しく抵抗したが、地主たちは市場の拡大や環境危機に対応するために引き続き囲い込みをおこなっていった。一八世紀末〜一九世紀初頭にかけて、ことにナポレオン戦争期において、終わりを告げようとしていた小氷期に由来する寒冷期が、不作と飢饉を引き起こした。議会報告書が一八〇〇年のあらゆる領域の食糧不足を明らかにしており、都市で暴徒と化した人々は食物価格の引き下げを訴えた。イギリス議会は四〇〇〇以上の囲い込み法を成立させて対応し、六八〇万エーカーに上る土地を囲い込んだ。戦時においては特に、多くの地主たちが囲い込み地において食用作物の生産をおこなった。スコットランドでは、ハイランド放逐がおこなわれた。ハイランド放逐とは、牧羊をおこなって、高値の羊毛から利益を得るために、地主たちが零細小作人たちを農地から追い出すことを言った。

改良された農法や囲い込みは生産性を向上させ、農産物価格を引き下げていった。国会議員となった地主たちは、イギリスの生産者を保護するために穀物法を成立させ、輸入穀物に関税をかけた。一八四六年に廃止されるまで、穀物法は都市と地方の間の大きな政治課題でありつづけた。それは、穀物法によって、都市においては食物価格や給与が高めに維持されてしまったからである。都市の巨大な需要に応じることで窮余の道を見出していた小農たちもいるにはいたが、イギリスの農場の大半はヨーロッパ大陸部のそれと比較してもはるかに大規模なものだった。それらの農場は地主たちの所有物であり、〔元来は「自作農」であった〕小作人たちによって経営されていた。地主たちは、農作業のほとんどをおこなわせるために農業労働者も雇用した。高い作物生産量を得ても、農業労働者たちは貧しく、栄養不良で、知的レベルも低く、身体的な障害を持つ確率が平均以上に高かった。それでも、一九世紀半ばのイングランド農業はヨーロッパにおいて最も先進的であり、それは世界をリードする工業国、植民地国家としてのイングランドの地位にふさわしい農業のあり方であった。

◈アメリカ合衆国の農業

オランダやイギリスの農民たちによって開かれた企業家的な道は、アメリカ合衆国の農業においてその頂点に達した。将来アメリカ合衆国となる土地は、その長い生育期間といい、十分な降水量といい、良質の土壌といい、おそらく世界中のどの国よりも農業生産に適した潜在能力を持っていた。また、アメリカの農業は商業志向の農業として始められた歴史がある。イングランド出身の植民者たちは東海岸に移住するとすぐに、イングランドやカリブ海の植民地に向けてタバコの販売を始めていた。販売品目は、米や砂糖、家畜へと拡大していった。

新国家アメリカには、明確な農業地域が存在した。一九世紀に、北部の農民たちは「オールドウェスト」と称されたオハイオ州、インディアナ州、イリノイ州、ミズーリ州を通って、大平原に到達した。この大平原地域が「飼育場の帝国」となり、都市市場に向けて数多くの農場が穀物を栽培し、家畜の飼養をおこなった。他方、南部では、破格の生産量を誇る綿花のプランテーション制度が発展していった。南部の農民たちは、一七世紀以来、アフリカ出身の奴隷たちの労働に依存してきていた。南部の人々が購入した奴隷の数はわずかであったが、かれらに対して十分な食事と住居を与えることで、一九世紀には、合衆国は南北アメリカ大陸のどの国よりも多くの奴隷を抱える状態となり、またそのほとんどが南部に暮らしていた。奴隷労働と綿花を種から選り分ける綿繰り機が、アメリカ綿花の生産量の爆発的な増大を可能にした。一八〇一年に一〇万梱だった生産量は、一八五九年には五四〇万梱にまで達した。この綿花が、産業革命期のイギリスなどの繊維工場に送られたのであった。

アメリカ南部のプランテーション農業は抑圧的で、農園主の支配に抵抗した奴隷たちも多かった。しかしながら、その膨大な生産量は奴隷たちの規律正しい、旺盛な労働の結果であり、食事と環境面でのアメとムチによって達せられたものであった。こうした手法の主たる食料源はトウモロコシであった。トウモロコシを栽培する耕地は、綿花のそれよりも広かった。トウモロコシは国内での換金作物であり、奴隷など滅多に保有することのない家族経営の小農たちによって栽培されていた。トウモロコシにはビタミンBとタンパク質が欠けているので、南部の人々のトウモロコシに頼った食生活は、精神障害を来すこともある欠乏症ペラグラを発症させたり、死に至る危険性さえ抱えていた。南部の農業が大きな生産量を誇っていた一方で、北部の企業は南部の原綿の取引と製造工程の大半を担っていた。南北戦争後のアメリカにおいて大規模な工業化を図るのに不可欠な資産を、北部の実業家たちが蓄積することができたのは、内国植民地としての機能を南部が果たしてきたからでもあった。

奴隷制にまつわる北部と南部の農業問題が大きな論点となっていた南北戦争は、南部の反対を排したことで、農務省（USDA）の創設や農業知識の普及・振興のための大学の設立、農法改良のための農業公開講座の開講を実現させた。敗戦からようやく立ち直った南部は、再び綿花の一大輸出地域となっていった。かつて奴隷であった人々は、プランテーションであった農園で分益小作人として働くようになった。だが、現実には、かれらは債務労働者であり、自らの農地を維持するために極端に安い労賃で働かざるをえなかった。

南北戦争後、西部を併合したこともあって、アメリカは世界を支配する農業大国となった。一八四四〜

四六年の米墨戦争によって、アメリカ人の入植地は大きく開かれた。アメリカ人やイギリス人の実業家たちが軍隊向けの家畜の飼養を始めたために、南北戦争は西部に好況をもたらした。軍隊向けの家畜飼養は、戦後には拡大する諸都市向けへと転換していった。兵士や牧牛者たちは数百万頭のバッファローを殺し、平原インディアンを居留地に追い込んでいった。大牧場主たちはヨーロッパ牛の品種を大平原に持ち込み、牛を放牧させるためにカウボーイを雇い、〔牛の群れを〕鉄道駅に追わせていた。カウボーイは、黒人・白人を問わず、貧しい南部の男たちがなり手であり、メキシコ人の牧童の代わりとなっていった。牛は、新たに開設されたシカゴの家畜一時置場やその他の食肉処理施設を介して各地に送られた。食肉の生産は、供給過多な市場や天災が原因となって、景気の変動に翻弄された。氷点下四〇度の気温が四か月間続き、大平原で飼養していたヨーロッパ牛が数百万頭、凍死してしまった一八八六～八七年の大寒波は、最悪のケースであった。牧牛業が回復し、生産量のピークを迎えたのは一九〇〇年のことであった。

南北戦争以降、他方では、入植者たちが、ホームステッド法や鉄道の建設、ジョン・ディアが製造した鋼製の鋤のような改良された農具に助けられ、大平原地域に移住し始めていた。大平原の雑草の頑強な根は、ディアの鋤でなければ切除することができなかった。貧しい農民や都市民、あるいはヨーロッパからの移民であった入植者たちは、乾燥し、かつ予測不能な大平原の気候に耐え、一八七〇～九〇年代の農業大不況を凌いだのであった。紆余曲折はあったものの、アメリカ合衆国を世界一の小麦生産国にしたのはかれら入植者たちであった。

もう一つの重要地域であるカリフォルニアは、一八五〇年に州となり、そこでの農業は最新技術を用いた「大儲けを目論む」大穀物農場から発展し、一八八〇年代に破綻を経験したものの、より収益の上がる果物や野菜や家畜を手がける農園へと変わっていった。一九〇〇年頃のカリフォルニアは、アジアやメキシコからの移民の労働力を用いながら、絶大な農業の力を誇るようになっていた。

アメリカの工業発展や鉄道により創出された国内市場の存在によって、農民たちは専門に特化した生産者へと変貌し、投資や経営に関しては外部の会社や機関に依存するようになっていった。外部の機関とは、農務省をはじめとして、農具を製造する工場や生産物を輸送する鉄道、生産物を購入したり、加工したりする投機家のことであった。カーギル社は最も重要な投機会社であり、一九〇〇年頃の中西部においては穀物売買を牛耳る存在であった。一九世紀末の農業不況期には、農産物価格が下落する一方で、農場負担の船舶輸送費は高止まりしたままであったので、農民たちは輸送コストを削減し、関税を引き上げるために、人民党のような政治運動を組織した。アメリカ政府は、アメリカの農産物を輸入していた国々からの報復を恐れて、輸入関税に反対していたカーギル社のように、経済や商取引に干渉することには後ろ向きであった。そのため、この時期、政府による農民への保護も、仮にあったとしても、ほとんど無いに等しいものであった。

アルゼンチンの農民は、アメリカの農民たちにとって重要な競争相手であった。アルゼンチンの主要な農業地域は、アメリカの大平原に似たパンパだった。大平原と同じく、アルゼンチンも家畜の帝国としてスタートした。家畜の帝国では、ガウチョと呼ばれたアルゼンチン版カウボーイが活躍し、一八七九年にはインディオに対して残虐な軍事行動がおこなわれている。アメリカの大平原と同じく、アルゼンチンも一九〇〇年に、口蹄疫という、家畜への大災害に耐えねばならなかった。その後、アルゼンチンは穀物栽培を拡大させていくが、大土地所有者が残余し、入植が奨励されなかった点はアメリカとは異なっていた。国際的な輸送体制が向上して、アルゼンチンは自国の農産物をヨーロッパにおいて廉価で販売することができるようになった。同じ理由で、イタリアやスペインの貧農たちを集め、小作人として働かせるためにアルゼンチンへ移住させることも可能となった。かれらは不自由な生活や恒常的な悪天候を耐え忍び、一九一〇年には一五〇〇万エーカーにまで小麦の作付けを拡大させた。移民の一人であるジョゼッペ・ガッツォーネは農地の獲得を進めてゆき、個人として世界最大の小麦生産者となるに至った。

◆一九世紀のヨーロッパ

一九世紀半ばまで、ヨーロッパの農業者は、一般的に、高い農産物価格を得ていたのに対して、農業労働者に支払う労賃は低かった。これは、大陸部の工業発展が不十分で、労働者にとって農場に代わる場所が存在しなかったためであった。ヨーロッパの農奴解放が実現した背景には、こうした農業の安定性と収益性の高さがあった。

この時期、科学と商業における発展が、多くの相互作用の中で農業を近代化し、また商業化させた。ユストゥス・フォン・リービヒ（一八〇三〜七三年）をはじめとしたドイツの土壌学者たちは、植物が特定の化学物質を必要とすることを発見した。巨大な肥料産業は、かれらの研究から生まれたものだった。スイスのドレフュス社やオランダのブンゲ社のような専門会社は、アメリカでカーギル社がおこなったのと同じく、穀物から新規の領域にまで影響力を拡大させながら、ヨーロッパの市場を独占していった。農民たちはだんだんと、自身の生産物を市場に流通させたいのであれば、これらの会社に販売せざるをえなくなっていった。ヨーロッパやアメリカの工業は進んだ工業技術を取り入れてきた。それは、農産品に対する工業需要の増大ということでもあった。技術の進歩が巨大な蒸気船や冷蔵施設を生み出し、以前よりもはるかに大量の商品をはるかに早く輸送できるようにした。それゆえ現在、国際市場では、アメリカとアルゼンチンとオーストラリアとインドが皆、低価格での競争を演じることが可能となっている。

一九世紀末に、様々な要因が重なって、農業の領域においても「大不況」が発生した。競争が農産物価格を押し下げ、農民の収益は減退し、借金だけが増加した。アメリカとヨーロッパの農業者たちは、政治運動に訴えた。アメリカや多くのヨーロッパ諸国は民主的ではあったが、発展しつつも多種多様であったその経済や政治は、農業利益に対し、様々な形で農業以外の諸集団の要求を受け入れさせた。

自由貿易を堅持していたイギリスでは、小作人に残された選択肢は、地主に対して小作料の引き下げを要求することしかなかった。農民たちは地代ストライキやボイコットをおこない、農民を追い出そうとする地主たちと闘った。アイルランドの闘争は激しく、アイルランド土地戦争とも呼ばれている。こうした抵抗運動が最後は議会を動かし、小作権のような改革が立法化された。小作権は地主に、小作人たちが上げた農業収益を小作人たちにも還元することを求めていた。それでも農民たちは、産業資本家や労働者たちがいかなる食料品価格の上昇に対しても異を唱えるような状況を、変えるまでには至らなかった。イギリス海軍によって貿易航路が守られていることもあって、イギリスの食糧輸入に依存する体質は強まっていた。そのため、農民の多くは農業を諦めるか、酪農製品や野菜栽培に特化するしかなかった。イギリスの農業教育や農学は、遅れるばかりであった。

ドイツでは、農業が社会的に占める領域がはるかに広く、政治的な重要性も高かった。ドイツの政治家たちは輸入食糧への依存を憂いていたし、大地主も小農も保護関税を支持する点では一致していた。宰相だったオットー・フォン・ビスマルクは、小農たちが市場によって駆逐され、反旗を翻すかもしれない労働者として都市に集中することを避ける意味でも、関税の存在を好ましいものと考えていた。その結果、ドイツはほとんどの輸入食料品に関税を課し、農業教育や農業研究を奨励した。その姿勢は、アメリカのモデルともなった。イタリアやフランスなどのヨーロッパ諸国は、ドイツと同じく輸入関税を導入し、農業教育を拡充し、アメリカのモデルともなった公開講座制を発展させていった。こうした諸改革が、穀物をはじめとした農作物の生産増を下支えしていた。

農業不況は、予期せぬ影響も生んでいた。小農や農民たちが何とか生活を成り立たせていた一方で、大土地所有者たちの多くは農業不況が原因で農業経営を止めてしまい、農地を小作人たちに貸し出すようになった。例えば、ロシアでは、農奴解放によって貴族の手には、農民のそれに比してより良質の土地が多く残されることとなった。幾度もの不作や飢饉があったものの、ロシアは一八九〇年代には、穀物輸出においてアメリカに匹敵する存在となっていた。しかしながら、こうした生産の増加はほとんどが農民たちの力によるものであり、一九〇〇年の耕地の九〇％近くはかれらが所有するか、賃借していたものだった。これは、小規模農園と大規模農場のいずれが優れていて、生産力が高いのかについて論じ合う理論的・政治的な論争に逢着した。農民擁護派の最左翼は、ロシアのナロードニキたちであった。かれらは、自らの特権的な生活が農民たちの労働を搾取することで成り立っていると考え、罪悪感を感じていた過激な学生たちの一団であった。したがって、ナロードニキは農民たちをロシアの将来を担う希望の星と見なしていた。農民たちが伝統的におこなってきていた土地の割替えを、かれらは原始的な社会主義と考えていたからであった。こうした姿勢から、かれらはまず自らが村に赴くことを選択し、農民たちを革命に駆り立てようと試みた。そうした行為が失敗したと見るや、ナロードニキたちはテロ活動に手を染め、実際は農奴を解放していたアレクサンドル二世の暗殺に至るのであった。反乱は起こらなかった。それでも、ナロードニキや一部の社会主義者たちは、ロシアの村落共同体こそがロシア社会を資本主義を経ずに、社会主義に直接向かわせてくれるものだ、と信じつづけていた。

こうした見方は、農本主義の極端な形であった。つまり、ヨーロッパやアメリカで広く受け入れられた考え方で、農民や農業従事者を国民の純粋で、根源的な代表として理想化する思想であった。こうした見方の信奉者たちは、農民や農業従事者を都会の住民よりも良き人々であると見なした。なぜかと言えば、農民たちは、都会が最低限必要とする作物や家畜を生産し、大地の上で汗を流し、都会や資本主義や外国人に染まっていない人々だからであった。こういった姿勢は、フランスの画家であるミレーの作品のように、芸術表現の中に見いだすこともできるし、農民の民謡を用いた作曲家たちの音楽の中に発見することもできる。少し以前の農民を奴隷のごとく軽蔑的にとらえていた見方とはまったく異なり、粗野な農民たちを近代化の影響下に失われてしまった存在として理想化したのであった。農民が家で紡いだ織物やその他の産品の市場を工業化が奪っていこうとしていた時、農本主義者たちの農民像は自給自足的な姿をとった。都市の工業化はヨーロッパの村々を非工業化するものであったし、同様のことはインドやその他の植民地においても起こりうることであったであろう。

◈植民地主義、新植民地主義、そして農業

ヨーロッパとアメリカ以外の世界は、一九世紀末までに、異なった段階にあったとしても、すべてがヨーロッパ支配の下に服し、発展しつつあった世界市場に組み込まれていった。ただ、これらの地域も、農業の領域においては、かなりの独自性を保持しつづけていた。

アフリカに関しては、一九世紀半ばには、イギリスは大西洋における奴隷貿易を、実質的におこなわなくなっていた。しかし、奴隷制自体は生き残り、サヘル地域のソコト・カリフ国といった、植民地化以前のアフリカでは最大であった国家においては、一九世紀においてもその事例は見られた。奴隷は少なくともソコト国の人口の半数を占め、多くは農業であったが、広範囲にわたって使役されていた。ソコト国に

は地主や官吏の大プランテーションが存在し、数百ないし数千もの奴隷たちが働いていた。プランテーションで働く奴隷は、ヨーロッパの農奴に近い身分を保持していた。すなわち、かれらはプランテーション内に自身の農地を持ち、プランテーションの所有者から住居をはじめとした支給を受けていた。かれらは自身の生活を支えるとともに、地主の農地においても定期的に働かなければならなかった。所有者と奴隷の関係は、アメリカ大陸のプランテーションよりは敵対的でも、搾取的でもなかったが、それでも所有者たちは依然としてかなりの重労働を要求してくるために、逃亡したり、さぼったり、所有者の農地から作物を盗んだりする奴隷たちは後を絶たなかった。ソコト国と似た状況のアフリカの国々もあったが、黄金海岸（現在のガーナ）のように、解放された小農に依拠した国家も存在した。

一九世紀末に、ヨーロッパ諸国はアフリカに侵出し、大半の地域を支配下に収めた。各国財務省は開発に資金を投入することを拒んだので、各植民地は植民地経営の費用を賄ってゆくために、アフリカの人々が生産していく商品を見つけだす必要があった。ヨーロッパ諸国は鉱山や農業、特に輸出向けの換金作物に活路を見いだそうとした。植民地になる以前には、アフリカ人も地域内での販売や輸出向けに作物の生産をおこなってきていたが、ヨーロッパ人が換金作物の生産を要求したことで、労働時間や労務や生活維持の問題が発生した。特にサバンナ地域では、伝統的な生活に不可欠な作物を栽培するのにも、はるかに長い時間を要したので、問題は深刻であった。多くの場合、男性が他の仕事をしている間に、女性が農作業をおこなった。さもなければ、季節ごとの農作業などは村人総出で集中的におこなった。換金作物が労働者を酷使し、日常生活をも脅かすようになっていた。

アフリカの人々はいくつかの地域で、環境条件に適した作物の栽培に特化することによって、市場に対して能動的に、また成功裏に対応していた。黄金海岸では、アフリカ人の栽培農家が先頭に立つことによって、輸出向けのカカオ産業が発達し、一九〇〇年に二万七〇〇〇ポンドであった売上が、一九二五年には八二〇万ポンドへと増加し、世界でも有数のカカオ輸出地域となった。アフリカでは、特に油脂分を含んだ作物などが大量に生産され、産品のすべてがヨーロッパに向けて輸出されるような植民地主義的な農産物が、第一次世界大戦前に急激に増加した。一般論として、イギリスの間接統治政策は、当初は既存の経済のあり方を変えるものではなかった。

他方で、アフリカの経済や文化を力づくで「作り変え」ようとした植民地開拓者たちもいた。アフリカ南東部のタンガニーカ（現在のタンザニア）では、ドイツの東アフリカ会社が間接統治をおこなっていたが、重税を課し、村人たちに輸出用の綿花の栽培を強要した。しかも、そうした綿花栽培は伝統的な慣習や生活を脅かすものでもあった。それゆえ、現地では反乱が相次ぎ、タンガニーカ南東部のキルワ地方において一九〇五年に発生したマジマジ反乱は、そのピークを成すものであった。マジマジ反乱は綿花栽培に反対したもので、スワヒリ語でマジと呼ばれた水によって、銃弾をもはねのけられるようになると信じた人々が先導した。ドイツ人は、アフリカ人の収穫物を荒らすことで反乱を鎮圧したために、二年間に及ぶ人災とも呼ぶべき飢饉が引き起こされた。これ以降、ドイツの行政府はかなり寛容になっていったが、マジマジ反乱は植民地の農業にとって非常に悲劇的な先例として記憶されることになった。

アフリカの植民地では、一握りのヨーロッパ系企業が輸出用の換金作物を一手に掌握するようになっていった。コンゴやソロモン諸島にパーム油のプランテーションを構えた、イギリスの石鹸会社リーヴァー・ブラザーズ（現在の多国籍企業ユニリーバ）のように、植民地において自ら会社を経営する者もいた。これらの会社は、ヨーロッパやアメリカの穀物貿易関連の大企業にとっては植民地における取引先となった。

東南アジアは、一九世紀、他地域の植民地主義と類似の展開を見せながら、拡大するヨーロッパの植民地支配の下に置かれていった。インドネシアにおけるオランダの帝国主義は、環境の変化に応じて搾取を控えていった植民地制度の一例であろう。一七～一九世紀に、オランダの東インド会社（VOC）が経済的にも、軍事的にも衰えを見せたこともあり、オランダ政府は同社の経営を引き継いだ。費用を賄うために、一八三〇年、オランダ政府は耕作制度と呼ばれた強制栽培政策を導入した。この政策は、農民たちに保有地の二〇％には、換金作物である例えばサトウキビや藍やコーヒーを植えさせ、政府のためにそれらの作物の耕作を二か月はおこなうようにと要求するものであった。

農民たちが換金作物の生産を非常に高めたために、一八四〇年代には、「ジャワ」がコーヒーの代名詞となり、インドネシアは砂糖生産においてもキューバに肩を並べるほどになった。オランダ本国自体から上がるオランダ政府の歳入は、予算において三分の一を占めるのみだった。農民たちへの影響は複雑で、はっきりとしないものであった。しかし、一八四四～四八年にかけて台風による不作が続き、オランダ政府は農民に対する耕作要求を減らし、飢饉救済策を講じた。一八五〇年代には、農民たちを抑圧し、インドネシアへの個人投資を妨げているとして耕作制度を非難する声が広まり、オランダ政府は同制度を廃止した。オランダ政府は強制的な耕作を止め、私的企業がインドネシアで活動する道が開かれた。オランダ政府は、一八七〇年に強制的なサトウキビ栽培を廃止し、一九一五年には最後の政府経営のコーヒー・プランテーションも閉鎖した。

◈南アジア

一八～一九世紀にかけて、イギリスがインドを征服したことによって、西洋人が野卑で、後進的と見なしていたインドの多種多様な地方社会が、イングランド人の統治下に置かれることとなった。しかし、植民地の担当部局者の中には、灌漑施設のように困難な環境問題や経済問題を解決した過去の政治権力やインド農民の力量を評価する者もいた。

イギリス政府や植民地政府は、イギリスの国内産業から原材料や食料品を安く供給するように求められていた。イギリス議会は、この新たな植民地に多額の資金を費やすことには否定的で、自活が望ましいと考えていた。税収と安価な原材料、そしてイギリス製品の販売先という点で、インドは急速に収入源としての地位を確立していった。ロンドンの経済目標を達成させるのは、主としてインドの農業であり、農民たちであった。なぜなら、インドの人口の大半は農民たちが占めており、インドの職人たちがイギリス製品と競合する状況はイギリスの望むところではなかったためである。

イギリスの植民地政府は初め、東インド会社（ＥＩＣ）のやり方を一八五八年まで踏襲し、人々の支払い能力を超えるほどの重税やその他の支払いを課していた。一七六九～七〇年のベンガルでは、東インド会社当局は、作物に壊滅的な損害を与えた厳しい干ばつに耐えねばならなかった。多くの農民は蓄えがほとんどないか、皆無であったので、この干ばつは結果としてインド史上最悪の飢饉を招来することとなった。三〇〇〇万のベンガルの人口の三分の一が死亡したと推定されている。農業上の税制を改革しようとする試みが何度か失敗した後、一七八六～九三年に新たにインド総督を務めたコーンウォリス卿は、農産物の増産を図るためには、財産の保証と税制の安定がインドには不可欠であると決断した。最終的に、一七九三年、かれはベンガルで永代ザミーンダーリー制を発効させている。この法律は、ザミーンダーリーと呼ばれた所領を所有するベンガルのザミーンダールたちを地主として認定し、税にまつわる諸義務を永久に負わせるものだった。コーンウォリスとかれの取り巻きは、固定化された税はザミーンダールたちが自身の所有地に投資をし、生産の増加を図ることを促すものと信じていた。

改革の結果は、複雑なものだった。永代ザミーンダーリー制の成立に合わせて、税の支払いができなくなったザミーンダールの所有地は、当局によって競売に付されることになった。それにより、土地市場が形成された。インド人の官吏たちや裕福な都市民たちが農地を購入して、小作人に換金作物の栽培を強要する不在地主となっていった。後期のイギリス人征服者や官吏たちは、永代ザミーンダーリー制の問題点の多さに配慮して、新規に獲得した地域に対しては、ライーヤトワーリー制を課すようになった。ライーヤトワーリー制では、当局は個々の農民に納税責任を負わせることとした。しかし、イギリス人職員の少なさと地方のインド人官吏の汚職のために、この制度にも問題は山積していた。

上述のいずれの制度においても、東インド会社が農民たちに高額の税負担を強いたために、農民たちは限られた自身の農地の一部で換金作物を栽培せざるをえなかった。インド農業のいくつかの領域では、そうした換金作物を栽培することで利益を上げるようになっていった。ベンガルの一部の特権化した集団は、アレクサンドロス大王がインドにもたらして以来ずっと栽培されてきたケシを栽培していた。ケシは医薬品や快楽麻薬として使われるアヘンの原料となった。イギリスの東インド会社は、一七世紀に中国や東南アジア、そしてイギリス本国に向けてもアヘンを輸出ないしは密輸し始めた。一七六七年に一〇〇トン超であったケシの輸出量は、一八三七年には二〇〇〇トンへと膨れ上がった。

イギリス支配は、その他の作物を栽培する人々、すなわち耕作をしていた農民たちと地主たちのいずれに対しても、重税を課すものであった。イギリスによる課税や他の政策に対する怒りが、一八五七年の「インド大反乱」とインディゴ〔藍〕の乱として爆発した。一八五七年に蜂起した人々には、その前年にイギリス人に土地を奪われた、ガンジス川中流域アワド地方のタールクダールのような地方地主も含まれていた。農民たちは、かつて地主に納めていた以上の税額をイギリス人に納めねばならないこともあった。農民たちはマハージャンと呼ばれた高圧的な高利貸しから頻繁に借金をせねばならず、最終的に農地を奪われてしまうことも多かった。その結果、農民たちは一八五七年に、不満を高じさせた地主たちに率いられ、反イギリスの狼煙を次々に上げていったのであった。ただし、ベンガルやパンジャブなどの地域では、農民も地主もイギリスの政策の恩恵に浴していたので、腐敗した旧制度の復活を求めた反徒たちの側ではなく、イギリス人側に付いたのであった。

一八五七年の反乱が鎮圧された後、ベンガルではインディゴにまつわる紛争が勃発し、長く解決を見なかった。インディゴは古代からのインドの産物で（名称は「インド」の語に由来した）、一八〇〇年頃にはイギリスでも青い染色の主原料となっていた。ザミーンダールから賃借されたり、購入された広大な農地は、一八五〇年代には、大農園主や加工工場が経営するようになっていた。かれらは金属の棘の付いた長い棍棒を持った監視人を雇い、農民たちを脅してインディゴ栽培に駆り立てた。ベンガルの法律家やザミーンダールたちは、こうした不当な扱いを止めさせることができなかった。一八五九年、農民たちは農園主の工場を襲い、農園主を法廷に突き出すことを始めた。一八六一年には、ベンガルでのインディゴ栽培は壊滅的な状態になっていた。インディゴの生産は別の地域で続けられたが、農園主たちはこの「藍の反乱」から同じ轍を踏まない教訓を学んでいた。

これらの反乱の後、インド経済は鉄道網の拡大・延伸もあって、成長しつつあった世界経済に組み込まれていった。イギリスは、他地域において生産や価格が安定しない点を補うために、インドでの綿花と小麦の生産を増加させようと考えた。一九世紀初めのイギリスは、原綿のほとんどをアメリカ南部から得ていた。南北戦争と北部の南部に対する経済封鎖によって、原綿の供給は激減し、イギリスの木綿工場は多数の労働者を解雇せざるをえず、かれらは食うに困るようになった。失意の実業家たちは、イギリスの植民地政府と結んで、綿花栽培に適した地域をインドに求めようとした。候補地の一つが中南部のベラール地方であった。ベラールでは、税制や商業金融業者が農民たちを綿花栽培に導こうとしたが、イギリスによる原綿の購入価格が安すぎて、綿花農家はぼろ服を着る始末だった。

インド中部のナルマダ川流域では、鉄道の延伸によって、小麦を大量に輸出することが可能となった。現地の商業金融業者は農民たちに改めて、小麦の生産を始めるために前借り金を受け取るように要求したが、返済不能となった農民の土地は金融業者の手に渡ってしまうのであった。小麦の生産は一八八〇年代に最盛期を迎え、農民たちは耕地を拡大させていった。そのため、一八八七年、イギリスはナルマダ川流域において地価が上昇したと判定し、同地域の地租を引き上げた。しかし、一八九一年にアルゼンチンやパンジャブ州からの穀物が市場に参入すると、ナルマダ地域からの輸出は大打撃を被り、農民たちは金融業者か、政府から借金をする身へと転落した。一九〇五年には、ナルマダ川流域は輸入食糧に頼らざるをえない土地になっていた。

こうした危機もあったが、平均すれば一九世紀において、インドの農業生産は緩やかに増加していった。しかし、おそらくは地球温暖化の進行によると思われる干ばつが頻発し、洪水やイナゴの大発生やその他の環境災害もあって不作となり、インド各地で大飢饉が引き起こされ、死者が多数に上ることも多かった。大飢饉は一八三七年、一八七六～七八年、そして一八九九～一九〇一年に発生しているが、その他の年も飢饉の程度がほんのわずか軽微であったにすぎなかった。イギリスの税制が、貧しい農民や労働者の災害に対する抵抗力を弱めている部分も多かった。また、イギリス人官吏の多くは、飢饉に対する政府の援助は状況を悪化させ、農民たちの自助力の妨げになるという古典的な政治経済学の考え方を採っていた。そのため、イギリスの救済策の核は公共事業であり、配給を受けようとするならば、受給者は丸一日働かなくてはならなかった。こうした救済策でさえ、恩恵を被るのは飢饉で苦しむ人々の一部でしかないことが多かった。イギリス政府は、飢饉に喘ぐ地域への食糧の輸入を拒むことがあったが、同じ地域から食糧を輸出することは認めていた。

だが、イギリス政府は飢饉を軽減し、予防せんとするための一大計画も実行していた。一八二〇年代以降、イギリスは古くなった灌漑設備を修復したり、新設したりし始めていた。水不足や飢饉の緩和、農業生産の向上が、その目的とされた。こうした計画は、一八五七年以降、農民たちが納めた税や飢饉に苦しむ人々の公共事業における労働にも支えられ、急速に広まっていった。二〇世紀前半には、インドの農地の六分の一が、これらの計画によって灌漑設備を備えるまでに至っていた。一八七六〜七八年の飢饉があって、副王ロバート・ブルワー＝リットンは、一八七九年に飢饉委員会を設立した。この委員会は、飢饉発生時の政策指針を定めた諸法令の内、最初の法律を起草したインド史上初の機関であった。リットンは、飢饉の際の公共事業によって、インドの灌漑設備を拡充するためにダムをいくつも建設した。飢饉を防ぐためには、インドが余剰生産物を生み出すのを助ける灌漑設備の存在が是が非でも必要である、とリットンは考えていた。

イギリス政府も、一八八〇年代から、各州に農業局を設置してインド農業の発展に取り組んでいた。そうした取り組みから、新たな作物品種が生み出されたり、農具が改良されたり、研究を主導する王立農学協会が一九〇五年に創設されたりした。これらの施策は、二〇世紀に入ると多大な成果を残していくことになる。

飢饉に見舞われたり、飢饉にまで至らなくとも厳しい環境の中にあると、農民たちは税の支払いや食料・生活必需品を獲得するために、地域の金融業者に依存せざるをえなくなることがしばしばであった。そして、不作や低収入で借金の返済ができないと、農地を取り上げられてしまうことも多かった。一八〇〇年頃には広く見られた状況であるが、債務労働者の身に転落してしまう農民たちの数も多数に上った。一八〇〇後にイギリスはこうした傾向を抑止しようとするが、隷属的な関係は秘匿されることが多く、成果はほとんど上がらなかった。

◈中国——清朝期の農業

中国の農業は、矛盾に満ちたものであった。中国は世界最大の農業社会であり、私的土地所有や市場も存在し、豊作の年には突出した生産量を誇っていた。しかしながら、中国は繰り返される自然災害に極端なまでに弱い社会でもあった。自然災害とは、特に雨季の雨不足による干ばつや、黄河の運ぶ砂泥の堆積による洪水のことであった。災害時、民衆は政府の援助や救済を必死に求めるが、政府の失政や不正行為があった場合には、大規模な反乱につながってゆく可能性も高かった。

一八世紀の清朝は、農民を救済する穀倉制度を維持するなど、多くの災害や不作に対応していくのに十分な組織と法的責任を保持していた。しかしながら、一八世紀末になると、清朝においても、中国で繰り返されてきた官僚の汚職や増税、備蓄の減少が起きるようになってきた。一七九六年、秘密結社である白蓮教徒が、中国西北部〔より正確には、中国内陸部〕において大規模な農民の支援を得ながら、徴税〔より正確には、弾圧〕に反対して蜂起した。政府は八年をかけて、村々を封鎖するなどの戦法を取り、ようやく反乱を鎮圧した。白蓮教徒は、弱体化した政府に挑みつつ、宗教的ユートピアの確立を求める農民運動を広めてゆく方策を採ったのであった。

一八〇〇年頃の中国には、主要な農業地域が二つあった。自作地の所有と自給農業の色彩の濃い北部と、換金作物の生産と小作地の多い南部であった。いずれの地域においても、農民たちは経済的な沈滞期に頻繁に遭遇し、高利貸しの世話にならなければならないことが多かった。また、中国の農民たちは高まる環境問題にも直面していた。清代初期の政治的安定と経済成長は、人口の増加をもたらし、農民たちはそれまで開発の手が及んでいなかった北部や西部の地域にも進出していった。一八二〇年までに、これらの地域にあった森林のほとんどは伐採されてしまった。こうした行為は浸食や地表の雨水を著しく増加させたが、政府は二〇〇年間、河川管理制度を一度も刷新しなかった。一八三〇年代の終わりから、洪水が頻発し始め、一八五五年に黄河が氾濫し、山東半島の南から北へと数百キロも流れを移動させると、数千の村々が倒壊し、数十万人の農民の命が奪われるなど洪水の被害は増大した。

農民の人口増加は、かれらが保有した農地の細分化をも必然的に招来した。多くの農民たちが換金作物である綿花や（蚕のための）桑の栽培へと転換していった。保有するわずかな土地から生活するのに十分な米が得られない場合は、生活できるだけの金銭を換金作物で稼いでいた。こうした状況から、不作の際に政府の穀倉制度に対する期待はどんどんと高まっていったが、清朝の行政能力は低下し、汚職だけがはびこっていった。国から補充するようにとの指示がありながら、調査すると、穀倉の備蓄がわずかであったり、空っぽであるという事態が繰り返された。中国南部が飢饉に見舞われた一八四八～四九年に、官僚たちが投機のために穀倉の備蓄を隠匿したために、農民反乱が発生し、政府は軍隊を派遣してこれを鎮圧せざるをえなかった。

こうした状況が、中国南部で発生した太平天国の乱（一八五〇～六四年）の背景を成していた。この反乱は、農家の息子である洪秀全《こうしゅうぜん》が科挙に落ちたことで始まった。ヨーロッパ人宣教師の影響で、洪は中国人キリスト教徒の秘密結社を結成し、その平等思想と共感を呼ぶ主張によって数百万人の信徒を獲得した。信徒の中には、黄河の流れが移動した地域から避難してきた農民たちや、政府が救済しきれなかった飢饉の犠牲者たち、当時の市場競争に追い付けなかった貧農や無産労働者たちや、貧しい農民家庭の女性たち、そして清朝の衰退から悪影響を被っていた多くの人々がいた。

太平天国の乱は根本は農民運動であり、思想的には平等、特に大土地所有者からの土地収用と農地の平等分配を約束していた。しかし、かれらが中国南部の広い地域を軍事占拠できたのは、清の制度を部分的に利用したためでもあった。太平天国の官僚たちは、大土地所有者たちが逃亡していれば、農民たちに土地の所有権を与えようとした。だが、大土地所有者が留まっていたところでは、官僚たちは農民に引き続き小作料を支払うように求めた。太平天国では、清朝と変わらぬ重い税と賦役が課されていたことになる。こうした妥協策のすべてが、最終的に農民たちの支持を失わせることにつながっていった。同時期には、別の反乱集団である捻軍が中国中央部で結成され、鎮圧されるまで一〇年以上にもわたって清朝と闘いつづけた。

これら二つの運動は、ともに多くの農民たちを巻き込んでいったものの、いずれも農民たちの生活状況を改善することはできなかった。代わりにこれらは、すでに衰退期に入っていた清朝の統治およびその穀倉などの制度を弱体化させた。ヨーロッパや日本といった帝国主義諸国に軍事的な敗北を喫することで、清朝の体制はさらに弱体化し、国土の大部分は諸外国の支配下に入ってしまっており、正に帝国主義と称されるべき状況にあった。その結果、一八七六～七八年と一八九九～一九〇一年のエルニーニョ現象による二度の飢饉が中国を襲ったとき、清政府はひどく腐敗し、弱体化していたために、一世紀前のように飢饉に対処することはできなかった。二〇世紀を迎えたときの中国は、以前に比べてずっと弱々しく、西洋からも大きく立ち遅れてしまっていたのであった。

◆中　東

中東は、以下の諸点において中国に似ていた。それは、衰退しつつあった帝国の支配を受けていた地域であったこと、圧倒的な農民経済であったこと、さらにはヨーロッパの帝国主義的な進出に晒されていたことであった。中東地域において、最も重要な農業国はエジプトであった。一七～一八世紀、エジプトは太守によって治められるオスマン帝国の一地方だった。またそこは、農民たちを苛烈に搾取し、多くを逃亡に追い込むマムルークの領主たちによって支配される一地方でもあった。だが、エジプトはオスマン帝国にとって重要な食糧生産地であった。フランス革命期においても、豊作の年には、エジプトは小麦の輸出をおこなっていた。

一八一一年に新たに太守となったムハンマド・アリーは、マムルークたちを容赦なく殺害し、西洋化の運動を開始した。ヨーロッパからの輸入品への支払いをおこなうために、かれは強制労働の制度を導入し、農民たちが輸出用の長繊維綿を栽培するようになるのを促した。ムハンマド・アリーの後継者たちは、そうした取り組みを継承した。綿花の生産は飛躍的に増大したものの、エルニーニョ現象が引き起こしたナイル川の氾濫による損害と、それに続いた一八七六～七八年の、政府からの援助がほとんどなかった飢饉に、農民たちは耐え忍んだ。農民たちの収入は政府の課した高額の税金を支払うには低すぎたので、農民たちの多くは、高利貸しに借金を返済しようと思うのであれば、地主たちの綿花農場で働かざるをえなかった。一八七〇年代末に起こったウラービーの反乱の主たる原因の一つに、高利貸しに対する農民たちの不満があった。ウラービーの反乱によってエジプトの支配者たちは駆逐され、エジプトはイギリスの保護国となった。

イギリスの保護国時代には、従前の数十年間がそうであったように、綿花のプランテーション経営がおこなわれた。プランテーションで綿花を栽培することと引き換えに、農民たちは小さな農園を受け取ることができるというエクスバフ制度が導入されていた。パシャと呼ばれた地主は、農園に移らせるために農民に前貸しをすることも時としてあった。しかしながら、最終的に農民は貧しくて借金の返済を果たすことができなくなり、綿花農場でのかれの労働が借金の返済に充てられるようになる。要するに収入的には、かれは何も得られないということであった。エジプトの農民たちのこうした境遇は、南北戦争後のアメリカ南部で分益小作人となっていた黒人たちのそれと類似のものがあった。しかしながら、そうであっても、エジプトの綿花輸出は急速に拡大し、アメリカ合衆国の綿花と肩を並べるほどにまでなった。エジプトの農民たちは、サトウキビなどの作物も栽培していた。

◆一九世紀末のラテンアメリカ――新植民地主義、バナナ共和国、貧困

独立解放後のラテンアメリカの経済は、農業中心のままであり、零細所有者もいるにはいたが、相も変わらずプランテーション群や大土地所有者たちによって支配されたままであった。ラテンアメリカの土地に備わった農業生産性の高さゆえに、伝統的な農産品であるキューバの砂糖やブラジルのコーヒーに加え、新たな産品も生産され、大土地所有者たちは稼ぎ頭でもあり、輸出品を生産する者の中核でもあった。大土地所有者たちは、政治的な意味においても地域を支配していた。鉱業や製造業も発展し始めてはいたものの、大恐慌によってラテンアメリカ諸国においても経済の多様化に向かわざるをえなくなるまでは、それらの産業の重要性は政治的にはまだ低いままであった。

メキシコの農業制度も、他のラテンアメリカ諸国のそれと似通ったものであった。一八二一年にメキシコが独立を勝ち取ってから、メキシコの指導者たちは国家経済の再建に心血を注ぎ始めた。その国家経済とは、私的所有と市民権を重視する一九世紀の自由思想を基礎とするものであった。改革には、カトリック教会や村落の土地を私有化する法律も含まれていたが、政府の弱腰に加えて、教会権力、農民たち、保守派の利益享受者の抵抗もあり、施行には障害が多かった。その後、一八五六～五九年に、農民出身のベニート・フアレスが率いる新たな自由主義政権が、「レフォルマ」期に上記の法律をさらに強化した形で施行した。一八五六年に施行されたレルド法もその一つで、教会に対して所有地のほとんどを売却することを命じ、村落には共有地の私有化か、売却を求めた。この法律は保守派を激怒させ、短期間ながら改革〔レフォルマ〕戦争（一八五八～六〇年）が勃発した。その結果、政府は教会の所有地を国有化ないし売却することができた。

レルド法は、農民たちからエヒードと呼ばれていた伝統的な農村にも適用された。立法者は同法を、メキシコに厳然として存在していた私的所有地にも適用の範囲を広げようとしたが、農民たちは土地所有を示す法的な証明書を持っていないことが多く、逆に地主や投機家がこの法律を利用して多くの農民から農地を取り上げる事態が生じていた。魅力の薄い農地が多い地域では、レルド法の適用を何とか免れた村落もあったが、関心を引く農地の多い地域では大半の農民たちが、裕福なメキシコ人実業家や外国人企業家、特にアメリカ人企業家によって自身の土地から追い出されてしまった。こうした状況は、ポルフィリオ・ディアス将軍が独裁的な大統領職にあった時期（一八七六～一九一一年）に強化された。当初、農民たちは法的手段を用いて強制収用に抵抗していたが、法制度の不公平や腐敗が原因となって、多くの農民たちは反乱に訴える道を選んだ。この反乱は地主たちや政府が武力を行使することで鎮圧していった。

メキシコでは、ほとんどの農民がペオンとなった。ペオンとは、植民地時代の残滓であるアシエンダ（大農園）で、借金の返済のために働かされた者のことであった。アシエンダでは、生活のための農業と、一部は輸出向けもあったが、主にメキシコの国内市場向けの市場生産とを組み合わせた農業をおこなっていた。アシエンダは、農民たちに自給自足のための農地と前貸しの現金を提供することで、労働力を確保していた。しかしながら、そのことによって農民たちはペオンとなり、借金を返済できるまでアシエンダに縛り付けられることとなった。メキシコの北部や中部では、ペオンたちがアシエンダを牛耳ることもあった。かれらを労働者として必要としていたアシエンダに対しペオンたちは、自身の労働と引き換えに、増額された前貸しの借金を要求していた。地主たちからは、ペオンたちは返す気もない前貸しの借金を要求しているとの不満の声もしばしば上がっていた。メキシコ北部では、借金による拘束は、結局、一九世紀の終わりまでには消滅していった。

メキシコ南部では、多くのアシエンダがペオンたちを搾取し、反乱の発生が恒常化していた。ユカタン半島では、農園主たちはヘニケンを栽培していた。ヘニケンとは、リュウゼツランの一種でシサルと呼ばれた長い繊維を含んだ肉厚の葉を持っていた。シサルは、アメリカの家畜農場や産業界から需要の高かった麻ひもを生産するのに用いられた。ディアス政権下において、ヘニケンの生産は三五〇ポンド（五〇〇キログラム強）の梱で四万梱から六〇万梱へと輸出向けが増加していた。大金持ちである農園主たちはレルド法を悪用し、ユカタン半島のマヤの農民たちを土地なしの借金を背負った労働者に転落させた。農民たちは長時間、疲労困憊する環境下で働き、鎖や足かせを付けられることも多かった。ユカタン半島では、生活に必要な作物の生産が減退し、農園主たちは食糧を輸入せねばならなかった。こうした虐待行為が続いたためマヤの人々は、農園主やヨーロッパ系の人々に対する五〇年に及ぶカスタ戦争を引き起こした。

同じような状況は、モレロス州の砂糖プランテーションでも見ることができた。奴隷制を否定する法律がありながら、メキシコ南部のこれらのプランテーションでは七五万人の奴隷が働いていた。チアパス州のコーヒー・プランテーションのような、メキシコ南部にあった大農園では、近接するシエラ山脈のインディオ部族から移動労働者を徴発することはかなり容易なことであった。

他のラテンアメリカ諸国の多くでは、上述の事例と同じく、困窮した土地なし農たちが大土地所有者の農園で輸出向け作物の生産に従事していた。農園主の中にアメリカ合衆国やヨーロッパ出身の投資家の存在を見いだすことも多かった。大土地所有者たちは政治的権力を活用して、ラテンアメリカ諸国を輸出向け作物の生産国に変貌させ、その過程で、外国市場に依存する国家へと変質させていった。そうしてできあがった関係は、しばしば「新植民地主義」と称された。あらゆるケースにおいて、農園主の富は、生産様式こそ近代的であっても、ろくに給与も支払われないにもかかわらず、ほとんどが抑圧的で隷属的な状態に置かれた農民たちの労働によってもたらされたものに他ならなかった。

◆科学と農業の商業化

一九世紀に、一方で農業制度が徐々に、また曖昧な形ながらも、奴隷労働への依存を脱していっていたときに、農学者たちは農業生産の過程を、化学的・生物学的な観点から体系的に把握することに初めて成功していた。農業科学において革新をもたらした人々には、研究者と品種改良家がいた。一八二八年、土壌学者のカール・シュプレンゲルが、植物は特定の化学物質を必要とし、そのいずれかが不足した場合、植物は正常な生長が阻害されることを明らかにした。ユストゥス・フォン・リービヒは、この考え方を（シュプレンゲルに断りもなく）「最少量の法則」と名付けた。リービヒはまた、農業化学の最初の実質的な分析である、かれの古典的な著書『有機化学の農業・生理学への応用』（一八四〇年）をも著している。かれのこの著書は、非常に多くの版を重ねている。かれと同時代の重要人物としては、一九世紀のオーストリアに生きた修道士グレゴール・メンデルがいた。エンドウの遺伝法則に関するかれの研究は、現代の遺伝学につながるものであった。

農業に対して、科学研究の成果を商業的な観点で応用した初期の例としては、窒素肥料が挙げられよう。一八二〇年代、ヨーロッパの農民たちは地味が衰えると作物の生産量が減退することは知っており、そのため生産量を高めるための肥料を探し求めていた。リービヒは、農業化学に関する自著の中で、イギリス科学振興協会から地力が減退することに対して化学的な説明を加えることと、それへの解決策を発見することを委託されたと綴っている。一八〇〇〜〇四年に、ドイツ人博物学者アレクサンデル・フォン・フンボルトは、ペルーの農民たちがチンチャ諸島の沿岸部にあるグアノと呼ばれた乾燥した鳥の糞を用いて、収穫量を増大させていることを発見した。イギリス政府はすぐさまチンチャ諸島の領有権を主張し、イギリス人の企業家たちによって自由労働者と偽って連れて来られた向こう見ずな中国人たちが、実際には奴隷として島でのグアノ掘りに従事させられた。ただし、このグアノに触れたことで、かれらは考えうる限りの呼吸器系、胃腸系、眼科系、皮膚科系の疾病を発症することとなった。自殺をする者、アヘンに走る者も多数に上った。かれらを働かせるのに、監督者たちは鞭を用いていた。そうした強制的な方法によって、一八七〇年代には堆積したグアノはすべて採り尽くされ、最終的には約一三〇〇万トンのグアノが島々から産出された。

合衆国議会は、一八五六年にグアノ諸島法を成立させ、アメリカ人企業家たちはグアノの獲得のために、一九〇〇年までに世界中の九一の島々の領有権を主張した。一八八〇年代にハイチの島々の一つもアメリカ人の占有するところとなり、奴隷に等しい条件で働かされた労働者たちが送り込まれた。数年後、送り込まれた労働者たちは反乱を起こし、監督者を殺害した。一八八七年、かれらはメリーランドで殺人罪を宣告された。新聞がかれらの労働環境を報じると、審理は控訴裁判所に持ち込まれ、判決は覆されることになった。最終的に、上述のグアノは雨風に晒された窒素化合物をろ過することでも得られたので、労働者たちの苦役や苦しみはすべて無に帰したのであった。

土壌の劣化を回避するための肥料の問題は、重大な課題として残りつづけた。イギリス植民地時代のアメリカの社会科学者ヘンリー・カレイは、農村と都会との間でおこなわれている長距離の交易が、土壌の劣化をいっそう悪化させていると指摘し、リービヒもこれに賛同した。こうした考えは、革命家であるカール・マルクスやウラジーミル・レーニンを含め、多くの人々に影響を与えた。マルクスとレーニンは、都市と農村を分離し、都市から出る肥料原料を重視しないで、土壌を消耗させているとして「資本主義的」農業を批判している。しかし二人が、「夜の土」と呼ばれた屎尿をはじめとした肥料が、中国では不可欠であったという事実を知らなかったことは明白であろう。同時に、人糞肥料が、中国の地方経済の発展をあらゆる面で阻害していた寄生虫感染を広める原因であったことも、かれらは知らなかったであろう。

新たな農業品種を開発するべく、品種改良家たちは慎重な観察と科学研究を繰り返した。一八世紀、イギリスの家畜農家ロバート・バックウェルは、それまでの品種より肉が美味な大型の羊と牛の交配に成功した。一九世紀末のアメリカの植物学者ルーサー・ブルバンクは、八〇〇を超える植物の新品種を開発した。一九世紀末の品種改良においてとりわけ重要であったのは、様々な品種を世界中から取り寄せることが新たに可能となったことであった。一六世紀のコロンブスの交換では、遠隔地よりもたらされた植物や動物が、それらとまったく無縁であった地域の主要産物になっていった。ラテンアメリカの肉牛やアイルランドのジャガイモが、それらの実例であった。他方、一九世紀末には、従来の品種を生産する上で生じた深刻な問題を解決するために、品種改良家たちは遠く離れた地域から同種の植物を取り寄せ、異なる品種を作り出していった。

例えば、フランスのブドウ畑が生産量を落としていったとき、ある研究がその原因がブドウネアブラムシと呼ばれた、合衆国からフランスにうかつにも持ち込まれた小さなアブラムシのような昆虫であることを発見した。この虫が原因となって、一八八〇年までに、フランス、スペイン、イタリア、アルジェリアのブドウ畑が甚大な被害を被った。研究によって、あるカリフォルニア産のブドウがブドウネアブラムシに対して抵抗力を持っていることが判った。ヨーロッパ・ブドウの特質とカリフォルニア・ブドウのブドウネアブラムシへの抵抗力を少なくとも兼ね備えた品種を得るためには、ヨーロッパのブドウ栽培家たちはカリフォルニア・ブドウを輸入して、それにヨーロッパの品種を接ぎ木せねばならなかった。これ以降、世界中のブドウ栽培家たちは、カリフォルニア・ブドウを最初の防御線として活用しつつ、ブドウネアブラムシとの闘いを絶え間なく続けてきている。

別のケースとしては、アメリカの大平原の農場がある。これらの農場は、作物に多大な被害を与え、経営を破綻に追い込む極寒や干ばつや胴枯れ病にしばしば悩まされてきた。最もよくある胴枯れ病が黒サビ病で、一八七七年のカンザス州のように、菌類が風によって運ばれてきて、収穫を台無しにしてしまう。その解決法はメノー派の農民たちと米国農務省の農学者マーク・アルフレッド・カールトンによってもたらされた。メノー派の農民たちは、一八八〇年代にロシアから合衆国に移民してきた人々で、トルコ赤小麦を持ち込んできた。また、カールトンは、中央アジアのステップ地方からクバンカ小麦をもたらした。どちらの品種も、アメリカの品種よりもはるかに寒さと乾燥と菌に強いことが証明された。ただし、いずれも「硬い」デュラム小麦で、当時のアメリカの製粉機では製粉することができない、パスタには最上の小麦だった。他方で、合衆国の小麦は、製パン用に栽培された柔らかな春小麦がほとんどだった。カールトンは最初は独力ながら、製粉業者には鋼鉄製のローラー製粉機を開発するようにと、ヨーロッパのパスタ生産者にはアメリカのデュラム小麦を購入するようにと、そしてアメリカの消費者にはパスタを食べてみるようにと勧めてまわった。一九〇四年、黒サビ病の感染によって他の品種が枯れる中、クバンカ小麦は豊作であったため、ロシア由来のデュラム小麦は合衆国の農業にとって不可欠の作物となった。

一九世紀に、貿易がグローバルに拡大し、市場が大規模に広がっていくにつれて、農産物の交易もかなりその姿を変容させていった。歴史上、多くの場合、農民たちは自身の生産物を小規模な問屋（仲買人）に売り、かれらに依存するばかりであった。仲買人たちは、農民の生産物を安く買いたたくことで農民たちの反感を買っていた一方、高い市場価格を設定することで都市民の反感も買っていた。食糧暴動を引き起こす恐れがあるとして、政府は高い価格を設定している仲買人を規制したり、時には逮捕したりした。『諸国民の富』の中でアダム・スミスも書いているように、一八世紀後半の政治経済学者たちは、穀物商人たちが高価格を設定することは、価格を引き下げる競争相手となる他の商人たちを引き付けるため、食糧不足の際に食糧を配給するのには役立つのである、と論じていた。こうした考えを基礎にして、一七九四〜九五年と一七九九〜一八〇一年の飢饉に際してイギリス政府当局は、都市における高価格に抗議していた貧困階層に対して、「ポリティカル・エコノミー」は自由交易に干渉しないのだ、と説き伏せていた。しかし、貧者の擁護者であったウィリアム・コベットは、「モラル・エコノミー」は貧しき者が支払える食料品価格を求めるのである、と応じていた。

自由な市場と貧者の間に横たわった上述のような対立に触発されて、一九世紀初頭には、穀物をはじめとした農産品を加工し、流通させる巨大な企業体が台頭してきた。打ち続いた競争を勝ち抜いた者が、世界の食糧貿易を支配する存在として生き残っていった。かれらは、減少する一方の食料生産者である農民たちと、自身では自分の食料を生産しない都市住民という名の多数者をつなぐ仲介者の核でもあった。そうした企業には二種類の集団があり、互いの領域を侵し合うことのない貿易業者と農産物加工業者がそれであった。

こうした最初のアグリビジネスとも言うべき企業で最も重要であったのは、コンチネンタルやドレフュス、ブンゲやカーギルといった穀物貿易会社であった。上記の企業はすべて、小規模な在地の貿易業者として出発しているが、戦略に長け、ライバル会社を買い取る幸運にも恵まれた経営者が必ずいた。世界の農業経済における次なる展開が、食料品加工の工業化だった。この領域は技術や科学の大転換によってもたらされたり、帝国主義によってもたらされた。綿花や食用油、ココナッツやカカオといった熱帯産の産品、そして畜産品などの世界的な輸出ブームは、すべからく大規模な加工工程を必要とした。海運業と加工業のいずれにも携わっていた企業の中には、巨大化していったものもあった。石鹸の製造会社だったリーヴァー・ブラザーズは、二〇世紀初頭には、アフリカの輸出部門にも進出していった。同社は、帝国主義の最盛期には、油料作物などの農産品のアフリカからの輸出を牛耳り、その後は世界でも三本の指に入る巨大食品企業の一つになっていった。

◆結論――世界農業と一九世紀の歴史

一九世紀の農業は、中世的な痕跡と呼ぶべきものを払拭し、最先端の工業部門に相応しい特徴のすべて、すなわち大量生産、世界市場、大規模で広範囲の貿易、取引と加工におけるいっそうの集中を瞬く間に身に付けていった。しかし農業は、農業特有の二重の従属を保持しつづけたままであった。エルニーニョ現象や地球温暖化のような広範囲にわたる地球規模の現象でもある自然災害は、世紀の後半に広大な地域をいくつも荒廃させ、より狭い範囲の地域においては慢性的な荒廃を生じさせていた。国際市場、国内市場双方での市場の大きな変動が好況と不況を生み出し、その結果、多数の農業従事者や農民たちが破産の憂き目にあい、自身の農地を手放さざるをえなくなり、労務者や債務労働者に身をやつす者も多かった。こうした危機的状況は、農民たちが主導する大規模反乱を生じさせた。ヨーロッパの先進諸国では、農奴解放が実現したにもかかわらず、農民と地主の政治的な権力は低下していった。仮に農民たちが自らが追求してきた政策の実現を勝ち取ったとしても、その勝利は他のより強力な政治集団の利益の反映にすぎず、農業は特殊利益の一つとなっただけであった。

重大な政治・経済的な対立と改革に取り組む舞台は用意された。合衆国でさえ、貧しい農民たちや後進的な農業分野に依存せざるをえないという状況は、産業経済界の利益にもそぐわなかった。農民たち自身は、かつて存在した奴隷制や農奴制と引き換えに手にした新たな従属から解放されたいと願っていた。世論は、飢饉の原因が政治指導者たちにあると非難した。改革は望まれもし、近い将来に断行されると考えられてはいたものの、その方策は期待された形にはならなかった。

一九世紀における農業世界の展開は、世界経済における農業の重要性を示していたとも言える。イギリスをはじめとした国々で、工業発展が瞬く間に価値の点で農業に優るとされるようになったが、最も工業化の進んだ社会であっても農業が基盤を成していたことに変わりはなかった。例えば、イギリスは「世界の工場」と呼ばれた巨大な工業力を誇っていたものの、政治家や産業資本家たちは、イギリスが工業力によって食糧を獲得する必要がある国であったために、自由貿易を伴った経済体制を構築しつづけた。工業は貨物船や軍用艦艇や石炭を生み出し、イギリスの農業が衰退し、食料品のほとんどを輸入に頼っても大丈夫であるような交通網をも創り出した。アレクシ・ド・トクヴィルのような思慮深い観察者たちは、将来、世界を制する勢力は、アメリカ合衆国やロシアや後のブラジルのような、広大な土地を持った勢力で、何よりもまず農業で自活できる国々であろうと推測していた。

さらなる読書のために

第4章で挙げた著作群に加えて、一八〜一九世紀のトピックについては、次の著作も有益である。ヨーロッパに関しては、B. H. Slicher van Bath, *The Agrarian History of Western Europe*（London: Edward Arnold, 1966）; Mark Overton, *Agricultural Revolution in England*（Cambridge: Cambridge University Press, 1996）; J. V. Beckett, *The Agricultural Revolution*（London: Blackwell Publishers, 1990）には、数多くの一次史料が抄録されている。

南北アメリカに関しては、Gilbert Fite, *American Farmers: The New Minority*（Bloomington, IN: Indiana University Press, 1981）; Douglas Hurt, *American Agriculture: A Brief History*（Ames, IA: Iowa State University Press, 2002）; James R. Scobie, *Revolution on the Pampas: A Social History of Argentine Wheat*（Austin, TX: University of Texas Press, 1964）を参照のこと。

南アジアに関しては、以下の著作を参照のこと。ただし、Mike Davis, *Late Victorian Holocausts*（London: Verso, 2001）は、事例の叙述にやや誇張がある。Blaire Kling, *The Blue Mutiny*（Philadelphia, PA: University of Pennsylvania Press, 1966）; Tirthankar Roy, *Economic History of India, 1857-1947*（New Delhi: Oxford University Press, 2000）.

第6章　農業と危機——一九〇〇〜四〇年

二〇世紀に入ると、農業の近代化こそが諸政府や社会の中心的な目標となっていった。農業に対するこの目標は、地方で進行したより大きな歴史的な過程から生み出されたものだった。その歴史的な過程とは、一つが二〇世紀前半の経済・政治的な危機であり、もう一つが二〇世紀後半に起きた経済発展の競争であった。政府の内部にあっても、外部にあっても、あれほど多くの集団が、農業や農民たちの生活を改善しようとする努力を絶やさなかった時代は、歴史上一度もなかったであろう。一方で、あれほど多くの農民が農業を棄て、都市で生活をし、働き始めた時代もまたなかったであろう。以前から存在した二重の従属は軽減され、変容もされたが、現実的には温存されたままであった。

二〇世紀初頭、農業は一連の経済危機と政治危機の主要な課題であった。こうした危機が起点となり、政府や産業界や公的機関が、農業のあり方や農業社会全体までをも改変しようとして大胆な取り組みをおこなうことも多かった。上記の政府や産業界などは、食糧供給の問題や農業経済・農村生活の問題を解決することを目指していた。しかし、多くの場合、かれらの取り組みはそうした実際的な問題を超えて、いくつかの国々で見られたように、生活のあり方自体の改革となったり、農業自体や農業と地方以外に住む人々との関係を革命的に変更するものとなっていった。

本章の最初の部分は、本章と次章をも見据えて、二〇世紀全体において環境が保持してきた意味を叙述する。それ以前の時代に比べて、二〇世紀は環境史がよりよく記録され、理解されてきた。そして、そのことが農民救済の政策にも反映されてきた。本章の後半は、第二次世界大戦に至るまでの二〇世紀における農民の生活の決定的な転換点と、農業の主要な動向を検討する。

◆二〇世紀における環境と農業

一九〇〇年以降の農業は、一九世紀に始まった地球温暖化と闘わねばならなかった。地球温暖化が氷河や極地の万年雪を急速に溶かしていったからである。温暖化による気候上の危機が、農民たちが深刻な災害を引き起こす問題行動に結び付いていることも多かった。北アメリカでは、第一次世界大戦や一九二〇年代における農産物価格の下落に際して、アメリカやカナダの農民たちから、大平原での集約的な耕起と穀物生産を望む声が急速に高まった。ただ、そうすることによって地味は減退し、土壌は乾燥していった。黄塵地帯では、きわめて深刻であった一九三〇年の「大南部干ばつ」に続いて、一九三二〜三四年には干ばつと酷暑が発生している。暴風が乾燥した土を大量の土煙にして数千キロの範囲にまき散らし、農業どころか、時には呼吸までも困難にしたために、数十万の人々が黄塵地帯を後にした。多くの科学的な研究が黄塵地帯の因果関係を分析し、アメリカ政府やカナダ政府はそれらの研究結果を、一九五〇年代に同様の干ばつが発生した際に援用し、災害の被害を軽減して農民たちを救ったのであった。

二〇世紀を通じて、深刻な干ばつは多くの国々を悩ませ、政府が保有する資源や政府の手腕を脅かすものであった。ロシア、ないしソ連は、繰り返し干ばつと飢饉に直面した。政府は救済策を講じ、食糧を輸入しつづけた。中国では、二〇世紀に二〇回の干ばつが発生し、中でも一九二一年、一九二八〜三〇年、一九四一年は不作と飢饉を引き起こし、数百万人の命を奪った苛烈な干ばつであった。インドでも、一九四一～四三年、一九五一年、一九六五～六六年に深刻な干ばつと飢饉が発生している。どこの政府も救済策を講じ、膨大な食糧を輸入した。アフリカのサバンナ地帯とサハラ砂漠に挟まれたサヘル地域は、一九七〇～八〇年代にかけて、長期にわたって干ばつの被害を被っている。干ばつの原因は気候の周期と、換金作物を栽培するために遊牧民たちを北部の草原に追いやってしまったことにあった。先進国の多くは飢饉救済の手を差し伸べ、開発援助をおこなった。

一九三一年や一九五九年の中国のように大洪水に見舞われた地域や、一九四二年のインドや一九七〇年代初めのバングラデシュのようにサイクロンの被害を被った地域は、決して特別な事例ではなく、類似の事例はいくつも挙げることができる。しかし、災害の主要な傾向は温暖化と乾燥であり、いずれも長期にわたる気候の温暖化と人類の行動がもたらした結果に他ならなかった。農業と都市化のために世界の森林の半分が伐採されている森林破壊が原因となって、森林の冷却効果が失われ、農業が地味の低い土地にまで広がっていった。かつて熱帯雨林だった土地は有機物質をほとんど含んでおらず、土壌は急速に劣化する。そういった土壌を回復させるためには、熱心な取組みが数多く必要であるし、十分な肥料と灌漑施設も必要であった。

二〇世紀の農業史と世界史を形作る上で、植物と動物の疫病は大きな役割を果たしながら、その重要性は見落とされてきたとも言える。一九三〇年代初めのソ連の飢饉や一九四二～四三年のベンガルの飢饉のように、サビ病のような菌類病は大凶作の原因となってきた。一九三九～四一年にメキシコで発生したサビ病は、メキシコ当局が合衆国に援助を依頼する要因となった。その結果、多収穫品種（HYV）が開発され、緑の革命がもたらされた。動物の疫病は、従来あまり注目もされずに解決が図られてきたが、史上最も悪名高い動物の疫病である狂牛病（BSE）が長期間、国際社会を非常事態に陥らせたことによって初めて脚光を浴びることとなった。

◆二〇世紀初頭の農業危機

一九〇〇～四〇年、世界中の農業経済と農業社会は、経済危機と社会危機と政治危機が複雑に絡み合った一連の難局を経験した。各国政府はそれに対して、前例のない政策を採ることで対応した。そして、それらの政策の多くは、いまだに有効でもある。ヨーロッパと北アメリカの危機は、特別な意味合いを持っていた。それはアメリカの経済と農業が世界において支配的な役割を果たしていたことと、ヨーロッパ諸国とその植民地が、アメリカを除いた世界の農地の大半を支配していたからであった。

一九一四年までは、多くの西欧諸国、特にイギリスとドイツは、食糧のほとんどを輸入に頼っていた。ヨーロッパは、アメリカ合衆国や、農業国として躍進著しかったカナダやアルゼンチンやオーストラリアから輸入をおこなっていた。加えて、ロシアやインドや東南アジアやメキシコといった比較的貧しくて、後進的な経済の国々や植民地からも輸入をおこなっていた。

政府当局者や専門家は、上記のような依存状態はやって来そうな戦争中に経済封鎖がおこなわれれば、イングランドやドイツの立場を脆弱なものにするであろうと警戒していた。輸出業者たちは、国内交易や物流の複雑なシステムに依存していた。インドの多くの地域はパンジャブ地域で生み出される余剰生産物に頼っていた。合衆国やカナダの諸都市に穀物と食肉を供給していたのは、アメリカの大平原地帯だった。ロシアでは、黒海の港に近いことから、ウクライナがその生産力以上の産品を輸出していた。ヴォルガ川流域の町からは中央ロシアの諸都市に向けて農産物が送られていた。限られた食糧備蓄しか持たず、自然災害に対してきわめて無防備な農民たちが、中国には無数に存在していた。

二〇世紀初頭、農業は一九世紀末の不況から立ち直った。農産物価格は上昇し、交易は拡大基調にあった。当時、アメリカの農民が農産物の販売から得ていた収入は、都市労働者が同等の仕事量で稼いでいた収入とほぼ同じであった、と結論づけた経済学者たちもいた。アメリカ政府が大恐慌時やそれ以降に、農民たちに対して価格支援や補助金を与えることになるのは、上記の「パリティ」と呼ばれた同等性がその基礎にあったためであった。

しかし、好況で近代化も進んでいた工業部門と比べると、ヨーロッパやアメリカの農業部門は二〇世紀に入ると後退基調も進み始めていた。イングランドでは、小作人たちは新たな権利を獲得したものの、土地を所有していた支配層の社会的地位は低下していった。低価格の食料品が輸入されたため、農業に残された利益を上昇させる王道は、都市向けの日常的な農産品を生産することであった。アメリカでは一九〇八年に、セオドア・ルーズベルト大統領が地方の近代化を目指し、カントリーライフ委員会を設立した。大統領は都市の住宅水準や教育水準を農民たちにも広めていこうとしたのである。アメリカ政府はまた、農業を対象にした科学的研究や経済的研究を支援した。

ヨーロッパや植民地の多くに住む農民や農業従事者は、都市経済や世界経済に組み込まれていくばかりであった。フランスの農民の多くは、パンや衣類を（栽培したり、手作りしたりするよりも）購入していた。ドイツの農民たちは、二〇世紀初めに整備された社会福祉制度の恩恵に浴していた。今やアフリカの植民地に暮らす農民たちでさえ、都市やヨーロッパの市場を睨んで、カカオやコーヒーの生産を積極的におこなっていた。ヨーロッパの農民たちが伝統からどんどんと遠ざかっていた一方で、学者たちが民俗的なものの喪失を訴える書籍を出版し、保守的な政治家や著述家が農民を「民族」の本質や核であるとして褒め称えていったことは、皮肉な現象であった。ロシアの経済学者アレクサンドル・チャヤノフの業績に代表されるような「農民研究」や農業経済学の古典が出版されたのも、この時代であった。

◆農業と第一次世界大戦

当時までの歴史上最も大きな戦争であった第一次世界大戦は、農業のあり方にかつてないほどの影響を与えた。主要な参戦国はすべて同水準の軍隊を保持していたので、戦時においては、食糧の供給がきわめて重大な役割を果たしたからであった。

戦時の列強は、そのすべてが食糧危機に見舞われ、食料の配給と生産に関して何らかの国家統制をおこなった。ドイツ政府が食糧の備蓄量の算定を誤った上に、ジャガイモ胴枯れ病が追い打ちをかけ、予期せぬ食糧不足が広がった。ドイツ政府は抵抗する農民たちから徴発を行い、耕作を強要し、減る一方の食糧備蓄の配給をおこなった。それでも、「カブラの冬」と称された一九一六年の冬のドイツでは、通常よりも七五万人も多い民間人の死者を出している。

ドイツの潜水艦によって食糧の輸入が止められていたイギリスでは、一九一六年までに配給制と生産統制が始まっていた。イギリス政府は農民たちに穀物の作付けを命じ、それを拒んだ数百人の農民の農地は没収された。政府は最低価格を設定し、農場で働かせるために捕虜を送った。こうしてイギリスは、最小限の損失で戦時を切り抜けたのであった。フランスでは、成人男性の農民の三分の二が軍隊に動員され、村には女性と子ども、長子か障害を持つ人々しか残っていなかった。そのため、食糧生産は急激に落ち込んだ。ドイツやイングランドと同じく、フランス政府も徴発をおこない、食料の配給を統制的におこなった。また、農業労働力を捕虜や植民地のアルジェリアから得ようと必死の努力を試みたが、フランス政府のその努力は限られた成果しか生まなかった。

食糧を海外から獲得しようとすることにおいては、敵味方はなかった。ドイツとオーストリアは、一九一七年一一月にボリシェビキ革命が起きると、ウクライナを占領し、農民たちから食糧を徴発できる機会を得るという僥倖に恵まれた。ただし、かれらが望んだほどの食糧は必ずしも得られなかった。イギリス、フランス、イタリアは、一九一六年、穀物や食肉をはじめとした産品を「エグゼクティブ」と呼ばれた行政府の権限で、海外市場で共同購入する政策を開始した。連合国間で形成されたこの食糧評議会は、主要な供給国であるアメリカと連携しながら、輸入された物資を連合国内で分配していった。この方式は勝利に大きく貢献した。

イギリスはまた、一八八二年に占領したエジプトからも食糧を得ていた。一九一四年、オスマン帝国がイギリスに対して宣戦を布告すると、イギリスはエジプトを保護国化し、一九一五～一六年には数百万ブッシェル〔数千万～数億リットル〕の穀物を輸出させた。こうした輸出は、エジプト人農民の備蓄を枯渇させることにつながった。一九一八年にはイギリスが、食用油の原料であり、家畜の飼料でもあるエジプト産の綿花をすべて買い上げ、農民たちからはさらに食糧を徴発するに至った。イギリスはまた五〇万人の農民を人夫として強制的に徴用した。強制徴用の過程で、数百人の警官と農民が殺害されている。こうした虐待行為や虐殺に触発されて、民族運動や反乱が一九一九年に発生した。農民たちは鉄道を寸断し、大農園から食料や家畜を奪い、カイロへの食糧供給ルートを絶った。この反乱は、イギリス軍が武器も持たない反乱者たちを鎮圧することでようやく収まった。

第一次世界大戦によって高まった需要は、カナダとアメリカの農民たちを潤すことになったが、アメリカの農民たちは国内である危機に直面していた。一九一六～一七年は、穀物エグゼクティブ〔イギリス、フランス、イタリア〕がアメリカからの輸出物を通常の二倍購入していたにもかかわらず、合衆国の小麦の収穫量は三分の二に落ち込んだ。合衆国の穀物価格は三倍に跳ね上がり、アメリカ議会では抗議の声が上がり、穀物輸出の禁止を求める提案がなされた。穀物商社と農民が結託して生産量を抑え、価格を釣り上げているとウッドロー・ウィルソン大統領をはじめとしてアメリカ人は疑っていたが（収穫量は実際に干ばつや植物の病気といった自然の要因によって減少していた）、かれらは政府が市場に介入することにも反対していた。

その後、一九一七年二月にアメリカで食料暴動が起きると、イギリスでは農民に対して価格支援策が導入された。農産物の生産量を増大させ、価格を下げるためには、価格支援はアメリカでも有効であると進歩的な指導者たちは唱道した。アメリカ議会は大幅価格管理法案を上程したが、農民たちは懐疑的であり、農民利益代表団は法案に反対した。ウィルソン大統領には連合国から、アメリカからの供給がなければ飢饉に直面するとの情報が届いていた。ウィルソンは、鉱山技師ながら食料支援に携わっていたハーバート・フーヴァーを食糧庁長官に任命し、議会も一九一七年、小麦の価格を最低限に抑える食糧管理法を成立させた。農民たちは高値を期待して数百万エーカーの土地を耕作し、一九一七年に出たフォードソンの新型トラクターを購入していた者も多かった。一九一七年秋、フーヴァーは食品に価格統制を課すこととした。かれは、第一次世界大戦期において世界の食糧貿易を支配する役割を担うようになっていった。

穀物商社は、政府の政策の如何にかかわらず収益をあげていた。アメリカの企業カーギル社も穀物取引きで莫大な利益を上げたため、戦時に不当に利益を得た者として糾弾された。それでもアメリカとヨーロッパは、食糧の生産および流通に対して政府がさらなる介入をおこなうことによって、一九一八年までには、戦時の食糧と農業の緊急事態への対応策として信頼できる諸方策を生み出していった。

◈一九二〇年代の復興の失敗と一九三〇年代の大恐慌

第一次世界大戦後、飢えたヨーロッパを食べさせていくのに必要な食糧備蓄を保持していた国の第一はアメリカであった。アメリカは、ドイツの新指導者たちが一九一九年に過酷なヴェルサイユ条約を受け入れるまでは、ドイツへの支援を留保することで、食糧を武器として活用しつづけた。一九一八年から二〇年の期間、アメリカからヨーロッパへの輸出において、アメリカ産の農産品価格は高止まりをつづけた。しかしながら、ヨーロッパが戦災から立ち直り、国内生産も回復し始めると、農産品価格は、一九二〇年六月～一九二一年にかけて五〇％以上も下落し、その後一〇年間は低価格のままであった。一九二〇年代は、アメリカやヨーロッパをはじめとして世界中のほとんどの国々において、農民たちは慢性的な生産過剰と変わらぬ低価格に直面していた。こうした状況を改善する方策が、農民や農政族の政治家や農業の専門家たちから提案されたにもかかわらず、時代遅れの経済理論に従っていた諸政府は、政府の介入に対する農民たちの不安自体も時にあって、一九三〇年代の危機に至るまで経済への介入を拒みつづけていくことになる。

合衆国では、農業従事者から行政官になったジョージ・ピークが、以下のような計画を提起した。すなわち、政府は農産物をパリティ価格で購入し、関税によって価格を保護し、余剰農産物は外国に投げ売りするといった計画だった。農業州選出の議員たちは農民利益代表団を作り、上記の計画の実現や、一九二四～二八年のマクナリー＝ホーゲン法案〔政府が余剰生産物買占め機関を設立し、海外へダンピング輸出をおこない、国内の農産物価格の維持を図ろうとした法案〕に示されたその他の改革の実現に努めた。しかし、飽和状態になっている市場においてさらに生産物を増やし、無能な農民たちを商売に関わらせることを保守派が嫌い、何一つとして実現しなかった。農民たち自身は協同組合を作って、低価格から身を守ろうとしたが、サンキストを作ったカリフォルニアのオレンジ栽培農家やオーシャン・スプレーを作ったニューイングランドのクランベリー栽培農家のような、特化した作物を栽培する農家の小さな集団しか成功しなかった。穀物農家は数的にははるかに多かったが、協同組合から距離を置く傾向もより強かった。

アメリカ南部では、日に一四セントしか稼げない貧しい小作人がいる一方で、大土地所有者たちは、かれらはかつての農園主の子孫であることが多かったが、綿花の国際的な需要もあって潤っていた。だが南部は、ワタミハナゾウムシが多くの綿花畑を枯らしてしまうというような深刻な環境・経済問題にも直面していた。こうした経済的な状況や南部における人種差別的な暴力に対し、州政府や連邦政府が何ら対策を施さないので、ほとんどがアフリカ系アメリカ人であった小作人たちは、工場での仕事を求めて北部の諸都市に大挙して移住をし始めた。

大平原では、農家が急激に機械化を進めていた。南東部のモンタナ州にあるトム・キャンベルの九万エーカーの農場では、ほぼ機械化された中で穀物を栽培しており、人は季節労働者を数人雇っていただけだった。キャンベルの農場は、近代的で工業化された農業の先進事例だった。当時の農務長官はスピーチで、すべての農場は工場になるべきであり、機械化を進め、工場に倣った生産方法をする農場は今後ますます増えていくであろう、と述べていた。西部、特にカリフォルニア州では、好況だった果物や野菜栽培において農家は、メキシコからの移民労働者に依存していた。カリフォルニアでの果物栽培と野菜栽培の場合、政府が目指したのは、農産物価格の下落に苦しむ農民の救済というよりも、農家の合理化を進め、生産性を高めることであった。

一九一七〜二〇年にかけてのカナダでは、一九一九年にカナダ小麦局と改称された機関の下で、市場に対する政府の統制が強められていった。だが、一九二〇年に同機関は政府によって廃止され、市場取引が復活している。ただし、農産物価格は壊滅的な状態だった。農民たちは抗議し、穀物の私的な取引の廃止を要望した。また、ウィニペグ穀物取引所における先物取引の制度を非難した。この制度は、シカゴ商品取引所でのそれと同じく、商人たちが生産に先立って農産品を売買するものだった。ただし、カナダの農民たちはプールの考え方を提案した。つまり、農民たちは自身の作物を一つしかない巨大なファンドに売却し、作物が販売されてから純利益の配当を受け取る仕組みで、農民が互いに競合し、価格を引き下げる事態を回避するものであった。一九二〇年代にこの小麦プール制度を介していたのは、カナダ産小麦の半分にすぎなかった上、大恐慌時にこの制度は崩壊してしまった。

イギリスでは、第一次世界大戦後、多くの農民が穀物畑を牧草地に戻していった。一九二〇年の農業法は、農業労働者に対しても価格支援や最低賃金制を拡大したが、農民たちの反対もあって、政府は一九二一年にそれらを取り消した。その直後、どこもがそうであったようにイギリスでも農産物価格は暴落した。小麦は一九二〇年に一ハンドレッドウェイトが八〇シリングだったのが、一九二二年には四七シリングに下落し、他の農産物もほとんどが似たような下落を示した。フランスの農民たちは、第一次世界大戦後、知的にも向上し、政治にも関心を示すようになっていった。しかし、農民人口は戦前の五〇〇〇万人超から、一九二九年には四〇〇〇万人に減少してしまっていた。大戦によって多くの命が奪われたことと、都市への流出がその原因であった。都市の農産物に対する需要は農業生産量を上回っており、フランスは必要な食糧の四分の一を輸入に頼らねばならなかった。フランスの農民の多くは戦争で荒らされた農地を復旧しなければならないと考えたが、近代的な諸技術を導入するのに十分な資本や奨励金を持たなかった。この時期、フランス政府が提供した支援策は無きに等しかったのである。

国際連盟の主導の下に、一九二七年五月、世界経済会議が開催され、農業の慢性的な危機に対する関心が呼び起こされた。会議の報告書によれば、農業が抱える悲哀は、農産物価格の安さと工業製品価格の高さの不均衡に起因するものである、と理解された。他にも、危機の原因を庭先価格の下落に求める意見や、収穫を終えた農家が春に借りた借金を返済できずに、農地を手放す事例が多いことを原因とした意見もあった。こうした問題を解決する方策を、従来の経済学は持たなかった。したがって、最大級の危機にでも直面しない限り、指導者たちがこれまでとは異なる手法を試みることはなかったであろう。

◈大恐慌

その最大級の危機こそが、一九二九年に始まった大恐慌であった。大恐慌の原因はいくつも考えられるが、決定的であったと思われるのが一九二〇年代の農業危機だった。一九二〇年代に、提起された農民支援策の一部でも仮に実施に移されていたならば、状況はまったく異なったものになっていたと思われる。当局や経済学者の多くは、戦時には致し方のない介入は拒否し、決して来ることのない「正常時」に戻ることを期待していた。大恐慌の引き金はアメリカ証券取引所での暴落と銀行の倒産であったが、世界経済に関わる人口の約三分の二が働く農業部門の経済のあり方は、経済の深刻な落ち込みを白日の下に晒さずにはおかなかった。一九二九年までは、一次産品を生産する国々は、それ以前にもまして膨大な余剰生産物を抱え、低価格に悩まされていた。大恐慌が頂点に達していた一九二九〜三三年には、不作にもかかわらず、すべての生産物が世界市場に流れ込んだため、農産品価格は下落した。

商社は必死になって余剰生産物を販売しようとしたが、政府は労働者や失業者への食料供給や低価格を維持するためもあって、農家の借金を緩和したり、棄農を押し止めることの方に心を砕いていた。一九三三年八月、国際連盟は遅ればせながら国際小麦会議を招集した。この会議において、輸出国は輸出制限に同意したはずであったが、生産量を増やし、それらの販売が可能であると考えた国の中には、この合意を破る者も現れた。

こうした難局に直面して諸政府は、見通せる範囲内で農業が果たすべき役割を確定する必要に迫られた。多くの国々で、国外からの投資が減少したために、経済的には自活を図る必要が生じていた。かつては農業国であった国々においても、農業生産を減らして、工業の比重を拡大する政策がおこなわれるようになった。その結果、大恐慌後には、農業への依存を減らし、よりバランスの取れた経済を持つ国が多くなった。

大恐慌を理解するにあたって、アメリカの経験は、同国が世界経済を支配する地位にあったことから、重んじられるべきであろう。一九二〇年代を通じて低く、不安定であった農産物価格は、一九二九年以降も一貫して下落していった。アメリカがヨーロッパ経済を支える役割を果たしていたために、アメリカの農産物価格の低下は、全ヨーロッパ、ひいては全世界の農産物価格の下落につながった。アメリカとヨーロッパの影響は、多くの国々で、その土地その土地で以前から存在していた諸要因を強化することにつながっていった。

フーヴァー大統領は、市場は一時的な「不況」から脱することは可能であろうとして、戦時の市場介入を再度おこなうことに否定的だった。しかし、かれがおこなったわずかばかりの方策は、何の役にも立たなかった。かれが設立した連邦農業局は、八〇〇万トンの余剰穀物を買い入れたが、価格は下落を続けた。しかも、フーヴァー政権はこうした備蓄を、一九三〇年の南部大干ばつに際しても、飢えた南部の小作人たちに分け与えることをしなかった。たとえ小作人たちが非常に貧しくて農産物を購入することがほとんどできなかったとしても、救済策はかれらを「堕落」させ、市場を委縮させるものである、というのが政権の主張であった。政権が不適切とした救済は、赤十字によって施された。一九三一年のモンタナ州での干ばつの後に、フーヴァーがおこなった財政上の救済策は、貧しい農民のほんの一部に届いただけであった。経済学者や企業家の助言に反して、フーヴァーは何千もの輸入品に関税をかけた。この決定はすぐさまアメリカの輸出品への報復関税を呼び、貿易のさらなる縮小、特に農産物貿易の縮小を招いた。

一方で、中西部や大平原諸州の農民たちは、農産品価格の急落や未払いの借金の返済、差押えといった問題を抱えていた。一九三二年五月、長く農業活動家として活動していたミロ・レノは、国内市場をボイコットしている農民たちを組織し、政府に農産物価格の保護を求めていくために、農民休日協会を設立した。八月にはアイオワ州とウィスコンシン州で農民休日が始められたが、銀行が襲われ、道路や鉄道は封鎖され、警官隊との衝突によって双方に死者が出る状況となった。また、協会の会員たちが差押えのオークション会場に乗り込み、数セントで入札をし、その入札を受け入れるようにと銀行家を脅したりした。そうしてかれらは数セントで買い戻した農家を、所有者であった農民に返したのであった。協会員たちは農民たちと債権者たちを引き合わせ、差押えをしないで借金を解決できるようにと立ち回った。しかしながら、このような事例は決してよくある事例などではなく、差押えによって自らの農地を失った農民の数は数十万に及んだのであった。

◈ルーズベルトの農業政策

経済危機に対するフーヴァーの煮え切らない対応は、かれへの不満を高めていき、ひいては民主党のフランクリン・D・ルーズベルトの大統領選出を用意するものとなっていった。ルーズベルトの農業改革は、ニューディール政策の根幹を成すものであった。ルーズベルトはハイドパークという田舎にあったルーズベルト家の農場で育った経験から、個人的には農業や田舎暮らしに知悉していた。ルーズベルトの補佐役には、農務長官のヘンリー・A・ウォレスもいた。かれは傑出した農学者であり、農業事情に関する多くの論文を掲載してきた農業新聞の編集者でもあった。

ルーズベルト政権の農業政策は、一九二〇年代に、あるいはそれ以前から提起されていた諸提案に基づくものだった。信用貸しの改革と耕地制限、そして価格支援が、最も注力した部門であった。農業信用協会が、破産した農民の抵当権を銀行から買い入れ、農民には借り換えを勧めた。農業調整法は、穀物（トウモロコシ・小麦・米）や工業用農作物（綿花・タバコ）や畜産物（食用豚・牛乳）といった主要農産物の生産者に対して、生産削減に応じれば補償金を提供するとした。この政策が導入された当初は、農民たちが大量の農産物や畜産物を廃棄しなければならず、飢饉が広がっている時代にあっては一大スキャンダルにもなった。農産物信用公社は、パリティ価格に近い価格で評価した収穫物を担保にして、貸付金を農民に前貸しした。もしも農産物の価格が設定した評価を上回れば、農民たちは収穫物を売却し、貸付金を返済できた。他方、価格が低いままであれば、農民たちは収穫物を農産物信用公社に委ね、国外に売却するなり、その他の目的に使用するなりして、貸付金の給付を継続することができた。協同販売を求めることも、新政権の政策に含まれていた。牛乳や果物や野菜の販売に関しては、いまだにこの協同販売に依っていることも多い。地方の電化や土壌改良事業、また様々な救済策も、ルーズベルト政権によって進められた。

上記の諸政策は、アメリカ農業において初の大規模な農家向け補助金であり、以後数十年にわたり農政の基礎となるものであった。これらの改革は、まず何よりもアメリカの農民、専門家、評論家の発案によるものであったが、海外のモデルを参考にした部分もあった。ウォレスは農産物信用公社を、価格維持と食糧供給制度の一部を成すものとして理解していたが、その発想の基礎には古代中国の「常平倉」がモデルとしてあった。政府の役割の増大は、ソ連やファシスト国家の諸政策を反映するものでもあった。アメリカをはじめとした民主主義国家は、大恐慌という災いをもたらすかもしれない政治を続けることを避け、民主的な政策に別種の経済政策の要素をある程度までは加えていった。アメリカの農業政策は悪習や汚職の温床ともなり、資力のある政府に出費を強要するものでもあった。それゆえ、第二次世界大戦後には結局、これらの政策を撤廃しようする勢力が台頭することにつながっていく。ルーズベルト政権が新たな農業政策を実行したことで、アフリカ系アメリカ人の農民たちに対する偏見、および大多数の農民に対する偏見を助長する結果を招いた。このことは、最終的には、法的および政治的な問題になっていった。

◈イギリス・フランスと新興農業輸出国

大恐慌はイギリスをも襲ったが、その程度はいくぶん軽度ではあった。価格は下落したものの、農民たちの借金は限定的であったし、農家の破産も緩やかな増加に留まった。農産物価格の下落に関して言えば、一九三一年にイギリス議会は、販売管理組織の設立を農民に認める農業協同組合法を成立させた。一九三二年、主要な農産物である牛乳の価格が、一九二二年のそれの四分の一に下落した。その結果、一〇万人の酪農家たちが英国全酪協会の設立を決議した。その後、同様の協会がジャガイモ、子豚、豚肉についても組織された。政府は輸入品に関税をかけ（一部は、アメリカの関税政策への対応であったが）、価格支援のための補助金も支給した。

一九三二〜三三年のフランスでは、小麦とブドウの収穫量が史上最大を記録したために、価格の下落を招くこととなった。フランス政府は外国貿易を制限し、価格を固定化し、防衛費を上回る数十億フランを農業補助金や農民救済策に投入した。それでも、一九三四年には、農産品価格は一九二〇年代の高いときの四分の一にまで下落した。農民たちは、フランスには農民のことを気遣ってくれる人間は誰一人としていないと感じた。こうした危機的な状況において、アンリ・ドルジェルという偽名を使っていたフランス人ジャーナリストが、アメリカでのミロ・レノのように、政治運動を開始した。かれはボイコットの手法を用い、農家の差押えを妨害し、税の支払いの拒否を説いて回った。若い農民たちを組織して準軍事組織「緑シャツ隊」を結成し、ナショナリズムとユダヤ人排斥思想を煽ったのもかれであった。ドルジェルの運動とフランスの農業危機は、農産物価格が上昇し、大半の農民が民主主義を選び取ったために、一九三六年には下火になっていった。

カナダの農民たちは、農産物価格の暴落、死者が出るほどの尋常でない熱波、周期的に訪れる砂塵嵐、バッタの大群の襲来、数百万匹のホリネズミ、小麦の生育を阻害するサビ病などを経験していた。作物の生産量は少なくとも三分の一は減少し、二五万人の農民が職を求めて町に移っていった。州政府は、一九三一年から農民への救済策を実施した。一九三五年には、カナダ政府が農業の復興を目指して草原農業復興庁を設立し、最も乾燥した地域を草地に変えようとした。余剰穀物を購入し、価格に影響力を発揮させるためにカナダ小麦局も創設された。

一九〇〇年までにはオーストラリアは、小麦や食肉や乳製品の主要な輸出国の一員へと成長を遂げていた。第一次世界大戦中、中央政府と州政府がともに小麦を蓄え、膨大な収穫物を扱うためにオーストラリア小麦局を設置した。しかし、費用がかかりすぎるとして、一九二一年にはこの制度は廃止されてしまった。オーストラリア政府は、反抗的な除隊兵たちを社会に復帰させようと考え、農民としてオーストラリア西部に送り込んでいった。莫大な資金が投じられたものの、現地の乾燥した気候が災いし、数千人の新米農民たちは借金を抱えることとなり、農地を後にした。大恐慌時には、さらに多くの農民たちが借金まみれの農場を後にして町に移り、自己破産を宣言した。州政府が金融支援をおこない、借金の支払いを猶予し、それによって救われた農民もいた。中央政府が農業支援をおこなったのは、第二次世界大戦が始まってからであった。政府はオーストラリア小麦局を、「シングル・デスク」と呼ばれた穀物輸出を独占的に管轄する機関として再度設置した。農民たちには最低価格が保証されたこの制度は、暫定的なものであったはずだが、六〇年間も存続した。

主要な民主的農業国でまだ言及していないのは、アルゼンチンである。アルゼンチンは、一九〇〇〜一三年の間に耕地を三倍に拡大し、世界有数の穀物輸出国となっていた。しかし、アルゼンチンの農民たちは小作人で、たいていは移民であり、収入が少なく土地も買えず、ブラセーロと呼ばれた土地なし農を雇いながら、短期契約の小作地で働いていた。豊作であれば、かれらも稼ぎを上げることができた。しかしながら、一九一二年は豊作の翌年で農産品価格が暴落し、農民たちは小作料が支払えず、地主の中にはかれらを追い出し始める者もいた。その後、大規模なストライキが発生し、一〇年にわたる小作農と地主と土地なし農の争議が始まった。イポーリト・イリゴージェン大統領のような地主層によって支配されていた中央政府は、ストライキを制圧することに躍起で、移民であった小作人たちを国外追放に処することもあった。ストライキは、一九二〇年代に農産物価格が持ち直してようやく収まっていった。

一九二〇年代後半に、アルゼンチン政府が農民に対しておこなった救済策は限られたものであり、主に教育面での援助か、一万五〇〇〇台のトラクターと二万五〇〇〇台のコンバインを輸入したことに留まった。一九二九年の破綻は、豊作とも相まって、農産物価格の暴落を招来した。農民たちはトラクターを馬に戻し、一九三三年までは収穫物を焼却したり、畑で腐るに任せたりしていた。一九三三年に政府は、農民たちの要求に見合う価格で余剰生産物を購入する機関を設立し、さらなる増産は求めなかった。ワイン局は回収した在庫を破棄し、穀物局は余剰生産物を輸出に回した。

民主的な大国では、科学や技術や経済の力によって、農民たちが大きな余剰を生み出すことが可能となっていた。しかし、互いにほとんど変わらぬ作物を大量に生産しているということは、大規模な環境災害や経済的な落ち込みが発生した場合、甚大な影響がどこの国にも同じように及ぶことを意味していた。政府や農民や観察者たちは、一九二〇年代の余剰生産物が生産されつづけ、低価格が続くのは一時的な異常な状態であり、正常な状態に戻っていくであろうと考えていた。待ち受けているのが大恐慌のような状況である、と予測していた人間はほとんどいなかった。実際、一九三〇年代に農業大国はことごとく、農民救済のための支援策をおこなったが、それらは以前政府が実施していた農業政策を上回る規模のものであった。それでも、すべての農民を救える方策はありえず、合衆国のアフリカ系アメリカ人農民のように、田舎を棄てて、都市で仕事を探さざるをえなかった農民たちの数は数百万人にも膨れ上がった。

◆農業とファシスト国家

非民主的な諸制度を持ってはいたが、ファシスト国家も農民救済策を実施していた。こうした体制の国々では、農業はナショナル・アイデンティティの中核を成すものと見なされていた。また、それぞれの政権は、食糧供給を円滑にし、国家を恐慌から救うと公約して権力の座に着いていた。

◆ファシスト国家イタリア

二〇世紀初めのイタリアには、大農業地域が二つ存在した。北部地域には近代的な大農場があり、そこでは大学や公開講座によって科学的知識が広められ、土地改良がおこなわれ、灌漑施設が整備されていた。地主たちは長期の契約で小作人たちを雇用し、小規模経営の分益小作人たちは、地方人口の半数以上を占めていた農業労働者たちを雇うことが多かった。生産性は高く、さらに向上しつつあったが、イタリアはまだ小麦の輸入国であり、毎年一〇〇トンの小麦を輸入していた。メッツォジョルノ〔南の意〕と称される南部では、いまだにラティフンディアと呼ばれた大農場が存在し、不在地主が所有する大農場では貧しい小作人や小農、農業労働者たちが働いていた。地主層が地方レベルから中央政府まで全権を掌握していたのに対して、農民や農業労働者のほとんどは投票権さえ持っていなかった。イタリア議会が地方の困窮を和らげようと施策を試みることもあったが、農業政策によって利益を得たのは地主ばかりであった。政府に見放された地方の農業労働者たちは、賃金と土地をめぐってストライキに打って出た。イタリア北部では、一九〇〇～一四年の間に、農業労働者の大きな組合が三〇〇〇回ものストライキを決行し、賃金の引き上げを勝ち取っている。しかし、地方の所得は、都市部に比べるとはるかに低いままであった。

第一次世界大戦中、イタリア政府は軍事的な要請を充たすために工業生産に注力した。一九一七年には食糧不足に陥り、配給制が始められた。イタリアは戦争で、ほとんどが地方出身者であったが、二五〇万人の男手を失い、フランス同様、女性と子どもが農家の働き手とならざるをえなかった。農民たちが兵役や徴発や価格統制に耐えてきたことに鑑み、アントニオ・サランドラ首相は「農民への土地分与」を約束した。農産物価格の高値で、農地を購入した農民もいたが、暴動の危険性を下げるために地片を売却した地主もいた。これらによって、第一次世界大戦中に、一〇〇万戸の農家が約八〇万ヘクタールの土地を取得しているが、小農の数が増加したということであった。ただ、戦争によって不当に利益を得た者や山師たちも広大な所有地を獲得し、新たな地主階級を形成していった。

第一次世界大戦後、イタリアは重大な危機的状況に陥った。工業の破綻と失業、労働争議、食料品価格の高騰、そして一九一九年には食料暴動が頻発した。一九一九〜二〇年には、一五〇万人以上の労働者と小作人たちがストライキを決行し、土地は農民同盟と協同組合が管理する形ではあったが、大きな譲歩を引き出すことに成功した。南部のラティフンディアの中には解消したものもあった。北部では、労働者たちが賃金の引き上げを要求する一方で、小作人たちは高すぎる小作料に反発していた。また、販売協同組合による協同耕作が、一〇万ヘクタールの農地で始められようとしていた。政府が農民や労働者を支援するにつれて、地主たちは脅威を感じていった。

こうした複雑な状況の中、ムッソリーニとかれが結成したファシスタ党が権力を掌握した。当初、ファシストたちは、土地不動産を農民に分割するなどの社会主義的な政策を主張していた。だが一九一九〜二〇年、左翼への期待が後退していくにつれて、ムッソリーニは実業家や兵士たちからの支持を獲得するために、ファシズムを過激な保守運動へと修正していった。今や地方においては、ファシストたちは私的財産を擁護する側に回っていた。一九二二年の「ローマ進軍」で権力を奪取したムッソリーニは、法律を撤回し、ラティフンディアの分割や土地の取戻しの制限、協同組合設立といった諸提案を取り下げた。しかしかれは、民族の核は農民であると説き、「イタリアを農村化する」と主張することによって農民たちに訴えかけることも忘れなかった。農民や小作人たちの多くは、土地収用や労働組合のような社会主義的な政策に脅威を感じていたために、ファシストたちを支持するようになっていった。ファシストたちは、地主たちの財政支援を受け、地方に存在した協同組合や労働組合を「討伐する遠征」をおこなった。これによって、協同組合と労働組合は組合員を失い、地方でのストライキは一九二三年を最後に途絶えてしまった。

イタリアが不作に見舞われ、二〇〇万トンの小麦を輸入するということがあった後の一九二四年、ムッソリーニは再度、農業政策を修正した。上記の農業関連の緊急事態は、マッテオッティの危機と同時期に起こっている。この時期は、ムッソリーニの政敵で指導的な国会議員であったマッテオッティがファシスタ党の悪辣な行為を暴いたところ、その直後に遺体で発見されるという事件が起きていたときであった。経済的な理由とこうした危機から耳目を逸らしたいとの思いから、ムッソリーニは「小麦闘争」を宣言した。この政策によって、輸入関税が課され、投資や輸送に対して補助金が支給され、自給を促すプロパガンダが広められた。農民たちは、政府が運営する「小麦共同基金」によって支払われる高値の助成価格に触発されて、あらゆるところで小麦を栽培し始めるようになっていった。

これらの政策によって生産量は五〇％増加し、イタリアはほとんど毎年、ほぼ自給自足可能な国となった。小麦生産の推奨活動は、大土地所有者とトラクターなどの機械を製造していた工業部門を利することとなった。だが、一般の都市生活者や労働者は、小麦生産者を保護するための関税が導入されたこともあって、より高い値段でパンやパスタを購入するしかなかった。推奨活動によって、小麦以外の作物や牧畜からの農地の転用も進んでいった。一九三〇年代のイタリアは、一九〇八年に比べても少ない頭数の乳牛しか飼養しておらず、オリーブ油も輸入し、果物や野菜の輸出は減少していた。もしイタリアがこれらの生産に力を注いでいたならば、穀物輸入を減らして節約した金額以上の対価を得ていたであろう。世界の穀物価格は、それほどに安かったのであった。

◆ナチス・ドイツ

一九〇〇年において、ドイツ帝国の人口の四分の一は農業に従事していた。東部ドイツでは、プロイセンの数千人のユンカーたちが、土地のほぼ半分を所有し、農業労働者を雇って、大農場を経営していた。ただし、ドイツはそれでも穀物の大口輸入国でありつづけた。他方、ドイツの西部や南部では、小土地所有者が一般的で、牧畜が主流であった。この二つの主要農業集団は、利害が一致することはなかった。ユンカーたちが求めた関税は、小土地所有者たちが必要とした安価な飼料の輸入に抵触するものであった。また、ドイツの工業発展は農業関係者から、かつてかれらが保持していた政治的権力を奪っていくこととなった。

第一次世界大戦中のドイツでは、食糧不足と非戦闘員の死亡が都市と地方の激しい対立を引き起こした。農民たちは、都市に食物を供給するために身を削ってきたと主張し、固定価格や徴発を逃れて闇市に物資を流したが、そのことが都市民をさらに疎んじることにつながっていった。その結果、一九一八年一一月のドイツ帝国の崩壊以降、一九一八〜一九年に発生した労働者たちの反乱に対して、ほとんどの農民の反応は冷淡であった。ワイマール期の農民たちが必要としたのは農地ではなく、肥料や農業機械や住み心地の良い住居だった。一九二〇年代は、金融危機があって、農民たちは借金を背負うことになり、新しい技術や農法を取り入れることは難しくなった。一九二八年には、希望を失った農民の多くが、北部ドイツで始まった暴力的で、反ユダヤ主義的な反対運動である農民（ラントフォルク）運動に参加していった。一九二九年には、ユンカーたちが農民たちと結んで、緑の前線を結成しようとしたが、多くがオストヒルフェを受領していた地主たちに対する農民の怒りは収まっていなかった。オストヒルフェとは債務免除のための国からの補助金で、一般の農民たちは受け取っていなかったからである。

一九二〇年代後半になると、ナチ党が農民の支持を獲得するようになった。かれらは農民の利益を訴え、農民こそが民族の礎であり、将来の「支配民族」の要であると称賛した。ただ、ナチ党は大土地所有者層であるユンカーに訴えることも欠かさなかった。一九三二年の七月と一一月の選挙において、農民層と地主層の大多数はナチ党を支持し、ヒトラーが権力の座に着く道を開いていった。

ナチ党員たちは、ドイツの社会と経済を協同組合方式で管理しようとした。つまり、政府は関連する集団の成員のすべてに、国家が運営する組織に加わるように要請し、その組織が人々の仕事や労務関係を取り仕切ることとした。一九三三年九月、ナチ党は農業生産、食品加工、流通、販売を一括した全国食糧団を設立した。食料品の生産と流通に関連した領域で働く人間は皆、この食糧団に所属することが要求され、最終的には、三〇〇万人の農民と三〇万人の加工業者、五〇万人の商店主と商人を擁していた。この全国食糧団は、農業を巨大な「食糧システム」の一部と見なした政府組織の先駆けであったように思われる。これ以外のシステムはすべて、同時代のソ連の共産主義システムでさえも、農業を加工や流通とは別に管理していた。全国食糧団という団体名は、第二次世界大戦後に、世界の食糧システムを急速に支配するようになるアグリビジネスの構造を予期していたとも言える。

全国食糧団は、一三万人の職員を抱えながら、価格と賃金を設定し、原材料と製品を差配していた。ナチ党は六〇万戸の中規模農場を世襲農地と見なし、自前の農業貴族を創り上げようともしていた。ナチ党はまた、農業労働者を免税にしたり、農場での雇用を調整したりするなどして農業労働者の生活条件を向上させようと努めたが、地方の失業率は高いままであった。他方で、ナチ党は、一九三四年に農業労働者が職を辞することを禁止している。地方の貧困と都会の働き口の多さの格差は、ナチ党が戦争の準備を進めるにつれて、いっそう拡大していった。この時代は、民主主義諸国と同じく、ナチ国家が大地から大きく飛び立とうとしていた時代であった。

◆ブラジル

一九〇〇年のブラジルは、世界最大のコーヒー生産国だった。そのほとんどは、南東部のサンパウロ州にある、ファゼンダと呼ばれた数千の大プランテーションで栽培されたものだった。農園主たちは、アルゼンチンの小作人と同じく、コロノと呼ばれた移民たちを雇い入れ、作物栽培に従事させた。かれらは支払わねばならない賃金を減らそうと、コロノたちに自給自足用のわずかな土地を与えたりもした。サンパウロ州の北に位置するミナスジェライス州では、牛が多数飼養され、酪農が盛んで、アルゼンチンのように牛飼いたち（ガウチョ）がいた。当時「コーヒーとミルクの政治」と称されていたように、上記二つの州がブラジルを支配していた。一九二〇年代は、政府が鉄道網を整備したこともあって、全コロノの四分の一に当たる人々が季節ごとに内陸部の農園にも自由に移動した。この新たなタイプの小規模農園は、サンパウロ州のコーヒーの三分の一を生産するまでになり、都市向けの作物や家畜も栽培・飼養していた。

最大与党は、都市と小農を支持基盤としていた。不満を抱えた農園主たちは、牛飼いの息子ながら弁護士になった新進の政治家ジェトゥーリオ・ヴァルガスの支持に回った。農園主たちの利益を擁護するとしたヴァルガスは、一九三〇年のクーデタで権力を奪取した。一九三七年には、共産主義者たちのクーデタの試みを抑え、ヴァルガスはヨーロッパの全体主義体制に似ているものの、抑圧の度合いは少し緩やかな独裁体制である「新国家」の建国を宣言した。同時にかれは、農園主たちが借金を抱えないようにするために、一連の独自政策を打ち出した。

ブラジルのコーヒー輸出は、一九三〇年代に突然、立ち行かなくなった。一九三九年のコーヒー価格は、一九二九年の二割にまで落ち込んでしまった。以前であれば政府は、価格が回復するまで余剰生産物を市場に流さない「価格安定政策」を採って、余剰生産物を処理していた。コーヒー農園主たちはサンパウロ州政府に説いて、この制度を恒常的なものとするために、一九二四年に販売調整をおこなうコーヒー協会を設立した。一九二九〜三〇年の危機は、それ以前のどんな市場の暴落よりもはるかに深刻な影響を及ぼした。ヴァルガスは価格安定政策に代えて、アウタルキアと呼ばれた貿易と生産を調整する政府機関を立ち上げた。

最初のアウタルキアはコーヒーに関してで、全国コーヒー協会（後に省に）がサンパウロ州コーヒー協会を基礎に創設され、余剰コーヒーの廃棄とコーヒー栽培の禁止を求める権限が与えられた。同協会は、一九三一〜四三年の期間に、七七〇〇万袋のコーヒーを焼却した。しかしながら、一九三七年には、こうした手法が原因にもなって、世界輸出に占めるブラジルのシェアは五〇％以上減少した。パンアメリカン・コーヒー会議も有効な策を打ち出せないため、ヴァルガスは価格安定政策を控え、生産者に増産と世界市場での競合を訴え、ブラジル産コーヒーの輸出は増大していった。同様のアウタルキアが、綿花やキャッサバや砂糖でも設立されたが、ブラジル国内で取引される日常的な食料品の供給に関してはアウタルキアは創設されなかった。キャッサバと砂糖のアウタルキアは、モーター・アルコールと呼ばれたガソリンへの添加物としてのアルコールを生産した。

ブラジルのファシスト体制は、農民層と地主層の双方に対して土地と社会的地位の向上を約束した。しかし、実際には、かれらに対するきわめて抑圧的な、国家権力による支配が強められていくばかりであった。ファシスト体制は、農業政策に関しては、民主主義諸国よりもはるかに保守的だった。大胆な土地改革はおこなわれず、旧来の支配地主層からの熱のない支持に頼るのみであった。ファシスト体制が農業を支配したのは、それをより完全に政府の意向に従わせるためであり、民主主義諸国も同様に直面していた根本的な諸問題を解決しようとしたためであった。根本的な諸問題とは、都市の日常生活を保証することであり、農民が借金を背負わないようにすることであり、農産物の生産量を高めていくことであった。農業と食料品の流通とを包括的に支配するファシスト体制の手法は、第二次世界大戦後に企業がおこなう農業システムを予期させるものであった。

◈農業と資本主義諸国の植民地

二〇世紀初頭には、ヨーロッパやアメリカや日本といった植民地帝国は、アジアやアフリカの広大な領域を治めていた。農業が経済の根幹であることは、依然として変わりなかった。植民地体制は、茶・ココア・コーヒー・ピーナッツ・綿花といった「換金作物」と、米やトウモロコシなどの主要産物の輸出向けの生産を奨励した。植民地に対する、ことに鉄道に対する歳出や投資は、都市や商業の発展を刺激し、国内市場を拡大させていった。植民地の多くでは、リーヴァー・ブラザーズのようなヨーロッパ系の商社が輸出と農作物の加工業を独占し、このことが植民地の経済発展を妨げた。

入植者が入っていった植民地では、普通、ヨーロッパ系の移民たちが換金作物の生産を独占し、最良の農地を占有し、先住民を農業労働者や現地市場向けの小規模生産者にさせていった。こうした行為が土地をめぐる対立を惹起したり、反植民地運動へとつながる経済的な不満を煽る結果となることもしばしばだった。他方、入植者のほとんどいない植民地では、植民地政府は輸出と徴税にしか関心がなかったために、先住民たちは多くの土地と時間を、換金作物の生産に振り向けざるをえず、植民地化以前の食糧生産の水準を維持できないことが多かった。しかしながら、先住民の農民の中にも、市場向けの生産をきわめて効率的におこなって、現地エリートの地位を何とか勝ち取っていった人々はいた。かれらは、かれら以外の先住民のほとんどを踏み台としつつ、植民地状態にある現状から私利を得ていたことになる。

◆アフリカの植民地

ヨーロッパの植民地が拡大するにつれて、北・東・南アフリカの一部には入植者が定住した植民地ができあがり、中央アフリカと西アフリカには入植者のいない植民地が作られていった。ケニアは、入植者が入ってきたケースの一つである。そこでは、ヨーロッパからの移民の存在とかれらが土地を必要としたこともあって、現地の人々は周縁化されるようになった。イギリス人探検家たちは現地の指導者と条約を結び、土地の割譲を要求した。一九〇二年に結ばれた王領地（クラウン・ランド）令は、中でも最も注目すべきものである。イギリス政府は、これ以降、ヨーロッパ人のケニア入植を奨励した。イギリス貴族であったデラメア卿は、最終的には一〇万エーカー以上の土地を得て、羊や牛を飼養し、サビ病に耐性のある小麦を栽培したりした。何百人もの入植者が続き、アフリカ人からさらに土地を奪い取るためにペテンまがいの行為もおこなった。一九〇五年には、土地を要求する入植者があまりにも多かったために、ロンドンの役人たちはかれらの諍いを回避するために、制限を加えることを考えた。入植者と植民地当局は、ヨーロッパからの白人には高台の土地とアフリカ人労働者を確保する権利が必要であると主張したいと考えていた。デラメアに率いられた入植者たちは組織を立ち上げ、ほどなく上記の目的を達成した。

上述のケニアの法令では、白人しか住まない「白い高台」と、アフリカ人に住むようにと指定された「居留地」が明確に区別されていた。白人による耕作の最盛期であった一九二九年には、二〇〇〇人の白人地主が二五〇万ヘクタールの農地を所有していたが、耕されたのはわずか三〇万ヘクタールにすぎなかった。イギリス政府や入植者たちは、アフリカ人の「無断居住者（スクウォターズ）」たちを高台の白人所有の土地に、非公式の小作人として居住させることを認めていった。「無断居住者」たちは白人の農場で働き、小作料を支払いながら、入植者たちが耕作できずにいた農地での耕作を進めていった。アフリカ人を雇い入れたり、管理する際に暴力や圧力を用いることは政府によって禁止され、白人農民には「無断居住者」たちに基礎的な食料や住居、医療ケアを提供することが求められた。白人植民者が大半の土地を所有していた南アフリカとは対照的に、確かにアフリカ人の居留地はかなり広大な領域を占めてはいた。しかしながらそれらの農地は、「白い高台」に比べれば、地質の劣った土地ばかりであった。

アフリカ人の反抗を、厳格な支配で押さえ込もうとした白人入植者のいる植民地もあった。一九世紀の南アフリカでは、オランダ系のアフリカーナたちがアフリカ人たちを打ち破り、土地の多くを獲得した。一八九九〜一九〇〇年のボーア戦争でイギリスには敗れたが、アフリカーナたちは土地の大半を、少数派の白人に移譲する法律を成立させた。アフリカ人たちはバンツースタンと呼ばれた、狭く、地質も劣る指定居住地に押し込められた。税の支払いや家族を養うために必要な金銭を稼ごうと思えば、アフリカ人の男たちはアフリカーナの農場や会社に移り住む必要があった。

オスマン領であったアルジェリアは農業に適した環境で、革命戦争期のフランスにも食糧を供給していた。フランスは、一八三〇年の外交上の紛争を経て、アルジェリアを征服し、一八三〇〜八〇年にかけての期間、ピエノワール（黒い足）と呼ばれたフランス人入植者たちのために広大な土地を没収し、相次ぐ反乱を鎮圧していった。一八七〇年に七六万五〇〇〇ヘクタールだったフランス人の所有地は、一九一七年には全耕地の半分を優に上回る二三〇万ヘクタールへと拡大していた。アルジェリアのフランス人たちは、小麦やブドウネアブラムシに耐性のあるブドウを栽培していた。アラブ人やベルベル人は、生活を維持するためにフランス人の農場で働く分益小作人や小自作農にならざるをえなかった。

第一次世界大戦がアフリカ農業に与えた影響は一様ではなかった。東アフリカの一角ではドイツ軍とイギリス軍が交戦する一方で、ケニアでは入植者たちがすぐさま農作物の増産を図っていた。シサル麻とトウモロコシは入植者が栽培する換金作物の主流になっていたが、一九二〇年代にはいっそう大規模に生産されるようになった。第一次世界大戦の最中に、アフリカの農業が被った被害は甚大であった。イギリス、フランス、ドイツが二〇〇万人近くのアフリカ人を徴兵し、兵役に就かせ、大量の食料と家畜を徴発した。これによって現地の余剰生産物は底を突き、干ばつと相まって、いくつかの地域では飢饉が発生した。

第一次世界大戦後、植民地も先進諸国と同じように、価格の急激な暴落を経験する。一九二三年の帝国会議において発せられたデヴォンシャー宣言に見られるように、戦後イギリスの政策宣言によれば、イギリスは植民地の経済発展を促し、自治をおこなう手助けをするとされた。だがイギリスには、植民地の発展に多額の資金を費やす余裕はなかった。また、現地の反応を十分に汲んで政策をおこなうことが、植民地政府にはできなかった。一九三〇～四〇年代のケニアでは、当局はアフリカ人農民に対して、大きな儲けにつながるからと、染料に用いるアカシアの木を植えることを奨励した。しかし、何年間も収入が見込めないと気付いた農民たちは、アカシアの木々を切り倒し、それらを別の目的に使ってしまった。

換金作物の栽培を推奨する政策は、一般的に言って、良い面と悪い面の両面があった。一方に、入植者と競い合うほどに大量の換金作物を、アフリカ人が生産していた地域があった。例えばケニアでは、白人入植者たちは植民地政府にかけ合って、アフリカ人たちがその年にコーヒー栽培がおこなえないようにする法律が制定できないかと交渉していた。他方で、別の事例においては、換金作物の栽培のために、生活を維持するのに必要な作物を栽培する土地が次々と転用され、結果としてアフリカ人の間に慢性的な栄養不足が広まり、不作の年には一挙に飢饉にまで陥る状況をも生み出していた。植民地政府は、キャッサバなどの生活維持に不可欠な作物を栽培するようにとアフリカ人たちに強制したが、当局が求める税の支払いや労役、換金作物を栽培することのうま味を考えると、アフリカ人たちは素直に食用作物を栽培することにためらいを覚えていた。また、当局の要請は、生活維持に必要な作物の栽培をどんどんと女性に押し付けることにもつながった。女性たちは社会的身分が低く、夫が税の支払いのために稼ぎに出ている間、家に留まっていることが多かった。男は家にいるときでさえ、換金作物の栽培をする傾向が強かった。

大恐慌によって、イギリス領東アフリカにおける経済バランスは変容した。農産物価格の暴落は、すでに借金を背負っていた多くの入植者たちが農場を手放すきっかけとなった。アフリカ人農業労働者に、以前ほどの賃金は支払えないという人もいた。入植者による農業が低迷するにつれて、イギリスはアフリカ人の農業をより手厚く支援する方向に政策を転換していった。一九三五年に政府は、アフリカ人の生産物の流通を取りまとめる法律を策定し、より適切な農法や土壌改良を促していった。ただ、イギリス政府が白人入植者を見放すことはありえず、「白い高台」において「無断居住者」が土地を所有する権利を制限する法律も策定していた。

南アフリカでは、一九二〇～三〇年代に白人の農民たちに対して、最も高額な補助金制度の一つと思われるものが創設された。それには、市場局の設立や保護関税、輸出奨励金なども含まれていた。南アフリカ産の農産物の価格は世界の市場価格よりもかなり高かったし、国の貿易機関が大量の小麦、砂糖、乳製品を備蓄していたので、政府は割当てを課して生産を抑えるようにした。しかし、一九三七年の法律は、より強い制限をアフリカ人たちに課すものだった。他方で、調査によって土壌の浸食問題が進行していることが明らかになった。白人農民、黒人農民双方の粗野な農法や、間接的には、第二次世界大戦後まで植民地政府が取り組もうとしなかった問題である、農民たちの教育レベルの低さや保守的な言動が、この浸食問題を生み出したのであった。

西アフリカのフランス植民地とイギリス植民地には（東アフリカのいくつかの植民地にも）、入植者はほとんどいなかった。一九〇〇～二九年の時期、現地の農民たちによる換金作物栽培は、大変うまくいっていた。フランス人は西アフリカの植民地を、現地集落の首長たちに依拠した官職階級制度と、セネガルに置かれた中央行政府を通して統治していた。これらの機関が徴税を総覧していた。現地の人々は、この税の支払いがあるので、販売向けの換金作物を少なくともいくつかは栽培する必要に迫られていた。早い段階でアフリカ人たちは、ピーナッツ・パーム核・バナナ・カカオなどに代表される換金作物が利益を生み出す可能性の高いことを見抜き、すぐにそれらを栽培するようになっていった。フランス植民地の輸出高は、第一次世界大戦前の一一〇〇万ポンドが一九五一年には二億ポンドにまで跳ね上がっていた。しかし、フランスの制度では、農民の手元に残る稼ぎは、徴税を通して政府が手にする額や輸出会社が手にする額と比較しても、上記の巨額の収入に対してあまりに少ない額であった。

イギリス植民地では、現地の首長を通じた間接統治の制度を採用していた。しかしここでも、換金作物の売上が他の輸出から得た収入を小さなものに見せていた。一九五一年に黄金海岸は、金やダイアモンド、マンガンや木材で二七〇〇万ポンドの利益を上げていたが、カカオからは、多数の樹木が病気に感染していたにもかかわらず、六〇〇〇万ポンドを稼いでいた。一九二〇年代以降は、世界の市場価格との差から政府は収益を上げていたものの、政府の市場局は農民たちに安い価格でしか支払わなかった。そのため、換金作物からの収益のほんのわずかな部分しか農民たちの元には届かなかった。

ヨーロッパ列強は、アフリカの植民地に自国の制度に由来する農業制度を押し付けようとした。アフリカで換金作物の栽培に列強が力を注ぐ姿は、ヨーロッパの農民たちが市場向けの生産をおこない、食料品を購入するやり方に似ていた。ケニアの「白い高台」の農民たちが、貧しい小作人や移民労働者に依存している姿は、アルゼンチンの地主層がスペインやイタリアから移住してきた小作農たちに頼っているやり方に似ていた。南アフリカの人種的・地域的な分節化や、白人農民が十分な農地を保有しないアフリカ人の小農に依存する姿は、アメリカ南部の農園主と分益小作人の関係に似ていた。

だが、植民地における農業と政治の関係は、本国のそれとは大きく異なっていた。植民地政府は大恐慌の影響を税制や市場局や貿易会社を通して伝えるのみで、経済・社会的な影響を緩和する施策を試みることはほとんどなかった。試みたとしても、それはアフリカ人のためというよりは、圧倒的に白人入植者のためであった。アフリカ人農民たちの状況を和らげようとして植民地政府がおこなった施策の中心は、英連邦内特恵関税であった。これは、本来、イギリス帝国内の貿易を奨励するために関税を活用する方策のことであった。政治的な分断もあって、英連邦内特恵関税がいくつかの最小限の方策を超える形で完全実施されることはなかった。

◆アジアの植民地

アジアにおけるヨーロッパの植民地支配にとって、農業は中心的な課題であったが、そのあり方は場所ごとにきわめて対照的だった。フランスによるヴェトナム支配は、農民と農業をきわめて苛烈に搾取するものであった。他方で、インドでは、農民たちはずっと幅広い裁量権を確保し、独立運動でも大きな役割を果たした。

フランスに征服される以前の一八六〇年代、ヴェトナムの農業は高い生産性を誇っていた。農民反乱も多かったが、ヴェトナムの諸政権の農民への配慮は行き届き、不法に奪われた農地を村民に返すよう地主たちに強制した。だが、インドシナを征服後、フランスの植民地指導者たちは土地所有の上限を撤廃してしまった。フランス支配の末期に当たる一九五〇年代には、フランス人企業家層が村々の農地のほぼ半分を占有し、半数以上の農民を土地なし農の地位に陥れていた。

農地を奪われた農民たちは、小作人か、分益小作人か、農業労働者になっていった。分益小作人や小作人は重い小作料や税を支払わねばならず、それは時に収穫量の五〇%、ないしはそれ以上に上った。加えて、毎月フランス・ワインを購入する義務まであった。多くの農民が高利貸しから借金をすることとなったが、高利貸したちは年に、半年でということさえあったが、一〇〇%の利子をかけた。農業労働者たちは、さらにひどい条件に耐えている場合もあった。農業労働者の多くは、天然ゴムのプランテーションで働かされた。そこでは、きわめて正確に三〇〇本のゴムの木に切れ目を入れて、樹液を回収せねばならず、少しでも決められた通りにしなければ、殴打されるか、拷問にかけられるかであった。これらの労働者の四分の一、あるいはそれ以上が、プランテーション内で死亡していた。

天然ゴムや米などの重要な輸出産品は、こうした苛烈な植民地体制によって生産されていた。多くのヴェトナム人は、ヴェトナム人支配者の時代よりもフランス支配の時代になって、食料を得ることがより難しくなり、不作は常に飢餓につながった。一九三〇〜三一年に起こったような農民の抗議運動を、フランス人は力で抑えつけた。

◈インド農業と民族主義運動

一九世紀末の大干ばつや大飢饉以降、インド人農民を取り巻く環境はゆっくりと改善の方向に向かっていった。イギリスの植民地政府は、いまだに発生していたが、以前に比べれば緩和されつつあった食糧難に対して救済策を講じようと努めてはいた。農業問題への取り組みも、より真剣なものになってはいた。灌漑施設は拡張され、一九〇〇年には灌漑水路が約四万三〇〇〇マイルにまで延び、耕地の二〇％近くに水を供給することができるようになっていた。ただ、統計的には不安定であったが、二〇世紀前半のインドの農業生産量は、安定したものではなかった。ただ、換金作物の増産は急であり、小麦の生産量も増加していた。ただし、米の生産量はインド北東部の人口増加に追い付くことができていなかった。インディゴやアヘンといった悪評高い一九世紀の作物は、一九〇〇年以降、生産量は減少していた。アヘンは医療目的のみに限って栽培が合法となり、いくつかの小規模な官営農園で栽培が続けられていた。

インド農業の商業化の拡大に寄与していた農民は、少数であった。王立農業委員会が、一九二六〜二八年にかけて、インド全土から農業と地方での生活に関して証言を収集したところ、深刻な社会・経済問題が数限りなく存在していることが明らかになった。植民地政府は帝国農業調査審議会を設置して、多くのインド人研究者を参加させ、将来の発展に向けての基礎を築いた。

インド独立運動にとって、農業の問題点とその展望はきわめて重大な論点だった。ジャワハルラール・ネルーのように、運動に参加していた人々の多くは、近代化と工業発展を支持していた。だが、マハトマ・ガンディーはこれらを拒否し、人々を失業させず、かれらの生活に意義を持たせるために手仕事や伝統的な農村を重視することを訴えた。かれはザミーンダールを、村の指導層が小作料を現物で支払わせて、村民に農地を貸し与える制度に置き換えることを提案した。ガンディーは耕地整理や協同農業、あるいはその他の農学的な手法を推奨した。

ガンディーの考え方は、独立運動内では必ずしも広く共有されたわけではなかったが、インド農民の理想を反映したものだった。現実の解放闘争において、インド国民会議は早い段階から、国内で圧倒的な数を誇った社会集団である農民層の支持に主に頼っていかざるをえないことを自覚していた。しかし他方で、運動を財政的に支え、地主層を厚遇してきたイギリスへの支持を弱めさせるためにも、多くの地主を味方に引き入れる必要もあった。こうして、国民会議の農民層への対応は定まらず、揺れ動いた。

ガンディーが、その目的とする農民の国インドを実現するために最初に取った、最も劇的な行動が、農民のためを思ったサティヤーグラハ（非暴力抵抗）運動だった。この運動の発祥の地は、北インドにあるチャンパランだった。チャンパランでは、たいていイギリス人であった地主たちが貧しい農民たちに高額の小作料を要求し、かれらを殴ったり、残忍な仕打ちをしたりして、虐待の限りを尽くしていた。一九一八年にガンディーは、地元の弁護士などとともに運動を組織し、農民たちの証言から地主による虐待や、貧困や時代遅れの慣行を立証する証拠を収集しようとした。集めた情報があまりに扇動的であったために、地元警察はガンディーを逮捕した。しかし、大衆の平和的な抵抗に恐れを感じた地元の判事は、かれを釈放した。農民たちの証言は政府を動かして、委員会が設立され、地主層に不利な証拠も正当なものであると認められるに至った。政府は、一九一九年には、地主たちに対して小作人に賠償するように要請した。

その後の数十年間、ガンディーとかれの同志たちはサティーヤグラハ抵抗運動を何度か組織した。農民たちはガンディーを、「偉大な魂」という意味のマハトマと呼んだ。農民たちから見ると、ガンディーが始めたサティーヤグラハ運動は、ガンディーが農民たちを思う心に他ならないからであった。ガンディーと国民会議はこれらの活動を、イギリスの植民地政府の信用を失墜させ、弱体化させ、自治（スワラージ）を獲得するという大事業を達成するための小さな一歩であるととらえていた。そのため、国民会議は農民たちに抵抗運動を控えるようにと勧告することも多かったし、税や小作料の支払いを農民たちに説いたり、イギリス政府に対抗する地主層に加勢することをかれらに促そうとすることも時としてあった。

　こうした見解の相違は、一九三〇年代までに、独立運動を分断することとなった。国民会議派の左派が階級闘争と革命を唱道したのに対して、農民たちはキサーン・サバー（農民協会）の結成に動き始めた。一九三四年には、これら二つの集団が共同で、ザミーンダール身分の廃止を要求し、かれらの所有する農地を多くの小作人たちに移譲するようにと働きかけた。イギリスによって設置されたばかりの立法議会の選挙が一九三七年におこなわれ、国民会議派は圧倒的な勝利を得た。そのため、国民会議派左派とキサーン・サバーのグループは要求を先鋭化させていった。いくつかの地域では、農民たちがザミーンダールを殺害したり、かれらの家に火を放ったり、かれらの土地に勝手に入り込むなどの行為をし始めた。地主層は会議を開催し、こうした脅迫行為の鎮静化に対し、国民会議が支持を表明することを求めた。国民会議派は急進グループと妥協を図ろうとしたが、後者はそれを拒否し、ザミーンダール制の廃止と非暴力運動の停止を訴える大衆抗議運動を組織した。国民会議派は大衆抗議運動を鎮静化するために、イギリス式の弾圧という手段に訴えた。それでも、この急進派の運動は一掃されることはなく、後のインドの農業政策においても重要な役割を果たすことになる。

◆農業革命

　いくつかの重要な地域において、二〇世紀前半の農業危機は農業革命への猛進につながった。革命政府は農業制度を劇的に変え、そのためにかなりの暴力が用いられることはしばしばであり、制度が崩壊する事態も散見された。こうした変化・変容は、二〇世紀後半の革命指導者たちが真似ようとしたり、革命家でない指導者たちが避けようとした先例にもなった。以下に検討する二つの革命は、大きな相違を孕んでいるものの、農業と地方の生活に対して政府の介入を著しく強めていったという点では共通していた。かれらの動きは、当時の資本主義的な支援策の域を大きく超えるものであり、どちらかと言えば、大恐慌時代にファシスト体制がおこなった統制に近かった。

◆メキシコ

二〇世紀最初の大農業革命が起きたのは、一九一〇〜二〇年の革命期のメキシコにおいてであった。カンパシーノと呼ばれるメキシコ農民は人口の大半を占め、この革命においても中心的な役割を果たした。以下の叙述においては、プエブロとエヒードを区別して使用する必要がある。前者は農村を指す一般的な用語である。対して後者は、プエブロの共有地を意味するか、農地の少なくとも一部を共同保有する共同体としての村落、すなわち前コロンブス時代の村落を意味していたと思われる。

一九一〇年のメキシコには、非常に不公正で、搾取的な農業制度がはびこっていた。合衆国からの投資家や企業も含めて数百人の地主たちが、農地の半数を所有していた。農民共同体が保有した農地は全体の六%にしかすぎず、たいていの農家は土地を所有していなかった。ポルフィリオ・ディアス大統領（一八七六〜一九一〇年）の時代、大土地所有者たちが五〇〇万戸のカンパシーノ家族から違法に農地を取り上げた。多くの農民が奴隷に近い条件での生活をし、飢餓状態にあった。裕福なアメリカ人投資家も含め地主たちは、数千人の債務労働者たちを文字通り買い上げ、自身の農園で働かせた。地主たちはこうした債務労働者にほとんど対価を支払わないか、農園内の店で通用する証文でのみ支払った。農民たちは、一八九〇年代以降、こうした状態に抗議し、農地を取り戻すための訴訟を重ねた。農民たちと地主の「白人守衛」たち――メキシコ軍のこともしばしばあったが――との小規模な戦闘は、メキシコの地方社会を震撼させていた。農民への圧制や貧困は反乱を呼び起こす危険性が高いと官僚や経済学者などは警告していたが、ディアス政権は何ら手を打たなかった。

一九一〇～一一年に、政治革命が最終的にディアスを追放すると、メキシコでは政権の統治能力は崩壊し始めた。自由な改革主義者たちが都市の権力を奪うと、農村では農民たちが民兵組織を形成し、農園に侵入して農地を奪い、借金関連の書類を破棄し、地主を脅して武器や生活必需品を供出させたりした。農民指導者の中心は、エミリアーノ・サパタとフランシスコ・「パンチョ」・ビジャ（ビリャ）だった。サパタ（一八七九～一九一九年）は、メキシコ南部の小さな州モレロス州の小農で、村長も務めていた。モレロス州の農民の大半はアステカ族の子孫で、農地を奪われ、砂糖プランテーションで半ば奴隷のごとく働かされていた。ビジャ（一八七八～一九二三年）は、北部のドゥランゴ州にあったアシエンダの貧農で、兵士となり、匪賊になった男だった。

メキシコ革命の背景にあったのは、主として民衆の力で、農民たちがアシエンダ農園主による農地の没収に憤り、かつての自分の農地を取り戻そうとした思いであった。サパタとビジャは南部と北部でそれぞれが軍隊を組織し、プランテーションやアシエンダを奪取しては、その土地を貧しい土地なし農たちに分配した。ディアスを倒した自由主義的な革命家たちがサパタ軍との連携を拒否したので、一九一一年一一月、サパタはアヤラ計画を発表した。この計画では、アシエンダ農園主たちとの妥協を図る自由主義政権は拒絶されるものとされた。逆に、革命の目標は、地主に奪われた土地をプエブロに戻すことだと宣言されている。そして、残りの土地は国有化されるか、必要とする者に分配されるか、その他の国家的な目的のために使用されるとされた。サパタのスローガンは、「土地と自由」だった。革命期の最も急進的な農業関連の記録が、アヤラ計画であった。

革命初期に、大統領を目指す候補者間で激しい争いが起きていたために、一九一四～一五年に、ビジャやサパタの軍隊はメキシコシティを占拠することができた。ベラクルスに逃亡していた大統領ベヌスチャーノ・カランサは土地改革に反対であったが、かれの参謀であったアルバロ・オブレゴン将軍が大統領を説得して、農民指導者たちから支持を奪い取るために、土地改革の提案に同意させた。一九一五年一月、カランサは、農民たちから違法に奪われていたエヒード（共有地）を農民たちに返還する手順を定めた法律を発布した。同法は、合法的に土地を失った共同体やさらに土地を必要としていた共同体にも土地を与えた。また、同法は一九一七年のメキシコ憲法に第二七条として組み込まれ、これ以降のメキシコでのあらゆる土地改革の基礎となった。

しかし、この法律も農民の土地への欲求を完全に満足させることはできなかった。農民たちは引き続きアシエンダで働かなければならなかったが、アシエンダでの仕事がないときのために自身の農地が欲しかったのである。また、カランサも同法の事務手続きの進行を遅らせたため、一九一七〜二〇年の期間で、八万人の農民に対して四〇万ヘクタールの保有が承認されただけで、カランサがその職を追われる一九二〇年までに、実際に土地を受領できた農民の数に至ってはその半数程度にしかすぎなかった。

その間にも、メキシコの多くの地域、特にサパタが制圧していた南部の農民たちは、多くのアシエンダやプランテーションを奪取し、分配していった。一九一九年、カランサ軍はサパタを待ち伏せにし、かれを殺害した。軍はビジャをも守勢に立たせ、一九二三年にはかれも暗殺した。連邦政府軍は、武器もほとんどなく、十分な兵站も得られていなかったサパタ軍やビジャ軍を撃破し、革命期に農民たちが手にした土地を放棄させた。

数百万の農民たちは、それでもサパタやビジャをはじめとした農民指導者たちへの支持を諦めようとはしなかった。そのため、政府も土地改革をおこなうとした約束を撤回することができなかった。メキシコでは、革命のために、食糧生産量も激減した。人々は餓死に直面し、発疹チフスなどの飢饉に由来する伝染病がもとで命を落としていった。カランサを継いだオブレゴンは農民の出身であり、農民たちとの和解に努めた。かれはサパタ支持者を自身の政府に取り込んで、土地改革を進め、一六〇〇万ヘクタールの土地を分配した。かれの後継者たちも、一九二四〜三四年の期間、この方針を継承した。

一九二〇〜三四年の土地改革が、農地の農民への返還と土地の共同所有の支援を目指していたことは明白であった。この時期に制定された法律は、アシエンダの上限を四〇〇ヘクタールとし、残りの土地は没収され、再配分に回された。一九二〇年のエヒード法は、エヒードの土地は個別の地片に分割され、都市労働者の最低賃金の二倍と同等の収入を、その土地の生産物から得るのに十分な広さを持つ農地を、農民たちに分配すべきであるとした。この考え方は、アメリカで土地改革をおこなった人々が推奨していたパリティの考えに近かった。その後の法律は、地方における中流階級の形成を目指し、エヒードで働く農民たちに土地の証文を付与していった。これらの諸法は、一九三四年にまとめられて農業法典となり、そこでは農地の農民への返還が改めて強く主張されていた。政府は、一九一七〜三四年の期間において、約一一〇〇万ヘクタールの土地を六〇〇〇に上るエヒードに分け与えた。

こうした土地改革の過程においては、かなりの争いも生起した。逃走したり、殺されたり、革命期に軍事指導者に農園を奪われた地主たちも多かった。しかし、大半の地主たちは生き延びて、自身の土地を死守し、影響力を有する集団でありつづけた。かれらは土地改革には断固反対であり、白人守衛やその他の武装した人間を使って、農民やアグラリスト（農民を支援しようとする知識人、教師、労働運動家、活動家たち）を脅迫したり、殺害したりもした。ヘニケン（リュウゼツラン）のプランテーション農園主たちは、一九二四年に、土地の返還を支持していたユカタン州の州知事を殺害している。ベラクルスでは、土地分配をおこなうために農民たちが農園を占拠すると、地主たちは農民の集落と作物に火を放って報復した。一九二六年から三〇年代初めにかけて、政府が採った教会弾圧政策への反対者たちである（多くの農民も含まれる）クリステロたちのような反政府運動を、地主たちは支援した。政府は地主層の支持に傾くようになり、この時期に戦わされた多くの土地論争においては、中立の立場を保つようになった。一九二〇年代に政府は、小規模で遅れた農法を克服する手段として、協同組合を組織することをカンパシーノたちに推奨していた。しかし、それが首尾よく組織されるのに必要な支援は、ほとんど与えられなかった。

上述の諸改革にもかかわらず、一九三四年になっても、メキシコの地方社会はいまだアシエンダによって支配され、多数の農民が従属的な身分に留め置かれたままであった。そのため、農民の抵抗運動は続いていた。こうした状況の中、一九三四〜四〇年にラザロ・カルデナス将軍が実権を握り、地主と農民の対立の高まりもあって、土地改革を強く推し進めることとなった。大都市の貧しい家庭で育ったカルデナスは、非常に進歩的な指導者で、大恐慌時には自身の給与も減額し、護衛を付けることもしなかった。かれは、農民たちのための改革を、メキシコにあるアメリカ系石油会社の国有化や死刑の廃止といった、より広範な民族主義的な諸改革の一環として導入したのであった。その任期中に、カルデナスは二〇〇〇万へクタールほどの農地をアシエンダから収用し、一万一〇〇〇の農民エヒードに分配した。かれの任期の末期には、エヒードはメキシコの耕地の半分を占めており、経済の核となっていた。

一九三六年に、西部のコアウィラ州とドゥランゴ州のラグーナ地域で発生した、地主層に対する在地の農業労働者たちの暴力的なストライキに対応するために、カルデナスはその年の半ばに、急進的な土地改革に着手した。カルデナスは現地に赴き、数百のアシエンダから四四万八〇〇〇ヘクタールの没収を命じ、農民共同体間で分割させた。続く二年間で、同様の改革は、農民たちが広大な農地を失い、数十年にわたって地主層と闘争を繰り広げてきた、南部のユカタン州やモレロス州、北部のヤキ川沿岸地域などといった他の多くの地域へも広げられていった。地主たちが農民たちを脅したり、土地の供出を拒否するなどして、カルデナスの改革に抵抗することもあった。地主たちの攻撃に対抗するためにカルデナスは、武装した地方民兵組織を連邦軍の下部組織として創設した。数年間の抗争で、数千人の農民と地主の手下が死亡したが、一九四〇年でも農民民兵は六万人を数え、自らのエヒードを守っていた。

政府は農民たちに土地を、小規模農地としてか、共有地としてか、あるいは集団農場として分与した。村落共同体としてのエヒードは地片を農家に分配した。分配を受けた家族はその農地を、期限を定めることなく使用することができたが、売却したり、貸与することは違法だった。ただ現実には、こうした決まりを無視するエヒード農民たちも多く、エヒードは、小自作農たちがより広い土地を持つエヒード内の地主の下で働く、高度に階層化された共同体になっていた。土地改革を進めていた人々が早くに気付いていたように、エヒード農民たちはそのほとんどが、まだ広大な土地を所有したままであったアシエンダでも働いていた。

メキシコ政府は、エヒードの農地に分割し難い、一体化した農業ユニットである大農園から、いくつもの集団農場を作り出した。これらの集団農場は、集団としてのエヒードに対するカルデナスのほとんどユートピア的とも思える思い入れを示してもいた。集団的なエヒードでは、農民たちは集団農業をおこない、労働に応じて所得が分配されることになっていた。一九三六年のラグーナ地域でのストライキでは、カルデナスは没収した土地のほとんどを三〇〇の集団農場に分け与えている。外国人の土地所有者たちはそうはさせまいと、民兵たちが警護するより前に、灌漑施設の水路を破壊するなりして抵抗した。ユカタン州でヘニケンを栽培していたアシエンダは政府によって分割され、アシエンダの所有者とヘニケン畑を集団で耕作していたエヒードに分与された。一九四〇年までに、メキシコのエヒードの約八分の一は集団農場になっていた。

カルデナスが注力して進めた土地改革によって、一〇〇万戸に近い農家に、少なくとも生活を維持していけるだけの農地は与えられた。改革を支えるために、政府はエヒード銀行を設立した。エヒード銀行は貸付けをおこなったり、作物の貯蔵や販売の機会を提供したり、農民のために協同組合を組織したり、作物の病気と闘うための農学的な援助を付与したり、より良質の種子を配布したりしており、つまりはエヒードに関する基本的な構想を考える巨大な経済組織であった。一種の農業補助金でもあったエヒード銀行による支援は、土地改革が成功するにあたって決定的な役割を果たした。エヒードは一か月に一度開催される全体集会や人民委員会、あるいは「自警団」によって民主的に運営された。ただ、地方政府はカシークと呼ばれた在地の有力者たちの支配の下に留まっていた。かれらは、政府が地方社会に与えてくれたものとは異なる生活保護支援を担っていた。

カルデナスの改革は、数十年にわたってメキシコに蔓延していた土地にまつわる係争を休止させ、改革を断行する過程でメキシコ社会をも変容させていった。メキシコの耕作地の半分は、農園主やアシエンダ農園主たちから農民たちに移譲され、大土地所有者の多くは土地を追われることとなった。残った地主たちも、カルデナスの後継者たちからの圧力にすぐに屈し、農業のやり方を近代化していった。政府も地主層を支えるために、灌漑設備を整備したり、農業技術の改善を多く進めたりした。緑の革命による新たな高収穫品種の導入も、農業技術の改善の一つだった。カルデナスは改革をおこなうことによって、農民の政治的な支援を確かなものにしていった。農民の政治的な支援は、カルデナスが他の集団に対しても設立していた組合団体に似た組織である全国農民協会を通じて万全なものとされた。

エヒードは農民層の大半を擁するようになったが、それでも耕作地に牧場や非耕作地を加えても、エヒードが所有する農地は農地全体の半分にも届いていなかった。いまだに一〇〇〇ヘクタール以上の土地を所有する者が一万人おり、それは全土地所有者の〇・三％であったが、メキシコの土地面積の六〇％を占めていた。三〇〇人の土地所有者は、皆四万ヘクタール以上の土地を所有し、総計すると三二〇〇万ヘクタール以上の土地を所有していた。これは農地の六分の一に相当した。こうした大土地所有者の三分の二は乾燥した北部に居住し、他方、エヒードはメキシコの中部と南部で最多を誇っていた。しかしながら、いくら土地所有が高度に集中したままであっても、土地改革やその他の施策によってもたらされた変化は甚大であった。一九一〇年には農民のほとんどすべてが土地を保有していなかったが、一九四〇年には土地なしのままであった農民は、全体の三分の一にすぎなかった。

メキシコの農業革命は、政府主導の大規模な土地改革をもたらした。政府は、国内外の大土地所有者たちからの抵抗に抗する必要があった。革命はその主たる目的であった、メキシコ社会を安定化させることには成功したが、メキシコ農業の後進性を克服することはできず、一九四〇年に至ってもメキシコは食糧の大口輸入国のままであった。しかし、メキシコは大規模な土地改革を断行した最初のラテンアメリカ国家であった。一九六〇年代にキューバ革命が起きるまで、メキシコの改革は最も徹底し、最も成功した改革であった。エヒードはメキシコの歴史に根ざした農業の様式ではあったが、土地改革を進める多くの人々はどこにあっても、メキシコのやり方を自国にも応用することを説いてきた。メキシコの改革は、地方の不満を断続的な土地収用と土地の再配分によって解決する方策を、四〇年間にわたっておこなったのであった。この方策は、新たな経済思想と状況の到来によって、メキシコ政府が政策の転換を余儀なくされるまで継続された。

◈東欧とソ連の農業革命

戦間期の東欧諸国は、相も変わらず大地主階級が支配する農民社会のままであった。大地主支配の性格は、アレクサンダル・スタンボリースキによる短期間の農民支配によっても窺い知ることができる。かれは受けた教育と政治的手腕によって台頭し、一九一九年にはブルガリアの首相にまでなった人物であった。スタンボリースキは穀物貿易を大企業の手から奪い、大地主層の利益に反する土地改革を実行に移した。一九二三年に、軍事クーデタがかれの政権を転覆させ、かれも暗殺された。東欧では、地主権力を解体させるには、革命以外に方途はなかったようである。

そうした革命が、ロシア帝国でも起こされた。ロシア帝国は、急速な工業化にもかかわらず、いまだ農業社会であり、農民が人口の八割以上を占めていた。一九〇〇年までに、ロシアは世界でも一、二を争う穀物輸出国の一つとなっていたが、同時に農業危機に陥っていると見なす人々も多かった。その理由としては、ロシア農民の時代遅れの農法や収穫量の低さ、慢性的な不作や飢饉が挙げられた。一八九〇～九一年にかけての不作と飢饉によって、おそらく五〇万人が死亡した。この「危機」は誇張されて描かれてきたかもしれないが、地方の諸問題に対する農民の不満は、多数の抗議を生み出していった。ロシア帝国の農民たちは、メキシコの農民たちが欲していた土地所有の保証はすでに獲得していた。しかし、ほとんどの場合、村落共同体が土地所有権を保持して、中世期そのままの地条を農民に分与していた。農業問題を解決する唯一の方策は、地主層の所領からもっと多くの土地を奪うことであると農民たちは考えていた。

一九一七年以前に発生した最大規模の農民の抗議運動は、選挙制の議会の創設を政府に認めさせた一九〇五年の政治革命の方針に沿ったものであった。労働者の抗議運動に触発されて、農民たちも地主たちを襲い、土地を奪い取った。こうした蜂起に対して政府は、暴力による鎮圧で臨んだが、大規模な土地改革もおこなった。導入したロシア首相の名に因みストルイピンの改革と呼ばれる改革では、一九世紀のヨーロッパで始められた農民保有地の整理統合が開始された。改革の結果、一九一四年には、農民人口の十分の一ほどが村落共同体を離れ、自営農となることも可能となった。また、鉱山や工場で働くために、多くの人々が村を出ることができるようにもなった。

第一次世界大戦中、軍隊への徴発もあって、首都ペトログラードへの食糧供給は減少した。首都には、戦争難民の流入も続いていた。食糧不足のため、各州知事は食糧の移送を制限したので、供給は途絶え、食糧不足はさらに深刻化した。地方政府やボランティア組織では、こうした食糧供給上の困難を緩和することはほとんどできなかった。食料品の価格は都市の賃金よりも早いペースで上昇したので、都市生活者は政府や農民への不満を募らせるようになっていった。儲けた農民もいる一方で、工業生産の崩壊は農機具や都市市場の消費財を減少させていった。多くの農民が、都市に対して生産物を販売することや、都市向けの食糧のほとんどを生産していた地主たちの農場で働くことに、利益を見いだせなくなっていった。

無能な帝政政府によって深刻の度合いの進んだ食糧危機が引き金となり、一九一七年二月には、抗議デモやストライキ、ペトログラード周辺の要塞での反乱が続発した。二月革命によって皇帝（ツァーリ）専制体制は放棄され、民主的な暫定政府が成立した。しかし、農業問題への対応は先送りされた。ウラジーミル・レーニンとボリシェビキは、こうした遅滞を見逃さず、一九一七年一〇月のクーデタで政権を奪取した。その後、レーニンはロシアの第一次世界大戦からの撤兵を決断し、土地に関する布告を発布した。この布告は、暫定政府に対して提出された農民たちの嘆願書に基づいて作成され、農民たちが地主の土地を奪取することにお墨付きを与えるものであった。

これに続いたのが、四つの集団の間で戦われた三年にわたる激しい内戦であった。四つの集団とは、まず権力の維持と社会主義体制の確立のために闘っていたボリシェビキ、赤軍が一つ。次に、ボリシェビキと闘ってはいたが、いかなる体制の確立を目指していたのかが明確でなかった旧ロシア帝国の将校たち、白軍がいた。緑軍は、農民自治のために闘っていた農民反乱者たちであった。最後に、それぞれの地域のロシア帝国からの独立を求めて闘っていた民族主義者たちがいた。どの集団も兵士として戦っていたのは、たいてい農民たちであった。それゆえ、それぞれの側の農民を待ち受ける結末は様々であった。

農民たちは当たり前に戦場から逃走しようとした。そのため、軍隊を維持する際に、最も強い強制力を用いた者（赤軍）が、軍事的な優位を獲得することになった。農民たちは、最も望ましい成果を約束してくれる者を支持したいとも考えた。白軍は、ウクライナとシベリアを押さえていたが、農民たちが地主たちから没収した土地に地主たちを戻そうとした。赤軍は農民たちが土地を奪取したことを支持し、地主たちを逮捕したり、処刑したりした。こうしたことから、結局、農民たちは赤軍の支持に回るようになっていった。市場での取引が崩壊状態にあったため、すべての集団が農民からの徴発によって食料を調達していた。赤軍はこの政策を「食料分配」と称し、革命と農民の土地管理を維持するためには必要な方策であると正当化した。白軍と民族主義者たちは、農民たちに対してさしたる配慮も示さずに徴発行為をおこなった。このことがまた、多くの農民たちが赤軍支持に回ることにつながっていった。

しかし、一九二〇年に白軍を降しても、ボリシェビキは「共産主義体制」を創出するために徴発制度を継続した。ここに言う「共産主義体制」とは、市場や貨幣の使用を伴わない交換システムのことであった。これには、農民も都市の居住者もともに反対であった。いくつかの地域では、農民たちがいわゆる緑軍を結成し、ボリシェビキに対して反旗を翻した。ボリシェビキは、ほぼ農民によって構成された赤軍を投入し、ツァーリの体制と同じく、暴力をもってこれを鎮圧する一方で、譲歩もおこなった。一九二一年三月、レーニンはいわゆるネップ（NEP、新経済政策）を宣言し、公式に徴発制度を停止させ、自由取引を承認した。だが、一九二〇～二一年には二度の深刻な干ばつが発生し、穀物生産地域の大半に甚大な被害を与え、深刻な飢饉をも生み出していった。内戦は農業の足腰を弱め、多数の農民を死に至らしめていた。救済をおこなうためレーニンは、比較的被害の軽い地域から食糧を徴発するとともに、アメリカからの食糧支援を受け入れた。それでも、数百万の命が飢饉によって奪われた。

さらにネップ時代のソビエト政府は、ネップ移行後すぐに、一九二四～二五年と一九二八～二九年と、さらに二度の不作と飢饉に見舞われることとなる。これらのときにも、ソ連は国外からの食糧支援を受け入れ、幸運にも死亡者数はかなり少なくて済んだ。一九二〇年代のソ連では、レーニンが死去する一九二四年以前でさえ、かれの側近であるスターリンとトロツキーとブハーリンの間で権力闘争が起きていた。闘争の最大の争点は、農業政策であった。

ソ連の農業が早晩、集団化をおこなわなければならない点については、三人の意見は一致していた。コルホーズと呼ばれた集団農場の建設によって、村の個人農の農地は機械化の容易な大区画に整理・統合されていった。こうした方策をソ連の指導者たちは、アメリカの大規模農業の模倣と考えていた。社会主義政権は、ソフホーズという国営農場も創設した。これは、たいていが旧地主の農場を基礎にしてできあがった特別の大規模農場で、これもアメリカの大規模で、工業化された農場が範とされていた。三人の後継候補者たちは、クラークと呼ばれた「富裕な」農民の一団が村々を支配し、ソ連の諸政策に反対しているとも考えていた。

ソビエト農業は、伝統的な村の構造を保持しながら、ゆっくりと近代的なシステムへと変わっていくべきなのか、あるいは政府の主導によって、工業化された大規模な農業システムへと積極的に変容していくべきなのかについて、後継候補者たちの間で議論が戦わされた。前者はブハーリンや「右派」の見解であり、後者がトロツキーや「左派」の考えであった。クラークの存在を認めるか否かに関しても議論があり、許容するとする右派の考えと、かれらはソビエト政権に対する階級の敵であるとして、村からの追放を求める左派の見方が対立していた。

スターリンは当初、右派を支持していた。しかし、一九二〇年代の三度の飢饉と、工業化の強行を謳った五か年計画を開始する決断をしたことで、最終的にかれもソビエト農業を作り変えてゆくことを承服する立場へと転じた。そこには、国家が直面するこれらの飢饉が繰り返されることの根底には、ソビエト農業の後進性があるとの前提があった。

スターリンとその一派は、一九二九年一二月に開始された集団化を威圧的に強要し、クラークたちを村から追放する「反クラーク化」政策も同時に実行した。一九三〇年三月には、高度に軍事組織化された宣伝・啓蒙活動によって、農民の半数近くが自分たちの村をコルホーズに改造し、数十万人の農民がクラークとして村々から追われることとなった。こうしたやり方は数千人に及ぶ各地の農民たちを蜂起させることになり、かれらは政府に宣伝・啓蒙活動の中止を求めた。多くの農民がコルホーズを去り、「誤って反クラーク化」の対象とされた数千の農民たちは故郷の村に帰還していった。国家としてはかなりの穀物収穫を上げることに成功し、政府はそれらの穀物の多くを、工業化に必要な機械の購入資金を稼ごうとして輸出に回した。一九三〇～三一年、政府は再度、集団化と反クラーク化に着手した。一九三一年の秋までに、農民の約六割がコルホーズの所属となり、「反クラーク化」の対象となった二〇〇万人の農民たちは、工場や木材伐採所やグラーグという強制収容所での強制労働を強いられた。

一九二九〜三三年には、急激な工業化を強行したことと、自発的・（反クラーク化のような）非自発的を問わず、大規模な人口移動が生じたことから、ソビエト経済は混迷を極めることとなった。政府は、一九三二年に食料配給の範囲を四〇〇〇万人以上に拡大し、一九三三年には国内パスポートの制度を導入し、都市への人口流入を制限した。こうした切迫した状況の最中、一九三一年には干ばつが発生し、またその翌年には雨続きの異常な天候が重なり、収穫を落ち込ませる原因となった。こうした状況に、一九三〇〜三一年におこなわれた大量の穀物輸出が重なり、深刻な飢饉を再び招来することとなった。だが今回は、ナチス・ドイツと大日本帝国の攻撃を恐れたソ連政府は飢饉の事実を隠蔽し、食糧輸入をほとんどおこなわなかった。しかし、国内での救援の試みは大規模におこなわれたため、農民たちは一九三三年には大豊作を達成でき、飢饉に終止符を打った。一九三〇年代は、一九三四年、三六年、三八年の飢饉もあって、収穫量は安定しなかった。政府による村々への食糧支援と種子の配布は、毎年のようにおこなわれた。ただし、一九三七年のソ連の収穫量は、史上最大を記録している。

ソ連とメキシコの革命はともに生産の共同化を取り入れていったが、メキシコ革命がかつて土地なしであった農民たちに農地を委譲したのに対し、ソ連の集団化は農民からの一種の土地収用であった。コルホーズによる村の農地の統合・整理は、コルホーズ、つまりはソ連政府の管理下でおこなわれたのであり、個々の農民は自らの土地に対して持っていた個人的な権限のほとんどを失うこととなった。ソ連のコルホーズは、農家が独自に耕作をおこなう「自留地」を農民たちに付与したが、これらの「自留地」は高い生産性を示していた。

メキシコのエピードも、ソ連のコルホーズ、ソフホーズも、ともに政府からの支援を受け、それに依存していた。両国の指導者たちは、それぞれの農場を農業の近代化と必要な収穫量の確保のための手段と見なす一方で、農民たちが生活を営んでいくための最低限の水準の維持をも図っていた。メキシコは、ソ連が経験したような農業災害や飢饉こそ経験していないが、一九一〇〜二〇年の革命期には、農業の復興を待たずして多数の餓死者を出す結果につながった農業生産の急落を経験している。いずれの国の制度も、第一次世界大戦後に食糧の自給自足を達成したものの、その後、両国ともアメリカからの輸入に依存するようになっていった。このようにメキシコとソ連の方策は、矛盾を孕みつつも農民を取り巻く危難からかれらを守ることに寄与していたものの、農民たちを経済的、社会的、政治的に隷属化した状態に置きつづけてもいたのであった。

◈結　論

二〇世紀前半、世界の農業は第一次世界大戦以前の繁栄から発して、戦争・過剰生産・飢饉・経済不況といった相次ぐ危機へと立ち至った。各国政府はこれらの農業危機に対して、それまでの人類史におけるいかなる時代よりも迅速に対応し、また多彩な計画と改革、支出と即応性をもって対応した。アメリカやヨーロッパ、オーストラリアやラテンアメリカの民主主義諸国では、政府主導の価格支援や農産物の生産と取引の調整をおこなった。これらの国々の民主主義と科学の発展によって農民たちは、他の国々ではいまだにはびこっていたかつての二重の従属の多くから逃れることが可能となった。

より攻撃的な手法で、農業危機に取り組んだ体制もあった。ファシスト国家では、究極的には戦争もそこに含まれる政府の大きな目的に農民たちをつなぎ止めていった。その過程で、ファシスト国家のこうした取り組みは、農業を全体的な食料システムの一部として扱う先例となっていった。メキシコ革命は、過去に土地を奪った地主層から村々に土地を返還させることによって、農村をエピソードとして再編していった。ソビエト革命は、村々をコルホーズに変えていった。一種の逆向きの土地改革である。これら二つの事例においては、革命政府が新たなタイプの農場に生活必需品や農業技術や農業指南を、責任をもって提供していた。ソ連の場合は、生産計画の指令も与えられた。しかし、いずれの場合も、農民たちは社会的、政治的に隷属状態に置かれたままであった。農民たちが受けた支援も、部分的には政府のために生産性を上げさせる企図が含まれていた事実から、たとえ地方社会の環境の改善がその目的に含まれていたとしても、政府のためという目的である限り、不誠実であるように思われた。

植民地支配を被っていたアフリカやアジアの広大な地域では、白人入植者がいるかいないかが植民地政策のあり方に大きな影響を与えた。南アフリカやケニア、アルジェリアや東南アジアのフランス植民地のような入植者が多く居住した植民地では、大恐慌時代の政策はヨーロッパ系の農民たちにおもねるもので、かれらが享受する利益の大半を生み出すものに他ならなかった。先住民系の農民や労働者は、援助をほとんど受けないか、まったく受けなかった。しかし他方で、息をつく間もなく税の支払いをし、国の定めたその他の義務を果たしていくためには、低賃金の奉公人仕事でもせざるをえず、半ば違法な無断居住者として生きていかざるをえない者も多かった。黄金海岸からインドに及ぶ入植者のいない植民地では、先住民系の農民たちは自由や機会をより多く手にしていた。だが、かれらにしても居丈高な地主や強欲な高利貸しからのひどい仕打ちに、立ち向かわなければならないことが多かった。現地の農民たちはたいてい、政府の販売機構や外国の貿易会社を通じて自身の生産物を販売する必要があったが、それらが設定する価格は、農民たちよりもその機構や貿易会社に利益をもたらすものであった。

どんなケースでも、政府は技術支援や財政支援を施すことで、農民たちをある程度は支援してきた。だが、その見返りとして農民たちは、政府のやり方や方針にある程度は従う必要が生まれた。また、こうした支援が農民たちを保護するセーフティーネットとして機能することもあったし、間接的には、有害な環境の影響から社会を守る機能を果たしてもきた。しかしながら、こうした支援は農民たちに制約を課すものであり、時にそれは非常に深刻なものでもあった。上述の政府の先例のない即応性は、その度合いこそ様々であるが、政府の官僚制度への農民たちの先例のない従属を生み出すことにもつながっていった。しかし農民たちは、多くの人々に対して、安定した生産と食糧の供給を保証すべき位置にも立たされていた。そして、そうした傾向は、別カテゴリーのアクターである大企業も加えながら、第二次世界大戦中も、また大戦後も続いていくのであった。

さらなる読書のために

基礎的な研究としては、Avner Offer, *The First World War: An Agrarian Interpretation*（Oxford: Clarendon Press, 1989）がある。Ellis Goldberg, "Peasants in Revolt-Egypt 1919," *Journal of Middle Eastern Studies* 24（1992）は、一九一九年のエジプトでの抗議運動について簡略にまとめている。Gerald Friesen, *The Canadian Prairies: A History*（Lincoln, NE: University of Nebraska Press, 1984）は、視野の広い研究である。Deborah Fitzgerald, *Every Farm a Factory*（New Haven, CT: Yale University Press, 2003）は、アメリカ農業の初期工業化についての記録となっている。Frank Clarke, *The History of Australia*（Westport, CT: Greenwood Press, 2002）は、農業に多くの紙幅が割かれている。Annie Moulin, *Peasantry and Society in France since 1789*（Cambridge: Cambridge University Press, 1991）と、Robert Paxton, *French Peasant Fascism*（New York: Oxford University Press, 1998）は、核となる研究である。G. E. Mingay, *Land and Society in England, 1750–1980*（London: Longman Group, 1994）は、扱う範囲の広い著作である。Martin Clark, *Modern Italy, 1871–1995*（London: Longman Group, 1996）は、農業と農民に詳しい。Richard Grunberge, *The Twelve-Year Reich*（New York: Holt, Rinehart, and Winston,

1971）は、ナチの農業政策に関する議論が優れている。

Dana Markiewicz, *The Mexican Revolution and the Limits of Agrarian Reform, 1916–1946*（London: Lynne Rienner Publishers, 1993）は、刺激的な解釈を提起している。アルゼンチンについては、Carl Solberg, "Rural Unrest and Agrarian Policy in Argentina, 1912–30," *Journal of Interamerican Studies and World Affairs* 13: 1（1971）と、Simon G. Hanson, "Argentine Experience with Farm Relief Measures," *Journal of Farm Economics* 18: 3（1936）を参照。ブラジルについては、Fiona Gordon-Ashworth, "Agricultural Commodity Control under Vargas in Brazil, 1930–45," *Journal of Latin American Studies* 12: 1（1980）と、Mauricio Font, "Coffee Planters, Politics, and Development in Brazil," *Latin American Research Review* 22: 3（1987）と、フォントの論文に関する議論が掲載された同じ研究雑誌の 24: 3（1989）を参照。ロシアとソ連については、Mark B. Tauger, *Natural Disaster and Human Action in the Soviet Famine of 1931–1933*（Pittsburgh: University of Pittsburgh, CREES, Carl Beck Papers, 2001）を参照。国際的な穀物貿易については、Dan Morgan, *Merchants of Grain*（New York: Penguin, 1980）を参照。

植民地に関しては、C. H. Lee, "The Effects of the Depression on Primary Producing Countries," *Journal of Contemporary History* 4(4)（1969）を参照。アフリカについては、Bill Rau, *From Feast to Famine*（London: Zed Books, 1991）; W. E. F. Ward and L. W. White, *East Africa: A Century of Change, 1870–1970*（New York: Africana Publishing Corporation, 1972）; E. A. Brett, *Colonialism and Underdevelopment in East Africa*（New York: NOK Publishers, 1973）; そして、Robert Maxon, "Where did the Trees Go? The Wattle Bark Industry in Western Kenya, 1932–50," *The International Journal of African Historical Studies* 34(3)（2001）を参照のこと。南アフリカに関しては、Monica Thompson, Leonard Thompson, eds., *The Oxford History of South Africa*（New York: Oxford University Press, 1971）を参照。アルジェリアについては、V. B. Lutsky, *The Modern History of the Arab Countries*（Moscow: Progress Publishers, 1969）と、Kjell H. Halversen, "The Colonial Transformation of Agrarian Society in Algeria," *Journal of Peace Research* 15(4)（1978）を参照。インドに関しては、Shriman Narayan,

The Gandhian Plan of Economic Development for India (Bombay: Padma Publications, 1944) と, D. A. Low, *Congress and the Raj* (New Delhi: Oxford University Press, 2004) を参照。

第7章　農のブームと危機——第二次世界大戦から二一世紀

現代的な世界農業・食糧制度を創り上げるために、世界の農業は、一九四〇〜二〇〇〇年の間に、二度の移行期を経験してきた。第二次世界大戦中、および戦後の数十年間は、アメリカが世界の農業を支配する地位に躍り出て、世界の食糧制度を形成していった。次いで一九七〇年代以降は、多くの国々が主要農業生産国の仲間入りをし、アメリカと肩を並べる地位をも獲得し、世界市場を絶え間ない変化の中に置いた。多国籍企業は、食料品の消費を統御しようと自らの資産や市場力、技術面での専門知識を駆使してきた。このことは、逆に言えば、多国籍企業が農産物の生産に対して求める生産要請や、グローバルな食糧制度における農民の役割から、農民たちが逃れることを困難にしていった。

世界の食糧制度がこうした変容を遂げる中、五つの過程が農業生活を形作った。五つの過程とは、共産主義的な農業制度の興隆と衰退、緑の革命とそれが多くの発展途上国にもたらした食糧生産の増大、農業の工業化と先進諸国での農民の減少、農業危機地域としてのアフリカの登場、そして農業技術の進展の予想外の影響のことである。二一世紀初頭に至るまでに、世界の農業は膨大な量の食糧を生産するようにはなったが、化石燃料への依存や地球温暖化のような環境変化が、世界の食糧供給の安定性を脅かしてもいる。

現代農業において観察されるこれらの展開は、昔ながらの二重の従属にも変化を与えた。各国政府や国際機関、また世界中の企業は農民を支えようと共闘し、調査をおこない、農民を利する政策を策定し、農業をより活性化させる農産物を生産しようと協働してきた。農民の二重の従属を軽減し、農民たちが環境面での困難に打ち勝ち、政治的な影響力を高めていくことを支援するべく、一致した努力が傾けられたのは、人類史上初めてのことであった。しかし、そうした努力は皮肉にも、農民たちを別の、新たな従属へと追い込んでいった。その結果、これまでに一度も経験したことがないほどの農民が離農していった。そのため、歴史上初めてのことであるが、世界の人口上、もはや農民は多数派を形成してもいないのである。

◈第二次世界大戦と現代農業システムの形成

第二次世界大戦以前、および大戦の最中、アメリカとヨーロッパは二度目の「大戦」の需要に、第一次世界大戦時以上に効率的に応えられる制度を確立していった。イギリスでは、一九三七年の農業法が穀物の増産を奨励する補助金を増額させた。第二次世界大戦中、イギリス政府は五五〇万エーカーの牧草地を穀物畑に転換するよう農民に勧め、穀物生産量は二倍近くに跳ね上がった。同政府は、この政策に抵抗した農民たちから一五〇〇の農場を没収したが、ほとんどの農民は抵抗しつつも、協力はした。トラクターの使用の増加は、戦後に強まっていく農業のやり方を示すものであった。二〇〇〇万人以上の男性の動員で、農業労働者が足らなくなっていった。いくつかの国では、都市に住む女性たちを農場で働かせようとした。捕虜も農場での労働に駆り出された。

第二次世界大戦中のアメリカでは、農産物価格は二倍以上になり、農業所得の総額は三倍以上になった。また、農民利益代表団は、一九四一年にシュテーガル改正法案を成立させ、農産物価格の支援を実質的に増加・拡大させた。アメリカの農業補助金に関しては、いつの時代にも起きることだが、少数であっても困窮した農民たちに利益をもたらそうとした政府の計画は霧散し、補助金は大規模農地を所有する裕福な農民たちに偏った利益をもたらしただけであった。だが、戦時であっても、アメリカの農民が巨大な生産力を保持していることは証明された。三八か国に支援を与える武器貸与計画の一環として、食糧やその他の農業輸出品を供与しつつも、アメリカの消費は、戦時であっても、高い水準が維持されたのであった。

オーストラリアやニュージーランドやカナダといったその他の輸出国の農民と農業も、全般的には、第二次世界大戦中には好調で、増大した需要と高価格で収益を増大させていった。これらの国々でも武器貸与計画が実行され、イギリスをはじめとした受領国に食糧供給をおこなうために、自国民には食糧の配給が実施された。当初、ラテンアメリカの農場は、潜水艦の攻撃やアメリカの封鎖によって需要の喪失に直面した。だがその後、アメリカの援助もあって、ラテンアメリカ諸国間やアメリカとの貿易が増大し、戦時需要に応じた生産体制への転換を果たすことによって、ラテンアメリカの農場は息を吹き返していった。

ソ連、アフリカ、アジアの農業は、さらに困難な状況下にあった。ソビエト政権は、一億七〇〇〇万人ほどであった総人口のうち、ほとんどが男性農民から成る三四〇〇万人以上の人間を動員し、加えてさらに数百万人を農村から徴用し、戦時産業で働かせた。工業のほとんどは、軍需品の生産に転換していた。子どもや女性、高齢者や障害者といった残った農業労働者は、劣悪な機械やわずかな馬を使って農作業をおこなった。集団農場や国営農場の生産物には、没収に近い調達の割当てが政府より課された。農民たちは、自留地で栽培した作物や家畜によって何とか戦争を生き抜いた。ソビエト政権は、一時期、農民たちが自留地を広げていくことに対して無関心であったので、わずかばかりの余剰生産物を町で販売する者も出てきた。ソ連がアメリカの武器貸与計画による数百万トンの食糧支援を必要とした理由は、上述のようなひどく略奪的で、無理な農業制度の限界が、それを説明してくれる。

アフリカの農民たちは、国内問題に加えて植民地的な要求と闘わなければならなかった。フランスやイギリスは三〇万人以上のアフリカ人を兵士として召集し、それ以上に多くの人々を使役や運搬のために駆り出した。このため、働き手の多くが農業に従事できなかった。日本が東南アジアを獲得して以降、ヨーロッパは天然ゴムの確保に迫られて、ベルギー領コンゴに矛先を向けていった。植民地政府は、農民たちがゴム栽培のプランテーションで働かなくてはならない時間をどんどんと増やしていき、それが原因で暴動にまで発展することもあった。植民地列強が農民たちに要求する現金と食用作物も増加の一途を辿った。

このことは、農民たちが必要とする、生活を維持するための生産物の減産を意味していた。こうした状況では、一九四三〜四四年のタンガニーカのように、さほどでもない不作が飢饉を引き起こし、人命を奪うことさえありえた。ケニアでは、都市への食糧供給を確保し、干ばつに伴う飢饉に対処するために、一九四三年には、食糧不足委員会を設立する必要に迫られた。植民地列強は農民たちに、干ばつに強い作物を栽培するよう熱心に促した。

ナチス・ドイツの食糧生産は、必要とされる農産物の八五％しか達成できていなかった。農民たちは、ナチ党の定めた諸規則に逆らって、政府の配給制度を逃れたり、生産物を闇で販売したり、生産物の一部を手元に取り置いたりした。ナチ政権は、他のヨーロッパ諸国同様、動員戦術で不足を補おうとした。また、征服した東欧やソ連では、「焦土戦術」を採用した。それは、現地の人々の間に大規模な飢餓が広まる結果になろうとも、必要とする食糧は力ずくで奪い取るという方策であった。しかし、実際には、ナチスの占領政府は、現地の農民たちがやる気をなくし、何も生産しなくなるとして、この政策に抵抗した。第二次世界大戦末期には、戦争が甚大なる負担や荒廃を農業制度にもたらしたために、ドイツの食糧消費は生活が維持できない水準にまで落ち込んでいった。

◆一九四五～七〇年代の農業――異なる道、冷戦、発展

第二次世界大戦が終結してからの三〇年間で、世界経済の他の領域と同じく、世界の農業も資本主義農業の第一世界と、共産主義農業の第二世界、そして植民地支配から抜け出そうとしていた国々が形成した第三世界に分化していった。資本主義を掲げる第一世界は他国にモデルを提供するとともに、経済発展を通して、特に交易と緑の革命政策を通して、第三世界とは重要な関係を築いていった。一九七〇年代には、主要農業国の仲間入りをする第三世界の国々も現れたが、他方で、それ以外の国々の後進性は本質的な問題を生み出していた。

◆資本主義世界の農業

資本主義諸国は、急速に近代化、機械化された科学的農業制度を維持しつつも、大恐慌以来の保護政策と政府補助金を続けていた。その直接的な影響として、資本主義諸国においては、農業部門で働く人口は急激な減少を示すようになり、その農業は急速にグローバル化した世界全体の食料システムに組み込まれていった。

ヨーロッパとソ連の農業は、非常に大きな戦禍を被った。一九四六年の干ばつは、どこにおいても低かった収穫量を激減させ、ソ連では広範な飢饉を引き起こす原因となった。この農業・食糧危機によってヨーロッパでは、多くの人々が選挙で共産党を支持するようになった。これを受けて、アメリカのジョージ・マーシャル国務長官は、一九四七年六月に、ヨーロッパの復興を支援するためにアメリカは、大規模な救済計画、中でも食糧支援をおこなう意志がある、と申し出た。このヨーロッパ復興計画は「マーシャ

ル・プラン」と呼ばれ、アメリカが、その後二五年にわたって、世界の経済と農業を支配していく基調を定めるものとなった。

マーシャル・プランが発表される以前でも、国際会議を通じてアメリカは、戦後経済のあり方を主導していた。一九四四年に、ニューハンプシャー州のブレトンウッズで、四四か国が参加した世界経済会議がおこなわれ、戦後の国際金融の要となる機関が設立された。すなわち、世界銀行の通称で呼ばれる国際復興開発銀行や国際通貨基金（ＩＭＦ）が創設されたのであった。これらの機関が各国に対し、巨大プロジェクトを支援する長期の貸付けと、金融上の困難に対応するための短期の貸付けを個々におこなった。一八の主要国は、一九四八年に関税および貿易に関する一般協定（ＧＡＴＴ）を締結した。ＧＡＴＴは、アメリカの強い主張で、農産品を除いた自由貿易を支える協定となった。最終的には、世界中のほとんどすべての国々がＧＡＴＴに署名した。

戦後、列強は国際連合（ＵＮ）も創設した。イギリス人栄養学者サー・ジョン・ボイド＝オアは、農業秘書官たちの協力も得て、一九四五年一〇月の国連食糧農業機関（ＦＡＯ）の設立に尽力した。ボイド＝オアはＦＡＯの初代事務局長に選ばれ、余剰農産物を飢饉に見舞われている地域に届ける世界食糧局の設立を目指した。だが、イギリスやアメリカをはじめとした国々は、このボイド＝オアの提案、ないしは同様の提案を受け入れなかった。選挙で選ばれたわけでもない外部機関の統制の下に、自国の農民たちを置きたくなかったからである。ボイド＝オアたちの提案が政治的な支持を獲得できないであろうということも、提案拒否の理由であった。

戦後のヨーロッパや植民地支配から脱しようとしていた地域に、主として食糧を供給したのはアメリカの農業制度であった。アメリカ政府は、冷戦期の世界農業におけるアメリカの支配的な地位を活用して、第三世界諸国のソ連からの離反を促したり、アメリカの過剰生産を減らす政策を採らなくても済むようにしたりした。アメリカ政府は、マーシャル・プランに続く大きな計画として、一九五四年に農業貿易発展援助法（公法四八〇号として公布。一九六〇年代に「平和のための食糧」計画と改称）を成立させた。この計画は、一三五の国々に一億トン以上の食糧を、安い価格で届けるというものだった。アメリカはこれ以外の援助計画も進めていた。しかし、皮肉にもこれらの計画は、支援される国々の農民たちを害するものでもあった。

農民たちが収穫量を増やし、生産性を上げるのに、上述の諸政策以上に効果的であったのは、新たな技術であった。作付け調整や価格支援、「平和のための食糧」計画による輸出補助金といったものの存在にもかかわらず、数百万人のアメリカ農民たちはコストや損失を収拾できず、戦後数十年が経過する中で、自らの農場を閉鎖してしまった。一九四〇年に七〇〇〇万人いた農業人口は、二〇〇〇年には二〇〇〇万人にまで減少した。アメリカ南部では、小作農たちは離農して町に向かってしまい、木綿農家は木綿の生産を機械化しようと懸命であった。南西部の格安の原綿に対抗することは難しく、かれらは経営の多角化を迫られた。南部の農業はその独自性を失い、アメリカの他の地域の農業と変わらぬものになってしまった。

ヨーロッパの農業も、農業人口の減少と生産性の向上を経験しつつあった。第二次世界大戦後、ヨーロッパ諸国の農業政策は近代化の方向に向かっていった。ヨーロッパでは、農業の機械化や改良品種の導入、家畜飼養の拡大が急激に進行していった。戦後、アメリカからの食糧輸入に依存していた状況は、上記の諸変化を後押しするものだった。一九五〇年代初頭のイギリスは、いまだ配給をおこなっており、食糧の輸入に多額の費用を費やしていた。一九三〇～四〇年代におこなわれた調査結果は、農業研修の改革と国内の食糧生産を刺激する方策の研究を、政府が早急に進める必要性を訴えていた。これらの調査や農民たちの政治組織や研究者たちが一致して否定的であったのは、農地の共同所有化で、そうではなく農業振興に必要な技術と科学的な調査の導入・実施を一致して求めていた。他の西欧諸国が下した結論も同様であった。

イタリアでは、一九四三年から、貧しい南部に帰還した復員兵たちが農場に入り込み、数千ヘクタールの土地を占拠していった。政府はこれらの行為を黙認し、一九五〇～六五年には、六七万三〇〇〇ヘクタールの大農場の土地を土地なし農や小農に分配する土地改革を断行した。このことは、イタリアの不公正な土地所有の長い歴史上、初の快挙であり、二〇〇〇年前のグラックス兄弟の計画が実現したと見ることもできよう。政府からは助言や灌漑施設や価格支援が提供され、新参の農家の多くが成功裏に農業をおこなっていけた。

スペインの状況は、真逆であった。フランコ将軍は農民支援の公約をし、一九三六～三九年の内戦に勝利した。だが、その後、かれがおこなったのは、地方の大土地所有者勢力の復権であった。数年にわたる食糧生産の落ち込みの後、一九五九年にフランコはスペイン経済の扉を世界市場に向けて開け放った。一九六〇年代のスペインは好況に沸き、労働者や小農たちは村を去り、都市に向かった。小農も多く生き残ってはいたが、一九七〇年代のスペイン農業を支配したのは、大農場であり、機械化であり、現代的な投資であった。

ヨーロッパがヨーロッパ連合（EU）による経済統合の方向に進んでいったように、ヨーロッパの各国政府は、一九五八年に、共通農業政策（CAP）を承認した。CAPによって、構成国の農産物のために統一市場が生み出され、それは二〇〇〇年代までに、ほとんどすべての西欧・東欧諸国を含むまでに拡大していった。CAPは調査研究を支援し、ヨーロッパ共同体（EC）の農民たちのために、ECの支出の大半を用いながら価格支援や市場支援を施した。CAPはまた、アメリカの農業法の作付け割当てに酷似した、作物・家畜生産量への上限の設定をおこなった。しかしながら、この上限は利益の比較の結果というよりは、ロビー活動の結果によるものであった。スペインの農民たちは、オランダや北フランスの農民たちよりも安価に牛乳を生産することができたが、北部ヨーロッパの農民たちはEUにかけ合い、スペインの農民たちが牛乳を生産・販売することを禁止し、北部ヨーロッパの農民たちだけにそれが許されるとした。ヨーロッパの農民たちは大量の余剰生産物を生み出し、借金を抱えてしまうこともしばしばであった。かれらは頻繁に抵抗運動を起こし、さらなる支援を要求した。

第二次世界大戦後のアメリカやヨーロッパの農業は、農業を発展させるにも、離農するにも、いずれにおいても政府からの支援や良好な市場環境、新たな農業技術や経済成長の恩恵を被ってきた。生産性は確かに向上したが、農業部門全体としては従事する人口の減少に見舞われている。農業を続けている人々の多くは、工業など他の都市での仕事に就きながらの兼業農家であるか、一線を退いて、政府の年金頼りで農業をしている人であるかのいずれかとなった。

◈共産主義と農業

共産主義諸国では、国営の農業部門が形成され、拡張されていった。共産主義国の多くでは、農業の集団化がおこなわれ、またそこには必ず大規模な資本主義農場に対抗する国営農場の小部門が存在した。これらの国々では、資本主義的な農業をモデルにしながら、自国の農業の近代化に取り組んでいた。しかし、国の貧しさとイデオロギーの存在のゆえに、資本主義諸国との貿易や技術交流には限界があった。

東欧の農業政策は、冷戦の中心的な問題であった。東欧のほとんどすべての国において、農業は最大の経済部門であり、わずかな大土地所有者の階級が絶大な権力を保持していた。共産党はたいてい、共産主義者の農業大臣を据えることから着手した。その農業大臣は、地主層から土地を没収し、農民層に分配する土地改革をおこなおうとした。こうした土地改革は地主層を弱体化させ、農民層からの支持を獲得した。このいずれもが、共産主義者が政権を奪取するのに不可欠のステップであった。

実権を握ると、共産党政権は農業の集団化を開始した。かれらの集団化のやり方は、ソ連でのやり方に比べて、より慎重なものであった。ただ、「クラーク」の村落からの引き剝がしのような戦術は同じように採用し、様々なレベルでの抵抗にも直面した。共同体的な村落に馴染んでいたブルガリアの農民たちは、集団化を受け入れて、政府の支援もあって、食糧生産を伸ばしていった。ポーランドでは、一九五六年の危機に至るまで農民も役人も集団化に反対し、その後、集団化は断念されるに至った。

第二次世界大戦後のソ連は荒廃が著しく、特に農業の被害は甚大であった。戦争で二五〇〇万人以上の命が奪われ、ソ連の農業は労働力不足に直面し、軍事徴発やナチスの焦土戦術によって多数の馬やトラクターも失っていた。したがって、一九四五年にはほとんどの農業労働者は女性で、かのじょたち自身が犂を引かねばならなかったこともよくあった。一九四六年の干ばつはわずかな収穫を、当然ながらさらに減少させ、二〇〇万人の死亡者を出す飢饉の引き金にもなった。ソ連の農業制度は、一九三〇年代と同じく、食糧の配給と集約的な農作業の実践によって、こうした災害から復興した。しかし、高い調達割当てや戦時下の低価格の継続は、農民たちを貧しいままに留め、制度への不満も解消できなかった。

一九四八〜六〇年代半ばまでのソビエト農業の目覚ましい成果もあって、ソ連の農業研究は似非《えせ》科学者の支配下に入ってしまった。かれはスターリンに、ソ連の農業は「西」の科学を必要としないと説いていた。トロフィム・ルイセンコは政治的なコネを使って、一九四八年に全連邦農業研究センターの所長になった。ルイセンコとかれの側近は、多くの正当な科学者を研究機関から追放し、結果として投獄されたり、果ては処刑された者まで現れた。

ソ連農業における改革は、一九五三年にスターリンが死去してようやく開始された。スターリンを継いだニキータ・フルシチョフは、穀物価格を含めた政府買上げ価格を十の倍数で引き上げ、農場を複数の村落に跨る規模に拡大し、より多くの農業機械や必需品や資金を投入した。ルイセンコの影響力も今や弱まり、一九六四年にはかれは追放され、ソ連農業は近代化の道を進み出しただけでなく、安定期にも入っていった。一九六〇~七〇年代にかけて、集団農場と国営農場の農民たちに対して政府は、ようやく年金と国内パスポートを付与するようになった。地方の住民が、ロシア史上初めて、都市の労働者と法的に同等に扱われたのである。

しかしながら、ソ連農業は増加する人口を十分に賄うだけの生産力を保持していたわけではまだなかった。フルシチョフは、ヴォルガ川以東の「未開拓地」を開拓するという以前の計画を復活させた。それは、三〇〇〇万エーカー以上の土地を耕作する広大な農場を建設するとした一大キャンペーンであった。未開拓地は確かに穀物生産の増大につながったが、長期的には、こうした痩せた地域は自然災害に見舞われる危険性が高かった。一九六三年に発生した例を挙げれば、同年の深刻な干ばつがヴォルガ川以東の地域の収穫を直撃し、砂塵嵐も頻発させた。飢餓対策と家畜の損失を補うためにフルシチョフは、一九六三~六四年に、一七〇〇万トンの穀物輸入をおこなうことを余儀なくされた。この危機への対応として、フルシチョフの後継者であるレオニード・ブレジネフは、農業発展と灌漑設備の重要性を強調した。

中国の二〇世紀は、自然災害、軍事的敗北、外国からの支配、そして農民反乱によって幕が切って落とされた。一八九八年に黄河が氾濫し、二五〇〇平方マイル〔約六四〇〇平方キロメートル〕の土地に浸水した。干ばつと虫害も重なり、数百万人の飢餓難民を生み出した。中国人の中には、この災害の責任を、「不平等条約」によって中国での活動が許されていた外国人に求める者もおり、義和団という秘密結社が再び力を持つようになっていた。義和団は、列強の干渉によって鎮圧されるまでの一八九九〜一九〇〇年に、外国人に暴力的な攻撃を加えていた。

その後、人々の不満は外国勢力の干渉によって辛うじて支えられていた末期の清朝に集中し、農民たちは一九一一年に清朝を打倒することになる軍事勢力を支援した〔=辛亥革命〕。新国家中華民国はすぐに瓦解し、中国は軍閥の支配する国家となっていった。一九一八〜二一年に中国北部で発生した干ばつと飢饉への対応は、軍閥国家の力量を超えていた。中国域内の国々といくつかの国家によって中国飢饉救済国際委員会が結成され、〔日本の侵略が始まる一九三七年までの〕一七年間、活動をおこなった。活動内容としては、農業や生活条件の改善、および飢饉防止のために食糧救援や開発援助をおこなうことであった。

戦間期の中国は絹布や綿布を輸出していたが、農民たちは軍閥政府や軍部の過酷な税に呻吟していた。地主たちが農民たちの土地を奪うことは日常茶飯事であり、農民たちは小作人や土地なし農となり、高額の小作料やその他の義務を要求された。農民を取り巻くこうした状況は、一九三〇年代に入ると、大恐慌と日本による侵略によって悪化するばかりであった。

この頃、新興の中国共産党はソビエト流の党路線を継承していた。すなわちそれは、遅れた「資本家」階級である農民たちは、革命の基盤たりえない、という考えであった。一九二六年の半ばまでに、蔣介《しょうかい》石《せき》が率いる国民党がいくつかの軍閥国家を打倒した。都市から送られた教育を受けた組織員たちの指導の下、農民たちは解放された地区に合作社《がっさくしゃ》〔中国の協同組合〕を作っていった。農民たちは地主層や宗族、宗教指導者から権力を奪取し、アヘンやアルコールや賭博を禁じ、女性の権利を推奨し、学校を運営した。

また、小作料や法外な高利は制限された。頭角を現しつつあった共産党の指導者毛沢東《もうたくとう》は、一九二七年に、合作社に関する長文で熱い報告書を書き上げた。共産党の何人かの同志たちと同じく、かれも農民たちを革命勢力の主体と見なすようになっていた。

しかし、軍事的な勝利が続く中、蔣介石は共産党を潜在的な脅威であると判断した。一九二七年四月に、蔣は上海で、できる限り多くの共産党員を殺害ないし追放しようと目論んだ流血事件を起こした。かれの一派は地主層を糾合し、合作社に対する「白色テロ」を実行した。こうした攻撃を逃れた共産党は、一九三四年の長征へと向かっていった。後退を続ける中、共産党は農民たちを革命勢力の主体として支援する方針に転換していき、毛沢東が党の指導者となった。共産党は僻遠の地、延安に身を潜めることとなった。延安で共産党は、自らの指導の下で合作社を復興させていった。共産党が農民たちから実質的な支持を獲得していった一方で、国民党が頼みとすることができたのは地主層だけとなっていた。

一九三七年に日本が中国との戦闘に突入すると、共産党は農民軍を組織し、日本の探索や破壊工作に対抗するためにゲリラ戦術を採用した。その成果は、国民党のそれよりもはるかに上であった。日本の敗戦の後に、中国共産党の親農民政策と国民党の地主層への誤った賭けもあって、中国共産党は、長い内戦の末の一九四九年に、国民党を打ち破った。

今や中国共産党の主席として中国を治める立場となった毛沢東は、延安で始められた強制的な土地改革を拡大していった。公式には、地主たちが実権を握っていた時代には、抑えておかねばならなかった憤りを、農民たちが表出しようとしたということになっていた。そして、その過程で何千人もの人々が殺されていった。農民たちが新たな土地に落ち着くや否や、毛沢東は集団化の長期計画に着手する時が来たとして決断を下した。農民たちはまだ共産党に忠誠心を抱いていたために、集団化の過程はソ連でおこなわれたものよりは暴力的ではなかった。ただ、ほぼ同じ期間を要した集団化の過程であったが、関係した農民の人数はソ連の四倍に及んだ。一九五七年には、九〇%以上の農民が説得され、または勧誘されて人民公社に加わっていた。

食糧供給や工業化や、農場の将来的な必要性を考えるなら、多くの村落から成る地区全体に及ぶ集団化、つまり「人民公社」を結成することだけが、厳しい食糧状況を克服する方策である、と毛とその同志たちは結論するに至った。党の組織員たちは農民たちに、人民公社ではそれだけ収穫量が向上するので、食堂には好きなだけ食べていい無料の食べ物が供され、そのため女性たちは家事をする必要がなくなるであろうと約束した。農民たちは党を信頼し、これらの約束を信じた。かれらは、配給と翌年の収穫のために節約をせねばならなかった年月が明け、共同食堂で好きなだけ食事をしたのであった。そして、食糧供給は尽きた。地方の役人たちが公社の農民たちに無謀な耕作を強要することもあった。これまでの中国では例を見なかった人民公社の規模の大きさと運営上の問題が、深刻な混乱をもたらすこともあった。農業生産は崩壊状態となり、複数の地域での干ばつと洪水がそれに追い打ちをかけた。

一九五九年は、数千万人の死者を出す大飢饉となった。危機を隠蔽した省の指導者たちもいたが、事態を正確に記録した人々もいた。毛沢東はこれらの報告を一時的な困難と却下していたが、なおも多くの報告書が中央に届いたため、毛は、長い間、遠くを見つめることが多かったと伝えられている。そして、ある種のショック療法に乗り出すことをかれは決心した。最終的に、食糧輸入を命じたのであった。一九六一年に、毛沢東は人民公社の権限を弱め、中心となる経済単位としての生産隊——実質は、村に他ならなかったが——を作った。飢饉の最中であっても中国は、灌漑設備の建設のような基礎的な改革にも着手しており、それらが災害からの復興を支え、人口増加率程度ではあったが、生産力の緩やかな増加にも寄与していた。だが、災害によって、共産党の政策に疑念を抱く役人や党員も多くなっていた。

中国共産党は、農民たちのために献身し、夥しい農民の後押しを得て、大革命を成し遂げた。その後、目標を都市と工業に転換し、他の反農民的体制に負けないくらいに農民たちを服従させていった。しかし、飢饉に対する毛沢東の衝撃的な反応や、食糧輸入や公社化政策の部分的な見直しといったかれの決断は、この体制は以前あった農民に対する配慮を、いくらかでも保持しているのではないか、と思わせた。

このように共産主義体制は、最低限、農民の名の下に権力を奪取したのであったが、農民たちの労働を体制の目的である工業発展に利用するために、政府が主導する土地制度に農民たちを従わせていった。共産主義的な諸制度は生産の増大を目的としていたが、この当時すでに最悪の自然災害を何度も経験し、その対応の不手際や飢饉も経験していた。共産党政権は農業生産の強化と増大を図る方針を採り、以前の制度に比べれば、農民の地位もある程度向上した。しかし、さらなる改革を期待する農民や政府の役人たちも多かった。

◆第三世界の農業

一九五〇～六〇年代にかけて、長く複雑で、大半の国々にとっては暴力的でもあった脱植民地化の過程を経て、かつての植民地は独立を獲得していった。旧植民地をはじめとした第三世界の国々における政治・経済的な変化には、農業が重要な要素として関係していた。上記の国々の経済は、例外なく、きわめて農業中心的であり、どの国でも第二次世界大戦後は近代化と開発に向けて踏み出していった。

近代化と開発を達成するためには、これらの国々ではたいてい自国の農業制度を再編して、土地なし農を減らす必要があった。しかし、土地改革は複雑で、しばしば利点と欠点の両面がある作業であるということが明らかになってきた。また、これらの国々では、より近代的で、より豊かな社会になっていくことを助ける諸政策が追求された。そうした社会では、食糧生産の増加は必須であり、生産増大に向けて鍵となる農業の要素としては、緑の革命があった。土地改革と緑の革命という二つの方向は、農場外の社会と周囲の環境に農民たちが従属してしまっている二重の従属を減じたり、無くしたりするための政策として理解することができる。植民地支配を脱した新興国と、先進国や国際金融機関において新興諸国を支援している人々はともに、生活条件の向上と、かつて抑圧の対象となっていた地方在住の大多数の人々への権限の付与を達成したいという高い望みを抱いていた。

発展途上国は、対立する経済理論を実験的に実施してみる場でもあった。戦後の最初の数十年間は、アメリカと国際金融機関が近代化論に基づいた計画を推進した。このアプローチは、アメリカとヨーロッパの発展こそが、あらゆる国々が追求しなければならないモデルであるととらえていた。成功した近代化計画も時にはあった。一九二五～六〇年代にかけてスーダンで立てられたゲジラ計画と呼ばれた灌漑計画は、青ナイル川・白ナイル川から水を八八〇〇平方キロメートルの農地に引こうとするものであった。この巨大プロジェクトによって、綿花や小麦をはじめとした作物が栽培されるようになり、スーダンの対外貿易の大半は長年にわたりそれらによって支えられてきた。

他の大規模開発プロジェクトは、立案者が途上国のニーズや能力を十分に理解していなかったために、失敗することが多かった。一九四六年に始まった「ピーナッツ〔杜撰な金食い〕計画」では、タンガニーカ植民地の不毛な地域で機械化農業を組織して、調理用植物油を精製するピーナッツを栽培するために、四九〇〇万ポンドをイギリスの植民地政府が出費した。この計画は、財政的援助の打ち切りや現地の実態に合わない機械類、腹をすかせたライオンや象の存在から始まって、果ては干ばつや労働者のストライキに至るまで様々な障害に直面した。一九五一年に打ち切りが決定されるまでに、この計画で産出されたピーナッツはわずか二〇〇〇トンにすぎなかった。

アフリカでは、いくつかの大規模プロジェクトが、第二次世界大戦後の植民地支配復活の最終形であるとされ、アフリカの植民地支配の再来として描かれることも多かった。何千人ものヨーロッパ人が、新たに農場を開き、商売をおこなうことを願って、アフリカの植民地に移住していった。アジアでは、第二次世界大戦の末期から、植民地が独立闘争を戦って、独立を達成していたので、アフリカのような植民地支配の復活は見られなかった。

他の途上国では、近代化論によるものと同じように適合的ではなかった共産主義的な政策が導入されていった。タンザニアでは、理想的だが、専制的な大統領ジュリウス・ニエレレが、一九六八～七五年にウジャマーと称された社会主義政策を採用した。同政策には村への集住化計画も含まれ、タンザニアの痩せた国土で自身の家屋敷に住んでいた農民たちは、食糧を増産するために集団農場を形成するという究極の目的を実現すべく、村へ移住して集住しなければならなかった。しかし、タンザニアは収穫量を高めることができず、食糧輸入のために莫大な支出を続けることとなった。

村への集住化は、政府からすれば、実際的な方策であったが、分散農耕や焼き畑農耕が最適だった不毛な地域への大規模な定住がもたらす環境的な諸問題は度外視されていた。ニエレレは、兵士を使って農民たちを襲い、かれらの家を焼き、村に住まわせるように仕向けた。新造の村での農業は地味を急激に悪化させ、収穫量は上がらず、多くの人々は逃亡するしかなかった。一九七五年までに、タンザニア政府は集住化政策を暗黙のうちに棚上げとしたが、その他の発展途上国でも同様の政策は試みられ、様々な結果を生んでいた。

◆「アメリカの食糧体制」下時代における土地改革

発展途上諸国の農業政策において、最も重要なのは土地改革であった。すなわち、政府が地主の土地やプランテーションや白人入植者の農園を接収し、それらを小区分農地に分割し、貧しくて農地を持たない農民たちに分配する政策である。農民たちや植民地支配と闘ってきた人々は、土地改革を要求してきた。植民地主義を支え、そこから益を得ていた白人入植者や地主層の支配を終わらせるための要求であった。ラテンアメリカでは土地改革は、地主層と企業の影響力を弱め、一九三〇年代のメキシコの前例のように、地方の貧しい人々のために農地と自治権を取り戻すことを目指していた。

経済学者や専門家が土地改革を推奨したのは、都市への人口流入が抑えられ、工業製品には市場を、政府には税基盤を提供することが可能となるためだった。土地改革は生産力のある農業部門に労働者を留め置くことができ、それによって政府は工業への投資に回す資本を節約することができた。FAOは、一九六〇年に土地改革を議題とした国際会議を開催し、発展途上にある地域における貧困軽減の手段として、土地改革が有効であることに注意を喚起しようとした。土地改革には、革命への動きを抑えるという政治的な目的が込められていることも多かった。そして土地改革は、発展途上国の歴史においては、最も劇的で、暴力的で、政治的に意義のある進展でもあった。

第二次世界大戦後におこなわれた大規模な土地改革の最初の例は、日本の農地改革であった。地方人口の大半を占めていた小作農家は、帝国主義的な政府を支援する一握りの富裕な地主層に、高額の小作料を支払っていた。一九四六年にGHQは、国会の支持も得ながら、平等主義的な土地改革を断行した。その農地改革では、政府が小作地や大規模所有地を買い上げ、それらを小区画に割って、小作人や土地を持たない農業労働者たちに売却した。借入れの支払いは、それまでの小作料に比べれば、十分の一となった。韓国や台湾においても同様の改革がおこなわれた日本の農地改革は、同時に価格支持と信用貸しと調査をも伴うものであった。三か国すべてにおいて、農業生産は急増し、工業発展のための基礎を築くこととなった。マッカーシズムが頂点に達した一九五〇年代半ばに、フィリピンが土地改革を構想した際に、アメリカの採った政策は、日本の場合と正反対の役割を果たした。アメリカの国会議員たちが、土地の再配分をおこなう土地改革を支持することで、「共産主義者」のレッテルを貼られることを恐れたために、フィリピンの大土地所有者たちは権力を保持しつづけることができた。

◆インド亜大陸

インド植民地が、一九四七年に独立して、インドとパキスタンに分かれる中で、自由世界において最大規模となる土地改革が南アジアで実行された。インド亜大陸の農民運動において中心的な要求の一つだったのが、ザミーンダール制や大土地所有制の廃止とかれらの所有する特権の廃止であった。しかし、インド国民会議や全インド・ムスリム連盟を支えていたのが、これらの地主層であった。その結果、独立政府は土地改革問題を扱う際に立場が揺れ動くこととなった。

ただ、南アジアの農民運動は、戦後も土地改革を要求しつづけた。中でも最大の改革は、一九四六年にハイデラバード州のテランガーナ地方で着手された改革であった。ハイデラバード藩王国の君主であるニザームは、農民を借金で縛ってきた地域の地主たちの支援を得つつ、自身の国家をインドから分離して維持しようとした。一九四八年に、インドがハイデラバードに侵攻し、ニザームを打ち破ると、インド共産党に主導された農民反乱者たちは土地を奪い、債務労働者を解放し、地主たちを殺害したり、追放したりして、農地を再配分した。しかしながらインド軍は、ニザームを打倒したものの、ニザームの抵抗を弱めることに貢献のあった農民運動までも弾圧した。

テランガーナ運動が暴力的であったため、ガンディーの弟子だったヴィノバ・バーヴェは、一九五一年に、ブーダーンと呼ばれる自発的土地寄進運動を推進することによってテランガーナのような暴動を避けようとした。バーヴェとかれの弟子たちは村々を行脚しながら、地主たちに貧者に土地を寄進するように説いて回った。二七〇万エーカー以上の土地が地主たちによって寄進されたが、たいていは所有する中で最低の土地が差し出された。インドの村々における分配の不平等は、残りつづけたのであった。

新たに独立を果たしたインドの首相ジャワハルラール・ネルーとかれの経済顧問たちは、平等や改革よりも生産力の増大に腐心した。大農場は、より近代的で、生産性がより高いと考えられた。だが、会議派の指導者たちはずっとザミーンダールや地主層の排斥に関わってきていた。中央政府は農業法の多くを、地方の状況に合わせようとして、インドの各州にそれを委ねたため、そこでは一九四〇年代末以降、改革が実行されてきた。所有する土地を秘匿しようとした地主もいたが、農民の抗議や土地の奪取もあって土地の再配分が強行された。ほとんどのザミーンダールは、所有する土地の一部、ないしは全部を奪われ、再配分させられた。しかし、それでもかれらは地方政治における権力は保持した。二つの強力な共産党とヒンドゥー教徒とキリスト教徒の人口を抱えるケララ州は、最も成果の上がった改革をおこなって、不在地主制・農奴制・小作地を廃止し、農地を耕作者に手渡した。しかしながら、土地なし農や借金による拘束、その他の搾取的な農業関係は、インドに残余しつづけた。

パキスタン政府も農民から同様の要求を突き付けられていたが、パキスタンの指導者たちは自らが地主であった。独立時、一％以下の農場が農地の二五％を大規模農地として所有していたのに対し、農民の六五％は一五％に相当する土地を小区画の形で所有するにすぎなかった。その上、貧しい小作人や農地を持たない農業労働者は多数存在した。政府は、一九五九年と七二年の二度、土地改革の断行を宣言し、対象となった土地を一五〇エーカーの灌漑が整備された農地と、三〇〇エーカーの灌漑の未整備の農地に変え、免税の特典も付けた。改革派の大統領ズルフィカール・アリー・ブットーは、一九七七年に様々な制限を低減させようと試みたが、おそらくそれが要因となって、かれを排除し、殺害するに至るズィヤーウル・ハック将軍のクーデタが引き起こされた。法で定められているにもかかわらず、パキスタンの地主たちは貧農たちへの分配のために、農地の八％に当たる四〇〇万エーカーの土地しか拠出しなかった。歴代の政府も当該の法規を無視しつづけているために、中規模・大規模農場は成長するものの、小規模農家の存在は風前の灯火となっている。南部のシンド州では、地主層が約一八〇万人の農民を借金で縛ったままにしている。

バングラデシュでは、国民の八五％が地方で暮らしており、政府は数度にわたり、土地改革をおこなった。しかし、農民たちの貧しさと、混迷し腐敗した政府の官僚体制が原因となって、いずれの試みも失敗に帰している。一九四七年にバングラデシュ人農民の一〇％以下だった土地なし農は、二〇〇九年には六〇％を超えるまでに増加している。南アジアの土地改革は、パキスタンやバングラデシュよりもインドの方が成果はあったが、全体としては、農民と地方労働者の地位を大勢に影響のない範囲でわずかに向上させたにすぎなかった。

◆アフリカ

アフリカでは、第二次世界大戦後、何十という植民地が独立し、それ以外の地域も大きな政治的な過渡期を経験した。そして、それらの政治的変化のほとんどすべてが、農業に影響を与えるものであった。ヨーロッパ人入植者の人口がかなりの割合を占めるアフリカ諸国は、すべからく土地改革問題に対処する必要があった。しかし、それによってかれらが経験したことは、実に様々なものであった。

ケニアの土地改革は、それを阻止しようとする白人の抵抗が最後の最後まで続けられたが、最終的にはアフリカ人の多くに幸いをもたらすものとなった。問題の核心は、肥沃な白い高台を誰が手中にするのかという点にあった。そこに入植していたイギリス人たちは大農場を経営し、労働力としては小区画の農地で生計を立てていた二五万人の無断居住者たちに頼っていた。第二次世界大戦後、入植者や植民地政府は無断居住者たちを追い出して、代わって機械化を進め、かれらの雇用は強制労働という形になった。

現地の人々に対するこうした不当な扱いが、イギリス人入植者とアフリカ人の追従者に対する一九五二年のマウマウ反乱につながっていった。イギリス人はアフリカの農業問題に対処せねばならないことに、ようやく気付かされた。かれらは反乱者の土地を没収したり、数千人のアフリカ人を強制収容所に拘留したり、反徒から引き離すことを目的として一〇〇万に及ぶアフリカ人を移住させることによって、反乱を鎮圧しようとした。一九五四年に、スウィナートン計画によって、アフリカ人の小農に対する政策は転換した。この計画に従って、一九七〇年代には、七〇〇万ヘクタールの土地が数千人のアフリカ人農民に再分配された。また同計画は、換金作物の栽培に関するアフリカ人への規制を撤廃し、調査研究や公開講座プログラムを立ち上げ、農民への支援もおこなった。こうした改革によってアフリカ人の農業生産量は、一九五九年には三倍にまで増加した。この期に及んで、白人入植者たちの中には、ケニアを離れる者も現れ始めた。地方に住む無断居住者や土地を持たない人々を救済するために、一九六一年には、政府は「一〇〇万エーカー計画」を打ち上げた。この計画は、最終的に一二〇万エーカーの土地を、土地を持たないアフリカ人農家三万五〇〇〇戸に分配するというものであった。

退去した白人入植者が放棄した農場の一部は、富裕なアフリカ人実業家や政府の官吏たちが接収したが、かつて白人が所有していた農場の三分の二以上は五万戸のアフリカ人農家の手に移った。一九七〇年代のケニアには、いまだ多くの貧しい、土地なしの地方居住者がいたが、他方で、大規模で安定した農家の一群も形成されていた。土地改革はエジプトやその他のアフリカ諸国でも実行されたが、成果に関しては様々であった。

◆ラテンアメリカ

第二次世界大戦が終結して以降の数十年間、ラテンアメリカ諸国でおこなわれた土地改革は、その発端や性格や効果という点で、国ごとにまちまちであった。ラテンアメリカにおけるアメリカ政府の力が、結果を左右することもしばしばであった。その意味で、プエルトリコとグアテマラの事例は、好対照をなすものである。

一九〇〇年にアメリカ領となったプエルトリコでは、合衆国と結び付いた砂糖農場によって経済は支配されていた。砂糖農場が違法に農地を占有していたために、ほとんどの農民は土地なしで、貧しかった。日本で農地改革がおこなわれていた時期に当たる一九四〇年代の終わりに、アメリカとプエルトリコの両政府は、五つの大きな砂糖企業を有償で買い上げた。それらの企業は小さな農園に分けられるのではなく、「比例利益農園」に変えられた。「比例利益農園」とは、農園の規模は大きいままだが、労働者と経営者が利益を分有する、商業上の集団農場に近い組織だった。こうした農園は政治的な成果と言えるものであり、生活水準の向上にも貢献した。

他方グアテマラは、ユナイテッド・フルーツ社が広大なバナナ・プランテーションを所有し、経営していたために、アメリカの直接支配を被ってきた。しかし、同社が使用していた土地は、所有する土地のほんの一部にすぎなかった。一九五二～五四年に、新たに大統領に就任したヤコボ・アルベンス大尉は、特にグアテマラ共産党と密かに協働しながら、会社自体の地価評価に基づいた対価を支払って、約四〇万エーカーの土地を同社から回収した。CIA長官のアレン・ダラスは、ユナイテッド・フルーツ社の報告から、アルベンスが共産主義者であると信じ込んでいたようである。CIAと反対派の将校は、ほとんどが現地の農民たちが起こしたにすぎない抵抗運動を力で制圧し、二五万人近くの人々を殺害した。皮肉にもアメリカ政府は、一九五八年までに、ユナイテッド・フルーツ社のバナナ取引における反トラスト不正を発見し、グアテマラにおけるバナナ貿易企業の肩書を返上させている。

プエルトリコとグアテマラ以外のラテンアメリカ諸国にも、土地改革に関してそれぞれ独自の経験が存在する。ヴェネズエラでは、石油販売からの収入があり、一九六〇年代初めに政府は、土地改革において、地主たちに対して魅力的な補償額を提示することができた。地主たちは小作人たちを組織して、土地改革を要求させ、自身の土地を高値で売却できるようにし、都市に移り住んでいった。一九六〇年代のペルーには、まだプランテーションと奴隷労働が残っていた。独裁を敷いていたベラスコ・アルバラード将軍は農民出身であり、一九六八～七五年に、大農場のほとんどを収用した上で、それらを農民たちに分配した。かれの政策が原因となって食糧不足が発生し、クーデタにまで至った。このクーデタによって、アルバラードは一九七五年にその地位を追われたが、ペルーは現在でも、搾取的な農場ではなく、家族経営の農場が保たれている。

社会主義政権下で土地改革をおこない、全体的に良好な成果を上げた国が二か国、ラテンアメリカには存在している。チリでは、人口の二％が土地の八〇％を占める大農場を所有していた。農民たちは、一九六〇年代に至るまで、債務奴隷のような状態に陥っていた。労働運動や左派政党、家族経営の農民たちが、土地改革を要求した。一九六四〜七〇年には、CIAの後援も得てキリスト教民主党が選出したエドゥアルド・フライ大統領が、経営が捗々しくない農場から三〇〇万ヘクタールの土地を買い上げ、二万人の労働者と農民に分配した。一九七〇年に選出された、共産主義者でもあったサルバドール・アジェンデは、フライの土地改革を完成させたが、かれの周りの過激な側近の一部が、違法な手段で二〇〇〇の農場を収用した。アウグスト・ピノチェト将軍は、一九七三年に、アメリカの支援を得て、アジェンデを打倒し、違法に奪取された農場を所有者に返還した。しかし、法に則って改革の対象とされた農場が、旧に復されるということはなかった。他の問題についても激しい政治的な対立があったにもかかわらず、チリの農業は、大農場と土地を持たない農業労働者という形態から、小規模・中規模の企業家精神旺盛な農家を基盤とする形態へと変化していったのである。

キューバでは、一九五九〜六三年に、キューバの共産化を指導し、首相になったフィデル・カストロが、砂糖農園を国有化し、土地所有の上限を六七ヘクタールに下げて、国有化した農園を農民の協同組合に変えた。こうした改革によって、キューバ経済の輸出部門の柱が国家の統制下に置かれ、土地を持たなかった農業労働者階級が実質的な農民層になることで、小規模農家の戸数は三倍に増加した。ただし、カストロはキューバの農民たちに、集団農場への参加を強要することはなかった。自発的な集団化が開始されたのは、一九七七年のことにすぎず、協同組合に対する国の基金が減少して初めて、自発的な集団化が促進された。共産化したキューバにあっても、ほとんどの農民たちは自営農であり、政府からは手厚い支援を受けている。

土地改革をおこなわなかった国々もあった。ブラジルやアルゼンチンは、広大な土地を所有する農場に手を入れなかった。入植者が支配した植民地でもなく、大プランテーションや入植者の農園があったとしてもわずかであるので、土地改革はおこなわないという国もあった。コートジボワールやガーナやマラウイが、そうした国家であった。

土地改革の記録は、それぞれの国の政治・経済発展のあり方を映し出している。例えば、日本や台湾は経済的にも、政治的にも成功し、土地改革に関しても同様に成功を収めた。対照的に、グアテマラでは、ユナイテッド・フルーツ社による支配が土地改革を行き詰まらせ、そのことが同じくグアテマラの民主主義を行き詰まらせた。こうした極端な事例の間に、ケニアやチリやキューバの土地改革があり、それらは多くの農民の生活を著しく向上させもしたが、妥協と制約の産物でもあった。妥協と制約は、各国の政権の別の一面を映す鏡でもあった。これまで論じてきた土地改革の時代は、解放の時代に似ている点もあり、そうした時代が継続していたとも言える。イタリアのような地域では土地改革は、貧しい土地なし農たちの、土地に対する積年の要求を部分的にでも叶えるものだった。土地改革は、少なくとも一時的には、農民たちが農業に従事しない人々に、社会的に従属することを減じたのであり、時にはその従属を無くすことさえあったのであった。

◈農業の技術革命——緑の革命

緑の革命とは、一九五〇~七〇年代にかけて、発展途上国の多くで穀物生産が大幅に増加したことを指している。農民たちが稲や小麦の多収穫品種（ＨＹＶ）を使用した結果でもあった。こうした生産増大は、民間の財団や政府機関や大学などから資金援助を受けた国際的な研究努力の成果であった。上記の機関・組織は、食糧生産の増大のために協働する研究機関の世界的ネットワークも形成していた。

緑の革命は、日本とアメリカの品種改良における技術革新に端を発している。日本の農民たちは、一九世紀には、茎がしっかりしていて生産量の多い稲と小麦の矮小品種を作り出していた。老農と呼ばれた熟達した農民たちが持つこれらの品種は、一八六八年の明治維新以降、殖産興業を支えるために食糧生産の増大を図りたいとした明治政府の意向を、底辺で支えるものとなった。新政府は「明治農法」を支援し、それが生産性の高い「肥料を使用した稲作」への後押しとなった。一八七七年にある日本人農民によって、収穫量がきわめて高い稲の品種「神力《しんりき》」が開発された。「神力」は、一九二〇年までには、日本においても主流の品種となっていた。第一次世界大戦期の食糧不足と物価の高騰は、一九一八年の米騒動を惹起することとなった。これらの食糧不足を克服するために日本政府は、日本の統治下にあった台湾や朝鮮に適した品種を生み出すのに必要な研究者の協力を仰いだ。品種改良は成功し、生産余剰もすぐに生み出されるようになった。

この時期のアメリカでは、農学者たちが純系を交配させることによってハイブリッドや、雑種強勢を伴った植物を生み出して、高収穫のトウモロコシを作り出す方法を発見していた。品種改良家の一人であり、農民、農業ジャーナリストであり、農務長官の息子でもあったヘンリー・A・ウォレスは、一九二六年に種苗会社パイオニア・ハイブリッドを設立した。同社は一九四四年には、七〇〇〇万ドルの売上を誇った。その頃には、アメリカで栽培されるトウモロコシの大半は交配種となっていた。

こうした品種改良の開発過程の最中、第二次世界大戦期のメキシコでは、三年続けての小麦の不作に見舞われた。菌類の植物病であるサビ病が原因であった。一九四三年に、メキシコ政府はアメリカ政府に対して援助を願い出た。アメリカ政府はロックフェラー財団をメキシコに紹介した。同財団は、サビ病研究の第一人者であったエルヴィン・スタークマンのいるミネソタ大学に頼ることとした。スタークマンは、この問題に対応するために、メキシコに向かう専門家チームを結成した。このチームのメンバーの一人が、スタークマンの下で一九四二年に博士号を取得したノーマン・E・ボーローグだった。

このチームは、メキシコ人研究者を養成するためでもあった植物の品種改良計画をスタートさせた。かれらは、数年で、サビ病に抵抗力を持ち、メキシコの風土に適合し、かつ高収穫な小麦の品種を作り出した。しかし、ボーローグはさらに良い品種を開発できると考えていた。アメリカは、一九四五～四六年に日本から、小麦の矮小種である農林一〇号を得ていた。農林一〇号は、太く短い茎に大きな穂を実らせる品種だった。それは、一九世紀に開発されていた老農の品種の系統であったが、アメリカとロシアの品種からの夾雑物を含んでいた。ボーローグとかれのチームは、農林一〇号とサビ病に耐性を持つ新たな品種との交配を七年間おこない、ようやく追い求めていた遺伝子特性を持った品種の開発に成功した。

一九五〇年代には、品種改良で小麦の矮小種を作り出すことが、ボーローグの研究目標だった。その矮小小麦は、穀粒を多く実らせた穂の重みでも倒れない丈夫な茎に、より多くの穀粒を付けさせるために、肥料を大量に投入することにも耐えるものであった。品種改良家たちは、こうした多収穫品種をＨＹＶ（high-yielding varieties）と呼んでいた。ボーローグの研究計画に従って、メキシコの地主たちは種子を生産し、それを広く農民たちに配布した。その結果、メキシコは一九五六年には、小麦を自給するまでになった。この成功の秘訣は、種子・肥料・適切な灌漑設備の「パッケージ」にあった。そして、研究者たちは、この「パッケージ」を導入すれば、どんな規模の農業でも効果が上がると絶えず訴えつづけた。ボーローグの研究センターは、「トウモロコシ・小麦改良センター」と改名し、スペイン語の略称でＣＩＭＭＹＴと呼ばれた。

次にボーローグが手がけたのが、メキシコで開発した品種の使用をアジアにも広めることであった。一九六〇年代にかれは、パキスタンやインドの指導者や研究者と面会し、新品種を試してみることを勧めた。インドでは、一九六〇年代の半ばにボーローグは官庁の役人たちと面談したのだが、かれらは一九六五～六六年の不作に直面しており、新規の事業を試してみるように説得することは比較的容易であった。パキスタンとインドでは、新開発の種子を用いることとなり、両国の食糧生産量は劇的に増加し、飢餓に苦しむ人や栄養失調の人の数は減少に転じていった。

　この活動が認められ、ボーローグには一九七〇年のノーベル平和賞が授与された。ＨＹＶの使用による生産量の増加は、農民たちにとっては、第一の従属、つまり自然への従属に対抗する武器となった。農民たちは不作に耐えられるだけの備蓄をすることが可能となり、翌年に作物の栽培をおこなうこともできるようになった。それでもボーローグは、受賞演説において、自身の成功は「人口という怪物」の避け難い拡大を先延ばしにしたにすぎないと述べた。もし何らの手立ても講じられなければ、この「怪物」が食糧生産の増大を凌駕していってしまうからであった。

　多収穫の稲の開発においても、収穫量の高い矮小品種の研究に力が注がれた。別の緑の革命研究センターであったフィリピンの国際稲作研究所（ＩＲＲＩ）にいた稲の主任品種改良員、ヘンリー・ビーチェルというもう一人のアメリカ人が、丈夫な矮小種を見つけ出した。その稲は倒れ難く、生育も早く、肥料を施せば一〇倍の収穫量を上げた。このＩＲ８と呼ばれた品種によって、フィリピンは米の自給国になることができた。ただ、農民たちにはＩＲ８を料理した時の味と病気への弱さに不満があった。ビーチェルとＩＲＲＩは、別の品種ＩＲ36を開発した。ＩＲ36の生育はさらに早く、病気への耐性もあり、味も向上した。ＩＲＲＩはこのＩＲ36を、世界中の数百万の農民に頒布した。

　インドは、一国内で緑の革命がおこなわれた事例として重要である。インドの政策立案者たちは、五か年計画に基づくソ連の工業化に倣おうとしたが、一九五〇年代のインドは食糧輸入に依存している状況であった。一九五九年発行のアメリカの研究者がまとめた報告書では、インドは一九七〇年には深刻な食糧不足に陥るであろうと予測されていた。ネルーは、農業発展の方向に政策の舵を切ることになった。

ネルーの後継者であったラル・シャストリとインディラ・ガンディーは、それぞれ一九六四年と六六年に、インドが急速な農業発展を達成する必要に迫られていることを認識した。かれらが信頼したのが、精力的な農業大臣であったチダムバラム・スブラマニアンだった。かれは、新たな多収穫品種の輸入をはじめとして、インド農業の近代化のために多くの計画を実行に移した人物であった。深刻な不作が二年続いたために、一九六五〜六六年にインドは一〇〇〇万トンの穀物を輸入しなければならなくなった。インド人研究者たちは、一九六〇年代半ばにアメリカをはじめとした他国の研究者と協力して、新品種がインドに適応するようにと努力を重ねた。その結果、穀物の生産量は飛躍的に増加した。HYVを大々的に用いた最初の収穫期であった一九六八年は、小麦が穫れすぎたために、学校を休校にして、倉庫にせねばならないほどであった。

緑の革命は、長期間にわたって農業の生産性や食糧供給の増大を可能とした。発展途上国内で多収穫の稲や小麦が作付けされた面積は、一九六五〜六六年の四万一〇〇〇ヘクタールが、一九七〇〜七一年には五〇五〇万ヘクタールへと増加している。こうしたHYVの存在がなければ、世界で二〇億に上る人々は、おそらく二〇〇〇年まで生きながらえることができなかったであろう。こうした成功は、肥料の生産が増加した点にもその原因はあった。CIMMYTやIRRIの活動はIFI（International Financial Institution）〔IMFや世界銀行を含めた国際金融機関のこと〕やその他の財団を納得させるのに十分であり、特定の地域の農業を多様な側面から改善させてゆくための、国際的な農業研究機関のネットワークの創設につながっていった。一九七一年に世界銀行によって創設された国際農業研究諮問グループ（ＣＧＩＡＲ）には、今日では一五のセンターが属している。

緑の革命に関わったボーローグたちは、技術革新はどんな規模の農業でも効果があり、農民層を富める者と貧しい者に分かつことはないと説いていた。アジアの小農の多くが確かにＨＹＶのパッケージを採用したが、他方でパッケージ全体を取り入れる余裕のない農民もまた多かった。大土地所有者たちは、ＨＹＶのパッケージを用いれば、国内・国際市場に向けて生産量を大きく増大させるチャンスが得られることを知るようになった。そのため、小作人たちが大土地所有者たちの農地から追い出され、かれらの労働力に頼らないようにするためにトラクターが購入された。緑の革命が開始されてからの一〇年間で、パキスタンには一〇万台を超える大型トラクターが輸入された。こうした裕福な農民たちが、輸出に特化した資本主義的な実業家のようになっていったのに対して、村人の多くは働く機会が減少することで貧困化し、仕事を求めて都市に出る者も多くなった。メキシコでは、ＨＹＶの小麦のパッケージは多くの貧しい農民たちにとっては高すぎる代物だった。他方で、ようやく一時的にでも国家が自給国になったにもかかわらず、二〇〇〇人ほどの裕福な実業家集団がすぐにメキシコ農業を牛耳るようになってしまった。

個々の農民が負担する費用は、問題の一端にすぎなかった。緑の革命の成否は、政府が長期にわたってインフラストラクチャーや研究に関与するかどうかにもかかっていた。ケニアやジンバブエやナイジェリアの政府は皆、一九七〇〜八〇年代に、国内の研究に投資を続け、地域の環境に適合したトウモロコシやキャッサバなどの作物のＨＹＶを開発し、収穫量を高めていった。しかし、こうした研究で潤ったのは、輸出向けの栽培をおこなっていた一部の富裕層のみであった。上記の三か国をはじめとして、その他多くのアフリカ諸国は、収穫量を高める潜在的な能力を持っていながらも、食糧援助を受けなければならない状態が続いた。

◈世界農業のグローバリゼーションとそれへの不満——一九七〇年代から二〇〇〇年代へ

まだ不公平な点が残ってはいるものの、緑の革命が食糧供給の増大を達成し、先進国・発展途上国の双方において、農業面での改善が進んだこともあって、飢饉の解消と農業生産の安定的な増加の開始が約束されたようにも思われた。しかし現実には、予期せぬ出来事が比較的安定していた戦後世界の農業を混乱に陥れた。不作ほど対処が難しく、混乱をもたらすものはないことが次第に明らかになった。農業以外の出来事が原因となり、アメリカ国内でも、また第三世界の国々においても借款が促され、このことが一九八〇年代に、いくつもの点で農業にも関連した、莫大な国際的な債務の形成へとつながっていった。「新農業諸国」は、アメリカやヨーロッパと競合するようになってきた。高度に工業化された農業から、技術的な問題や環境問題が生ずるようになった。高度に工業化された農業は、世界中で発展してきており、ついには人間の生活を脅かすまでになってきている。

◈一九七〇〜八六年の農業危機

一九七〇年代初めに発生した一連の出来事が、世界の食糧体制を分断する嚆矢となった。ニクソン政権はアメリカの穀物貿易政策を転換し、輸送への規制、認可の請求、アメリカ政府への事前通告を廃止した。同政権はまた、世界中の通貨に対してドルの変動相場制を導入し、ドルの価値を切り下げ、アメリカの輸出品を安価にした。

その後、一九七一〜七五年にかけて、食肉消費を増大させようと家畜の大規模飼養を正におこなっていたその時期に、ソ連は立て続けの不作に見舞われることとなった。リチャード・ニクソン大統領とかれの側近であったヘンリー・キッシンジャーは、この機をソ連を合意に引き込む好機と考え、かれらを米ソ間の大々的な軍備制限に向かわせた。ニクソンとキッシンジャーは、アメリカの穀物を販売することによって、自国の収支を改善することをも目指した。

ソ連はニクソンの政策変更に乗り、一九七二年に二三〇〇万トンの穀物をすぐさま廉価で買い入れた。だが、世界の商品取引所が気付いたときには、穀物価格はすでに急騰していた。発展途上国にとっては、自国民が必要とする食糧を購入することが困難になってしまった。アメリカの農民たちや米国農務省は、ソ連が近い将来、巨大な市場になると見越していた。農務長官のアール・ブッツは農民たちに対して、「フェンスロウ・トゥー・フェンスロウ」計画を語っていた。外国の穀物購入とアメリカ政府の輸出補助金を当てにして、多くの農民が自身の農場を拡大・近代化するために多額の借入れをおこない、一種の大規模投機に手を出し、「農場に賭け」たのであった。この時、四〇〇〇万エーカーの土地がアメリカの農民たちによって買われ、耕地となった。融資の金利が上昇し始めたが、農地の価格は二倍以上に跳ね上がり、農産物価格も高かったので、農民たちは借金の返済に不安を抱いてはいなかった。カナダの農民たちも、この借金を基礎にした拡大志向に参入してきた。

一九七三年に、産油国の連合体であるＯＰＥＣ〔石油輸出国機構〕が、同年の戦争においてアメリカがイスラエルを支持したことへの報復として石油価格を引き上げたことは、その後の展開にとっての分岐点となった。石油会社は短期間で巨額の利益を上げ、それを商業銀行に預けた。商業銀行はできるだけの貸付けをおこなおうとし、特に第三世界諸国に貸し付けた。一部、汚職まがいの事例もあったが、多くの国々では、新規の計画や換金作物の生産を支援する目的で、この借金を活かそうとした。

この間、インドや中国をはじめとして、いくつかの地域で干ばつや不作が起こっていた。アフリカのサハラ砂漠の南縁に沿ったサヘル地域でも、深刻な干ばつ被害に悩まされつづけていた。それでも、一九五〇年代は比較的降雨もあった時期だったので、植民地を脱した新国家の政府は昔の状況に逆戻りすることは想定していなかった。しかしその後、一九六八〜七四年に干ばつがサヘル地域を襲うこととなる。エチオピアでは、ハイレ・セラシエ政府が危機を看過したために、軍への食糧供給も危うくなり、一九七四年の軍事クーデタにつながっていき、共産主義的な軍政が敷かれることとなった。サヘル地域の西部では、換金作物や輸出向けのピーナッツを栽培する農民が多かった。かれらは、開発労働者が掘った井戸の近くに留まることの多かった牧畜民と、土地の争奪戦を繰り広げていた。一九六〇年代に、耕作と放牧が、それに初期の干ばつも加わって、土壌の劣化を深刻化させていった。この問題の解消に向けて、政府はほとんど何もしなかった。

一九七〇年代初めに入ると、干ばつの深刻化はいっそう進み、チャド湖は池の集まりと化した。数百万の人々が飢餓に直面し、家族全員が死亡したり、数十万単位の人々が土地を後にし、多くは難民キャンプであったが、どこかの場所に避難した。こうした状況に関して世界中のメディアは、やせ細った足で、お腹の膨れ上がった子どもたちの映像を配信した。外国からの救援は立ち上がりも遅く、食用に適さない汚染された食料が送付されたケースもあった。十分な救済は施されず、飢饉を解消することはできなかった。飢餓と病気によって亡くなった人の数は、数十万人に達した。しかし、干ばつの時期であっても、サヘル地域では綿花やピーナッツなどの作物は栽培され、輸出されつづけていた。この危機的な状況に対して、世界銀行は、ロバート・マクナマラの指導の下、開発融資の対象を大規模工業プロジェクトから、貧困の軽減へと方向転換した。世界銀行はまた、民間銀行と一緒になって盛んな貸付けにも加わっていった。

◆世界の農業債務危機

不作と食料品価格の高騰、緑の革命の普及と農業技術の改善が組み合わさって生み出された結果は、決して農民たちが待ち望んでいたものではなかった。一九七〇年代半ばになると、多くの国々が世界市場において農産物の販売をおこなうようになり、農産物価格は下落した。ソ連も不作を乗り越えつつあった。アメリカの連邦準備制度理事会は、インフレに対応するために金利を引き上げた。これによって、地価は下がり、ドルの価値は上昇した。その結果、農産物の販売は振るわなくなった。ソ連がアフガニスタンに侵攻したことで、ジミー・カーター大統領はアメリカからソ連への穀物の輸出を禁止した。これによって、この空いた空間は他の穀物貿易国に開かれることになり、潜在的な購入者たちはアメリカに代わる、もっと頼りになる売り手を探し求めることになった。

一九八〇年代になると、アメリカを中心とした食糧体制が揺らぎつつあった。アメリカをはじめとした国々の、発展途上国の食糧生産量を向上させようとした努力が報われ始めたためであった。緑の革命のお陰で、インドは穀物輸出国となり、一九八五年の農産物輸出超過高は一〇億ドルに達し、エチオピアへの飢饉救済もおこなっていた。以前は米の大口輸入国であったインドネシアは、今や自給国になっている。日本や東アジアの小国群は、繰り返し米の余剰を生み出している。ブラジル、アルゼンチン、オーストラリア、カナダの発展によって、世界の耕地は四〇〇〇万エーカー増加した。EUは、大口の輸入国家群から巨大な輸出国家群に変身した。新たな農業技術とより適切な投資もあって、アメリカの農業生産高は増加しつつあったが、他方でアメリカ産の農産物を大量に購入したい、あるいは購入せねばならないという国は少なくなってゆく一方であった。

供給量の増大は、世界の農産物価格をパリティ価格の七一%から五〇%に押し下げた。金利は上昇した。五〇万ドル以上の収入がある大規模農家なら、こうした状況にも耐えうるであろう。しかし、中規模農家層の核を成す集団では、借金に持ち堪えられなくなる場合も多くなる。実際のところ、アメリカの全消費量はアメリカが生産する農産物の六〇%にすぎず、残りの二五%が輸出され、生産高の約一五%は、言い換えれば同じパーセンテージの農家は、基本的に市場に向けての農業をおこなっておらず、政府の信用貸しや民間のローンで何とか食いつないでいる状態であった。

一九七〇年代に、オイルマネーを貸し付けようと躍起の銀行からの信用貸しの提示に対して、発展途上国が決断を迫られていたように、同時期のアメリカの農民たちも、それぞれ一人ひとりが政府の農家向け信用貸しの提示に対して決断を迫られていた。大手の貸し手や世界銀行のようなIFIが発展途上国に対して、低利のローンを勧めたように、民間銀行は農民たちにローンの借入れを煽った。いずれの場合も、貸し手は借り手に対し、返済は容易だと言って安心させた。ラテンアメリカ諸国の債務は、一九七三年に三五〇億ドルであったものが、一九八三年には三五〇〇億ドルに膨れ上がり、同じような増大はアフリカやアジアでも認められた。これらの貸付けのほとんどは、変動金利となっていた。一九七〇年代末になると、こうした貸付けはことごとく、通貨供給の増大を引き起こし、その結果、経済成長を伴わないままにインフレと金利の上昇を招く、「スタグフレーション」と称される状況に立ち至った。一九七〇年代の穀物の大販売期に即応して、耕地を拡張し、借金を背負った農民たちは、国外市場と穀物を取り扱う大企業にますます依存する体質になっていった。

アメリカの農民たちは、国外の市場の移ろいやすさを、とりわけ一八八〇年代と一九三〇年代に、何度も経験してきた。また、第二次世界大戦が終結してからの三〇年間、アメリカは発展途上国に対して、割安な価格で食糧支援をおこなってきた。ただ、こうした支援は発展途上国において、農産物価格の著しい下落を招くこととなり、現地の小農たちは価格において対抗できず、借金まみれとなり、生き延びるために村を棄て、貧民街に移らざるをえない者も多かった。一九八〇年代になると、アメリカ以外の国々からの農産物が現れ、アメリカの農民たちにとっても農産物価格の下落が深刻な問題となった。そして、アメリカの農民たちの中にも、借金が返済できず、自身の農場を借金の形《かた》に取られてしまう者が出、その数が数千に上るようになってしまった。

アメリカにおける農業の債務危機が頂点に達していた一九八〇年代半ばには、借金の形に農場を失う農家の数が、毎週、数千に上っていた。農民が銀行員を殺害するといった事件まで現れる状況であった。自殺は、もっと一般的であった。当時、農民の自殺率は、平均的なアメリカ人のそれの二倍に近かった。農民たちがそのような暴挙を考えたときに、電話できるようなホットラインが様々な機関によって設置された。

政治活動に訴え出た農民たちもいた。一九七八年、危機がまだ初期であった頃、ある農民グループがアメリカ農業運動を結成し、「トラクター行進」と称してワシントンD・Cまでトラクターを走らせた。アメリカ議会は農業支援に若干の積み増しをしたが、それは多くの農民たちを逆に失望させた。翌年におこなわれた、より攻撃的なトラクター行進では、道路が封鎖され、警官とのもみ合いも生じた。こうした対外的な関係におけるトラブルもあって、同運動はロビー活動を中心にするグループと、債務危機の責任を誰かに取らせるとする過激なグループとに分裂した。

レーガン政権は、「大きな政府」とは対極的な思想をもって政権運営をおこなっており、補助金の削減を目論んだ新たな農業法を準備していた。農業危機は、「カントリー」のような人気映画や「ファーム・エイド」コンサートのようなメディア・イベントの支援もあって、人々の間に何らかの行動を起こしたいという強い欲求を生み出すに至っていた。これに対しては政権も、対応をせざるをえなかった。レーガン政権は価格支援を廃止しようとした計画を諦め、一九八三年には、五一〇億ドルという記録的な金額を様々な農業補助金に充てることとなった。

一方、多額の債務を抱えた発展途上国においては、一九八〇年代は返済期日が迫る中、非常に厳しい状況が待ち受けていた。これらの国々のほとんどは農業国で、貸付けの返済に必要なハードカレンシーを獲得するためには、農産物の輸出に頼っていたので、国際商品のだぶつきやそれに伴う価格の下落は、必要とする通貨を獲得しようとしていたこれらの国々にとって、状況をさらに悪化させるものであった。第三世界のこうした果てのない債務危機の原因は、アメリカの農民の債務危機と共通する部分もあった。アメリカの農民たちが収穫後に返済する予定で、農作業にかかる支出を賄う金額を春に借り入れていたように、発展途上諸国も、石油のコスト上昇も含め、ほぼ現下の歳出を賄うために上記のような借入れをおこなっていたのであった。

こうした大きな危機に直面して、ＩＦＩは貧困の緩和を目指した、自身のこれまでの貸付け政策が失敗であったことを認めた。しかしながら、レーガン政権がアメリカの農民救済のためにおこなったような緊急救援策を採ることもできなかった。代わりにＩＦＩが実行したことは、レーガン政権が国内向けにおこないたかった構造調整型の政策であった。発展途上国がすでにある貸付けを完済するのに必要な新規の貸付けを手に入れるためには、指導者たちは次のような市場政策や輸出政策を掲げる必要があった。それは、つまり保健医療・教育・農業補助金を含めた国内向けの政府支出の削減であり、どんな犠牲を払ってでも経済を輸出志向にすることであった。仮に輸出を優先させることが国内の食糧安全保障を脅かすことがあっても、先進諸国が主要商品作物を効率的かつ安価に生産しているので、発展途上諸国はそれらの商品作物を、輸出で得た金銭を用いて単純に輸入すれば良いとIFIは考えていた。

構造調整計画（SAP）に取り組んでいた国々のほとんどは、アフリカの国々であり、わずかにラテンアメリカ諸国やアジア諸国が含まれた。これらの国々がたとえ上述の諸条件に同意していたとしても、条件が求める厳格さをもってそれらを実行することは必ずしも容易ではなかった。市場を開放しても、農業への補助金の支給を続ける国家はよくあった。しかし、ほとんどの場合、SAPが当該諸国の農業に課した責務は、実行が非常に困難なものばかりであった。責務の実行が難しい理由としては、発展途上国の多くが、特にアメリカやヨーロッパや日本といった裕福な国々に対して、基本的に相手国内に同じようなものが存在する生産物を販売することで競い合っていた点が、一番大きかった。上記の国々には保護主義的な農業支援策があり、農業貿易をおこなうに際して、発展途上国は不公平で、不利な状況に置かれるということもあった。

このように、おそらく「ほとんどの」と言っても構わないほどに多くの発展途上国に住む農民たちは、土地改革や作物の新品種の開発によって利益を享受してきたが、最終的には新たなタイプの社会的従属に服することになってしまった。かれらはしゃかりきになって非常に安い価格で生産し、「第一世界」の補助金を得ている農民たちと競い合ってゆくために、債務を抱えてしまったのであり、その状況からもはや逃れられないのである。発展途上国と先進国の二つの層の農民たちが、自国の債務と銀行からの自身の借金を完済するために、支払い不能に陥るギリギリのところで、互いに販売競争を繰り広げているのである。

◈社会主義システムの市場への転換

一九七〇年代末～一九九〇年代にかけて、政治指導の軟化や改革者の権力奪取という事象こそ生じていたが、共産主義体制や社会主義部門を多く抱えるその他の国々においては、経済的な遅れや非効率や政治的な不満の高まりが、危険な領域に達しつつあった。結局、これらの体制は崩壊し、新たに成立した民主体制が農業制度を私有化・市場化することになった。こうした変革はIFIの諸政策と歩調を合わせるものであり、世界銀行は、時に関与する農民たちの希望に反してでも、市場改革を先導・促進しようとして、多くの場合、強引な介入をおこなった。

東側やソ連では、こうした変革は、ソ連の指導者であったミハイル・ゴルバチョフの改革、ペレストロイカ（「建て直し」）とグラスノスチ（「情報公開」と「公開性」）から始まった。一九八八〜八九年には、これらの改革が東欧の共産主義政府のすべてを打倒した。民主体制が打ち立てられるとすぐに、新政府は皆、既存の集団農場と国営農場を民有化し、農場をヨーロッパ基準に改良するために西側の顧問を招聘した。二〇〇〇年代には、これらの国々でも農業制度の共通農業政策への統合が開始された。それに伴って、共通農業政策に新たに加わったメンバーには、旧来の共通農業政策のメンバーと競合関係にあった自身の主要農業部門のいくつかを削減したり、廃止したりすることがしばしば要求された。

ロシア、ウクライナ、中央アジア諸国といった旧ソビエト諸国は、市場経済への移行に関して、東欧諸国以上に難しさを抱えていた。これらの国々は、長期間にわたる公の議論を経て、民有化の開始を、時にロシアを手本としながら、決定した。しかし、旧態依然とした集団農場・国営農場のほとんどは改良されて、温存された。ロシアやウクライナでは、大規模農場は合資会社となり、農場に農地を持つ加入者たちは、個人農として離脱権や独立権を保有した。二〇〇五年現在、ロシア国内の耕地の八〇％は、大規模農場の継承者の手に留まったままであり、様々な規模の個人農が管理する農地は、自留地を含めても、全体の二〇％にしか達していない。民有化への移行は、一九九〇年代には、農業生産に大きな落ち込みをもたらしたが、一九九〇年代末までには、回復の兆しも見せ始めていた。最大の問題は、資本主義世界の農民たちの誰もが同じように直面していた、信用貸しをはじめとした金融支援をいかに獲得するかという点にあった。

カザフスタンには、フルシチョフの未開拓地計画によって設立された集団農場・国営農場が多かったが、それらの農場が「農業企業」に改組され、現在でも、国産の穀物の三分の二ほどを生産している。約二〇万人に上る個人農は国産穀物の約三分の一を生産しているものの、使用している農機具は時代遅れのものばかりである。ただ、国内の家畜の大部分は、多数の家族経営の小規模農家によって飼養されている。企業体の中でも、「農業持ち株会社」の存在は特別である。これらの会社は、各企業に対し資本や販売戦略を提供し、広大な土地と数多くの農場企業を統括している。制度全体の背後では、政府が土地のすべてを所有しているのである。旧ソビエト諸国のカザフスタンの農業は、上述のように、より自由になり、半民有化ながら民有化も進められた。しかしながら、ソ連時代の制度の名残りを留める面が多数に上ることもまた事実である。旧ソビエト諸国においては、ＣＧＩＡＲをはじめとして諸機関が援助計画を実施してきている。

共産圏の農業地域の中で最重要で、最も劇的な変化が進行した地域が中国である。一九六二年の飢饉の終結から一九七六年の毛沢東の死去までの時期が、政府が大躍進の失敗を繰り返すことなく、農業の集団化を推し進めようとした時期であった。一九六四年に毛沢東が「大寨《たいさい》に学べ」と書いてから政府は、中国北部の村、大寨を数百万人の農民に見学させることによって、農業の集団化の良さを奨励しようとした。大寨の人民公社は集団作業によって土壌の地力を回復し、生産を多角化させ、現地の産業を創出した。大寨の集団化を指導した陳永貴《ちんえいき》は、周恩来《しゅうおんらい》首相の下で、中国の副首相にまでなった。

しかし、水面下では、農民たちや役人たちの多くは家族農業に戻りたいと考えていた。中国共産党は、この思いを別の選択肢として留保していた。それが、農家請負制（包産到組）と呼ばれる制度であった。農民たちは役人たちに農家請負制を認めるように説得し、公式の調査班の眼を避けるように、それはごく限られた土地でのみ認められた。灌漑システムのようなインフラの改善は農村共同体がおこなっていたが、穀物生産は人口の伸びに対して常に後れを取っていた。穀物の不足量は、一〇〇〇万トンに上った。

一九七六年の毛沢東の死が、すべてを変えた。鄧小平の周りにいた改革派の人々は、公の場でも農業の集団化を批判し、農民たちも行政的な統制が弱体化した機会をとらえて、集団化の制度に下から揺さぶりをかけた。農民たちは、農家請負制に変われば、より高い生産量を上げる、と地方の役人に持ちかけていた。一九六〇年の飢饉の被害がことに大きかった安徽省では、一九七八年に干ばつが作物に甚大な被害を与えたので、省の党委員会は個人農に不作となった農地を「貸し出す」こととした。農民たちは三〇万エーカーを超える農地に熱心に作付けをし、前年の五割増しの収穫を上げてみせた。

一九七八年の秋には、中央政府の指示に従わなくとも、請負制の農地の方がはるかに大きな収穫量を上げることが、政府にも確証をもってはっきりと理解できた。農家請負制を支持する報道が現れ、安徽省の党書記であった万里が（大寨の元書記に代わって）副首相になった。一九八一年に開かれた党員と専門家の会議において、農業政策の「生産責任制」への転換が決定された。この時までには、ほとんどの農村共同体で村有地は「生産隊」――家族規模の集団を表す公式な用語――によって分割されていた。いわゆる、「ご飯が炊き上がった」のであった。今や大寨でさえ、村の土地を分割せざるをえない状況であった。この最終的な土地改革は暴力沙汰もなく、抵抗する者もほとんど見当たらなかった。ヴェトナム共産党も、同様の改革をおこなった。

アルジェリアも、社会主義的な農業から民有化への転換を経験した。フランス人植民者のアルジェリア人農民や市民に対する悪辣な扱いが、一九五四年には流血の暴動を招く結果となり、一九六二年までにフランスはアルジェリアから手を引かざるをえなくなった。社会主義を掲げた、新生のアルジェリア政府は、重工業の重要性を強調する一方で、大農場の二三〇万ヘクタールの土地を国営農場とした。しかし、アルジェリアの農民たちは、たとえ国営農場で働いていても、伝統的な農法をおこなったため、生産量は人口の増加に追い付かず、アルジェリアは穀物の輸入に依存したままであった。一九七〇年代における社会主義的な「改革」は、状況を改善できなかった。一九八〇年代に入ると、新たに大統領となったシャドリが社会主義的な政策のほとんどを保留し、農業を民営化し、農業に関する公開講座サービスを拡大し、そして価格統制を廃止した。都市の物価は高騰したが（一九八八年には食糧暴動が起こった）、食糧生産量も増大したため、アルジェリアはほとんどの穀物に関して自給国となった。

メキシコでは、一九九一年に、土地改革による革命的な時代が市場改革によって幕を下ろされた。カルデナス以降、政府の政策は、集団農業のエヒードを支援するか、農地を個々の地片に分割して私有化するかのいずれかであった。農民たちは、少しでも多くの土地を求めた。一九六七年に、「貧民党」の農民たちがメキシコ南部のアシエンダ農園を占拠し、大土地所有者たちとの紛争になった。政府は一九七四年までにこの暴動を鎮圧したが、ルイス・エチェベリア大統領は、農民たちに地主たちから土地を奪うようにとの要請までして、最後となる土地改革をおこなった。

メキシコには、総耕地の半分に相当する一億三〇〇〇万ヘクタールの土地に三万ほどのエヒードがあり、三五〇万人の農家の戸主がエヒード農民となっていた。土地改革の目的は、一九世紀にエヒードの土地の売却を禁ずることで、農民たちから土地を奪う結果を招いた土地の集中を防ぐことにあった。だが、地方の役人やその他の有力者たちは、エヒードの土地を私的に横領してきていた。与えられている土地では、もはや増加するエヒード内の人口を収容することはできなかった。そのため、通常、所有する土地を相続するのは一子のみであった。土地なしの日雇い農業労働者やエヒード農民の隣人たちは、かつてイングランドの入会地にいた土地なしの小作人たちのように、エヒードにすがって生活してゆくしかなかった。エヒード農民たちは地方社会のエリート層となっていったが、エヒード農民の土地を持たない親族も含め、それ以外の人々はある種の隷属階級に堕していった。

一九八〇年代の経済危機に際して、メキシコは巨額の対外債務を抱え、債務不履行に陥った。国際金融機関はメキシコに、構造調整を断行するように要求した。アメリカで教育を受けたメキシコの新指導者たちの一団は、半ば社会主義的な土地改革政策の廃止を徐々に画策し始めた。世界銀行の調査に基づいた一九九〇年代の諸改革は、エヒードとその構成員に対して、エヒードの土地を私有化することを認め、その土地をほぼどんな目的にも使用可能とするような憲法に修正した。九〇年代の改革はまた、大農場に対して国は土地改革をおこなう義務があるとした指針を見直した。二〇〇〇年代には、ほとんどのエヒードが改革の俎上に載せられていたが、チアパス州やオアハカ州のような先住民の人口の多い州では、改革への抵抗も起きている。こうした私有化を目指した改革の結果、エヒード農民の一部が他の人々よりも広い土地を獲得し、在地の有力者たちから実業家や国家公務員に至るまで、外部の種々の人間たちが、かつて横行した一九世紀的なやり方で、広大な土地を一手に所有し始めている。

◆二〇世紀末における工業化された農業とグローバル化の限界

ほとんどの研究において、また経済理論や国の政策においても、農業と工業は長く別の部門として想定され、農業には工業発展を支える役割が期待されることが多かった。しかし、第二次世界大戦後、農業と工業は相互依存関係を徐々に深めてきた。農業生産の場面では、工業と同じく、機械や化石燃料や先端技術が用いられている。大企業が農産物を扱うこともますます多くなってきている。二〇〇〇年代には、世界中の農業はほぼグローバルな産業経済の一部門になってきていると思われる。

だが、農業には他の産業とは異なる特質があり、その特質は食糧生産を近年のように工業に依存させれば、世界をきわめて危険な状況に陥れてしまうといったものである。食料はどんな製品にも優越するのである。生物は、工業生産の場面で使用されているほとんどどんな原材料より、複雑なものであるが、そのことは必ずしも十分に理解されていない。世界の人口と農業生産の規模の巨大さは、そこで生じた諸変化が環境や生活条件に、深刻かつ予想外の影響を与えかねないことを示している。ここでは、工業化された農業の主要な要素とその動向、そしてそれらに対する反応について論じていきたい。

◆石油への依存

おそらく、現代農業の最も工業化された側面としては、化石燃料への依存が挙げられよう。化石燃料は、農業生産における資材の投入や機械化、輸送に不可欠なものとなっているのである。第一次世界大戦期にアメリカの農民たちが、内燃エンジンのトラクターを使い始めてから、機械化の趨勢は一気に拡大した。トラクターやコンバインをはじめとした農業機械は、馬や牛に比べてはるかに使いやすく、生産性も高かった。また、それらを使えば農民たちは、犂を引く家畜を飼養するのに必要な作物を栽培する必要がなくなり、販売向けの作物の生産のみに専心することができた。アメリカの農民たちは、遅かれ早かれ他の多くの国々の農民たちが採用する農業のモデルを提供したのであった。ソ連の指導者たちは機械化こそが近代化であると考え、〔戦前から〕できるだけ迅速にトラクターを導入しようとした。一九八〇年代のソ連には、アメリカよりも多くのトラクターがあった（予備も含めてのことであるが）。第二次世界大戦後になると、ヨーロッパやアジアやラテンアメリカの農民たちが、農業機械を大規模に使用し始めた。その間に、搾乳機や綿花の摘み取り機、野菜や木になっている作物の収穫機械などの多くの新しい機械が、産業界で開発された。

エネルギー依存度の高かった食品加工業も、他に先駆けて、より大規模な機械化に取り組んだ。食品加工業者が機械化を必要としたことが、農民たちが機械類やその他多くの近代的な技術に関心を向けるようになった要因の一つであった。一九世紀に始まった加工と農業の分離は、農民たちを加工業者の要求に合わせて生産をおこなわなければならない、視野の狭い専門家にしてしまうという意味で、農業の工業化が抱える問題の核心であった。

農産物の輸送は、農業が化石燃料に依存していることのもう一つの重要な観点だった。先進国で、いや発展途上国でさえ、消費されるほとんどの食料は、農民たちが消費する食料品も含めて、輸送されている。一九世紀のアイオワ州は、リンゴは州内で生産していた。しかし現在では、アイオワ州内のリンゴはワシントン州やニューヨーク州から運ばれている。スウェーデン人のおこなったある研究によれば、毎日の普通の朝食は様々な物から成っているが、それらは地球の円周に匹敵するほどの距離を経て運ばれてきているという。地域農業において特産物を生産するということは、生産物を遠くの市場に運ぶ必要があるということを意味した。そして、そのことは輸送コストを必要とし、価格に占める農民の取り分を減らすということをも意味していた。

肥料をはじめとする、農業での投資も化石燃料に頼っている。地力の減退は昔からの問題であったが、それは今日においても変わらない慢性的な問題である。アメリカの農場では、毎年、数百万トンの表土が失われているが、アフリカの多くの場所でも、土壌の喪失は激しさを増している。中国では、農民たちが水田稲作をおこなって土壌を回復させ、自然の廃棄物や堆肥を用いている。アメリカやヨーロッパ、またその他の国々においても、農民たちは常に高い効果の肥料を手に入れようと奮闘してきた。

その後、一九〇八～一四年に、二人のドイツ人化学者、フリッツ・ハーバーとカール・ボッシュが、産業規模で窒素を大気から分離し、アンモニアに変化させる複雑な工程を発明した。この工程には、水素の原料としての天然ガスと超高温と超高圧が必要で、そのためには化石燃料を動力とした機械類が不可欠だった。両人はこの業績でノーベル賞を受賞したが、かれらの発見は武器の点火装置にも応用された。第二次世界大戦後、アメリカをはじめとした国々では、軍事的工程だったハーバー＝ボッシュ法を応用して、肥料の生産をおこなうようになった。こうして生み出された肥料は、作物の収穫量を実際に増加させてみせた。特に、緑の革命のパッケージを実施する際には、その効果が顕著だった。この肥料を使うことによって増大した収穫量で、おそらく二〇〇〇万人以上の人々が死ぬことなく、生き延びていくことが可能になったと思われる。世界中のほとんどの人は、ハーバー＝ボッシュ法で精製された窒素を体内に保持しているのではなかろうか。

農薬も、化石燃料から製造された重要な投入物である。今日に至るまでで開発された農薬の中で最も重要なものとしては、ＤＤＴなどの有機塩素系殺虫剤を挙げることができるであろう。スイス人化学者パウル・ミューラーが、一九三〇年代に、ＤＤＴがきわめて効果的に虫を殺すことを発見した。かれはこの業績によって、ノーベル賞を受賞した。第二次世界大戦中、アメリカはシラミやマラリア蚊を殺すために、大量のＤＤＴを製造した。戦後もさらに大量のＤＤＴが農業用に用いられ、一九五〇～七〇年代にかけて、年間平均して四万トンが使用された。やがて同じ化石燃料から、ディルドリンや二・四-Dといった多くの農薬が開発されていくことになる。

しかし、一九五〇年代に入ると、標的とした害虫がこれらの化学薬品に対して耐性を持つようになった。農薬が害虫とともに益虫も殺してしまうことも、新たな害虫問題として浮上した。農薬の使用が原因で、時に使用者が中毒症状を示したり、死亡することもあった。また、使用者のがんの罹患率が高くなるということもあった。一九六二年に、尊敬を集めていたナチュラリストであるレイチェル・カーソンが、ついに『沈黙の春』を出版した。この本は、農薬に関する上記の問題やそれ以外の諸問題に関する研究をまとめた一書だった。議論はあったものの、かのじょの発見の正しさは立証され、議会を動かし、一九七〇年代にはDDTの使用は禁止された。化学薬品会社は、自然界で分解される新たな農薬の開発に向かうことになった。それでも、多くの農民たちは「農薬の踏み車」から逃れられなかった。それは、それまで使用していた農薬に対する耐性に対応するために、新しい農薬が定期的に必要になる、無限に続く「踏み車」のことであった。

以上、述べてきたように、おそらく世界中のほとんどの人々が、化石燃料によって生産され、加工され、輸送された食料によって生きながらえている。いくつかの食料品の輸送は、一六世紀以来、増加の一途を辿ってきているが、多くの人々が食料を確保するために、食料でない資源にこのように依存したという事例を、化石燃料以外にわれわれはいまだかつて見たことがない。

◈家畜ブーム

農業が工業化されることによって引き起こされた諸問題の内の重大な事例の一つとして、家畜の飼養数の急激な増大の問題がある。一八世紀、アメリカの農民たちは家畜を「加工」できる余剰農産物と見なしていた。世界農業は、二〇世紀末に至るまで家畜の飼養への注目を徐々に高めてきた。アメリカをはじめとして、いくつかの国々の耕地のほとんどは、トウモロコシと大豆を栽培するために用いられているが、それらの作物は肉牛から魚にまで及ぶ家畜の飼料とされるか、あるいは他国の家畜の飼料用に売却されるかのいずれかである。

第二次世界大戦後、家畜の飼養においては、工業化の進展が目覚ましい。牛や豚は、何千頭もの家畜を収容できる広い飼育場で飼養され、餌が与えられる。かれらが押し込められる房は、辛うじて立っていられるだけの広さしかない。かれらは、物凄い速さで流れる機械化された流れ作業のラインで屠殺される。それらの動物を屠殺し、臓器を取り出し、腑分けする安い給料の労働者たちが怪我をすることは、毎度のことである。ヘンリー・フォードは牛の加工場を見て、組み立てラインを思い付いたのであった。家禽類も同じように大きな建物の中で育てられ、数万羽の鶏たちがきわめて不潔な環境の中に置かれているので、そうした条件が原因となって、全体の一割かそれ以上は、たいてい成長する前に死んでしまう。また、家畜をこのように大規模かつ集中的に飼養することは、病気の蔓延を引き起こしやすい。そのため家畜には、集団で次々と死なないように、抗生物質を食べさせる必要が生じてくる。しかし、このことが後にこうした薬物の成分を調査しなければならなくなることの原因となり、耐性を持った細菌の増殖を許す環境を作り上げることにもなる。

上述の工業化された家畜飼養のシステムは、環境や人の健康にとって重大な意味を持っている。家畜は全温室効果ガスの一八％に相当する量を排出し、それは農業由来の排出量の八〇％に当たる。農業用水の汚染の三分の一から半数は家畜が原因となっていて、特に集中化された飼育場が問題となっている。飼育場建設のための開墾が、生息環境の破壊や生物多様性の喪失を引き起こす主たる要因にもなっている。

家畜ブームが引き起こした脅威の中で、最も悪名高いと思われるのは、おそらくは「狂牛病」による危機であったであろう。狂牛病は、臓物の使用や、家畜を処理する過程で出る廃棄物や飼料の廃棄物が原因となって発生した。畜産物を大量に生産するようになり、臓物をはじめとした副産物の問題が無数に生み出されてきている。最終的に処理業者は、廃棄物の一部を「脂肪精製」の手法を用いて活用するようになっていた。脂肪精製とは、廃棄物を高温で熱し、骨粉や獣脂や「タンクかす」を生産することをいう。一九一二年に、スイフト農場と同農場が設立した企業は、精製された飼料を豚に与え、一九一四年の国際畜産品評会で一等を獲得している。第二次世界大戦後、食肉への需要が急激に高まると、それだけ多くの臓物も生み出されることとなり、処理業者はそれらを用いて、家畜や養殖魚、果てはペットに至るまでの飼料やペットフードを精製するようになった。

一九六〇年代半ば以降、家畜たちが屋外で草を食むような時間はどんどん減っていき、かれらは決まった重量になるまで、多くの時間を屋内で、科学的に配合された飼料を食べて過ごすようになった。一九七〇年代には、精製業者は、血液、足、羽、おがくず、古新聞、段ボール、セメントダスト、発電所や原子力発電所から出る排水に加えて、病死した家畜の死骸や、虫やネズミを介して汚染された食品なども加工して、飼料を生産していた。一九八〇年代になると、販売目的で飼養されている家畜のほとんどは、他の家畜の死骸から精製した飼料で育てられていた。

狂牛病は、ほとんど解明されていない羊の病気である羊海綿状脳症に由来するものであった。感染した家畜は、木や杭に絶えず身体を擦りつけ、しっかり歩くことができなくなり、最後は立っていられなくなる。狂牛病の流行は、一九八五年の春にイングランドで一頭の牛が羊海綿状脳症に似た症状を発症して死亡したことで始まった。数か月も経たないうちに、数十の事例が認められ、調査によって、羊が羊海綿状脳症によって脳がスポンジ状になるのと同じく、牛の脳もスポンジ状になっていることが報告された。一九八七年におこなわれた研究によって、狂牛病と精製された羊の臓物を家畜に与えることとの関連性が明らかにされた。

その一方で、狂牛病に似た症状を示す人間の病気であるクロイツフェルト・ヤコブ病に関するある研究が、病原体を特定することに成功した。それはプリオンと呼ばれるタンパク質化合物で、高温や消毒薬によっても破壊できない物質であった。その後、一九九三年に、頻繁にハンバーガーを食べていたイギリスの一〇代の少女が、クロイツフェルト・ヤコブ病に似た症状を発症し死亡した。そしてすぐに、同様のケースが次々と報告されるようになった。イギリス政府は、当初、脅威を最小限に抑えようとしたために、対応が遅れることとなった。人々からの激しい抗議と他国からのイギリス産食料品の不買の声によって、イギリス政府も数百万頭の病気の家畜、あるいはその疑いのある家畜を殺処分せねばならなくなった。

アメリカの畜産業界や精製業界、そして政府機関は、狂牛病がアメリカで蔓延している可能性を否定していた。企業は、訴訟にまで訴えて、アメリカ産食料品の品質に関して人々が疑念を持つことに歯止めをかけようとしたり、食肉は安全であると大衆が確信するように、出版物をプロパガンダ的に活用した。しかし、狂牛病はアメリカの家畜からも発見される結果となった。

◆遺伝子組換え農業

遺伝子組換え作物は、農業がハイテク産業に呼応する中で生み出されたものである。工業におけるハイテクの場合とまったく同様に、遺伝子組換え技術の発展は、技術資本家が農業部門、特により貧しい国々の農業を支配してしまう問題を浮き彫りにしていった。

日本における矮小品種の栽培やアメリカのハイブリッド・トウモロコシ、そして緑の革命も、すべては農作物の遺伝的性質を改変したいという人間の努力の賜物であった。ただ、これらの試みはどれも、作物が持つ遺伝子的な潜在力、それ自体を超えるものではなく、作物の特質を強化しようとしたにすぎなかった。しかし、遺伝子組換え作物の開発者たちは、その作物が自然界においては決して獲得することのできない遺伝子的特質などを、他の作物から取り込むことで、作物に重大な変化を引き起こそうとしたのである。こうした試みは、一九八三年に、遺伝物質をある細胞から別の細胞に運ぶことができる細菌を用いることによって始められた。研究者たちが作物間で遺伝子組換えを頻繁におこなうようになるまでに、長い時間は要しなかった。一九九〇年には、様々な遺伝子組換え計画に取り組むビジネスがいくつも生まれていた。そしてまた、最初の重大問題である、政府による規制の問題も浮上しつつあった。

そのほとんどがモンサント社系であるが、遺伝子企業は、世論に影響を与えるべく、バイオテクノロジーの反対者たちと対立した。反対者たちは、科学作家のジェレミー・リフキンに先導され、環境派の集団や農民の集団もそこに含まれていた。レーガン、ブッシュ両政権は、遺伝子組換え技術を支援し、食品医薬品局はそれらの技術に危険性を認めるものではないとした。一九九二年にアメリカ政府は、遺伝子組換え作物は、仮に非遺伝子組換え作物と「実質的に同量」であれば、安全性に問題はないという立場を取った。ＯＥＣＤやクリントン政権も、この基準を支持した。その後、環境グループや純粋な食品を求める集団や農民の一団が、遺伝子組換え作物を批判する国際的な運動を開始するようになる。かれらは遺伝子組換え作物を危険で、嫌悪感を呼び起こすものとして描き、夜間に実験中の作物を引き抜くなどして、研究を妨げようとした。

遺伝子組換え作物は、新品種の法的権利の問題と特許生物の問題を、再度俎上に載せることとなった。アメリカ人品種改良家ルーサー・ブルバンクは、二〇世紀初めに、議会で次のような不満を述べていた。かれ曰く、品種改良家は多くの人々を助ける品種改良をおこなったとしても、その品種に自分の名を残すことさえできない、と。この後、アメリカやヨーロッパの法律では、品種改良家たちに一定の権利を付与するようになった。しかし、鍵となる前進は、一九七二年に、ジェネラル・エレクトリック社の微生物学者アナンダ・チャクラバルティが、油の消化を助けるようにと自身が交配してきた細菌を特許申請した時に図られた。米国特許局は、チャクラバルティが生体の特許を得ようとしているとして、かれの申請を却下したが、一九八〇年に最高裁はこの決定を覆し、いかなるものも特許の対象になりうるとする判決を下した。

チャクラバルティは、細菌間の自然な遺伝子交換の結果を見つけたにすぎなかった。企業はすぐさま最高裁の判決を利用して、人類が数千年にわたって利用してきた品種も含めて、可能な限りあらゆる品種の特許を取得しようと試みた。テキサス州のある企業は、わずかな改良を加えただけで、インドのバズマティ米の特許を取得しようとした。しかし、インド政府が訴訟を起こし、二〇〇一年に米国特許局は、新種は旧来の品種と「実質的に同一である」として、特許の承認を棄却した。インド人のヴァンダナ・シヴァをはじめ、第三世界からの声は、こうした行為を「バイオパイラシー」（生物資源盗賊行為）と呼んで非難した。

一九八〇～九〇年代の遺伝子組換え作物にまつわる熱狂の渦中にあって、モンサント社は最大の企業であった。もともと、オレンジ剤のような悪名高い化学兵器を生産していた化学薬品企業であったモンサント社は、一九八〇年代に遺伝子組換え作物に注力し始めた。一九九五年に、弁護士だったロバート・シャピロが新たに社長となり、会社の化学部門を売却するとともに、種苗会社を複数買収し、モンサント社を世界最大の種苗企業に押し上げた。かれは、モンサント社が人類社会に寄与する新しい遺伝子組換え作物やその他の製品を販売することを望んでいた。

モンサント社や他の数社が生産した主要商品は、次の二つであった。まず第一が、細菌（Bt菌）の遺伝子を組み込んだトウモロコシや大豆やカノーラの種子であった。この細菌は、これらの植物の大敵である害虫を殺す働きをする化学物質を産生した。二つ目は、強力な除草剤であるラウンドアップの効果に耐えうる遺伝子を持った綿花の品種であった。ラウンドアップはモンサント社の製品で、その登場によって、農民たちは雑草の駆除をする必要がなくなり、同薬の散布をするだけになった。Bt菌を使った作物は、アメリカやカナダをはじめとした国々で広く使用されるようになっていった。モンサント社がBt菌を使った大豆をヨーロッパの顧客に送ろうとした際に、有機農家から環境活動家まで、反対派が激しい抵抗運動を起こした。船積みや頒布は妨害され、苗は抜かれ、モンサント社に対しては、パッケージに遺伝子組換え作物が含まれているか否かを明示するようにとの要請がなされた。ヨーロッパ各国の議会は、この要請を一致して支持した。ここに至って、モンサント社の社員までもがこうした製品や、ヨーロッパ人の要求に対する自社の傲慢な態度に反対の意思を示し始めた。最終的にシャピロは、モンサント社の態度に関して、公式に謝罪せざるをえなくなった。

遺伝子組換え作物の生産者たちは、いくつかの失敗も犯した。ある研究が、オオカバマダラの幼虫がBt菌を使ったトウモロコシの花粉を食べて死んだと報告した。また、別の研究が、動物の餌用にだけ認可されているBt菌を用いたトウモロコシであるスターリンクが、タコスの中からも検出されたと発表した。メキシコのオアハカ州にある旧来種のトウモロコシの研究をするヴァヴィロフ・センターでも、Bt菌のトウモロコシの遺伝子が発見された。このことは、各地の農民たちがメキシコの法律を犯して、遺伝子組換えトウモロコシを使用し、組み換えられた遺伝子がすでに非組換え品種にまで侵入していることを明らかにした。アメリカでは、モンサント社の種子を使用する農家は、自分たちが育てた種子は使用しないことを誓う契約に署名しなければならなかった。モンサント社は農家の畑の査察調査をおこない、あるカナダ人農家の畑で組み換えられた遺伝子が発見されたが、当の農家は遺伝子組換え作物の使用を否定した。この事件は、モンサント社にとって一大スキャンダルとなった。モンサント社からこれまで細々とした指導を受け、弱い者いじめのような扱いを受けてきた他の農家の不満は大きかった。

これまでのところ、遺伝子組換え作物がもたらした恩恵は限られている。それらを栽培することで、殺虫剤の使用は幾分かは抑えられたであろうが、収穫量はたいてい非組換えの品種に比べて低いままとなっている。モンサント社は有害なウイルスに耐性のあるサツマイモを開発し、その新品種をアフリカの農家に無償で提供してきている。遺伝子組換え作物は潜在能力を持つ一方で、リスクも伴う。遺伝子組換え作物の生産者たちは、世論の不安にもっと敏感であるべきであろう。アメリカでも、国外でも、従来の品種を栽培したいとする農民たちの権利にも、より細やかに向き合うべきであろう。

◈会社組織と農民

農業の工業化と家畜ブームは、そのいずれもが農民たちをますます大企業に依存する存在にしてしまった。現代農業の企業的な構造を表現する一般的な用語が、「アグリビジネス」である。この言葉は広い概念で、商業的な農業に関わるあらゆる試みを含み込んでいる。多くの地域の農家にとって、トウモロコシや大豆を栽培する場合、家畜ブームは最も利益を上げてくれる方策であった。トウモロコシも大豆も、直接には、ほとんどすべてが家畜の餌として使用でき、間接的には、飼料作物の肥料として使うことができるからである。カーギル社のような大企業は、農民たちができるだけ簡便に同社から投入物を取得できるようにし、自身が栽培した作物を同社に売却させるよう努めている。カーギル社は、輸出用の大豆を購入するための船が支障なく運航できるようにしておくために、ミシシッピ川やパラナ川の浚渫のために数十億ドルを費やしていた。

しかしながら、膨大な売上は、農民たちよりもはるかにアメリカ企業の方を豊かにしている。世界の食糧体制の中で、農民は比較的小規模な、独立した唯一の運営主体になってしまっている。かれらは、限定的な保護しか与えられないまま、主要なリスクを背負っており、その上、投入物契約と購入契約のいずれに対しても、責任を負わなければならない立場となっている。カーギル社やタイソン・フーヅ社をはじめとした多国籍大企業は、作物の貯蔵とマーケティングを支配し、家畜に対する支配も進みつつある。こうした大企業を通じて市場で農産物を販売するために、農家は一定の水準を充たした作物や家畜を生産しなければならない。それを達成するためには、農家は種子や家畜の幼獣などの投入物をよく似た大企業から、時には同一の大企業から購入しなければならなくなる。

こうした状況下では、ローンの支払いを滞らせる農民や農業を諦める農民が続出することは当然のことであろう。一九八〇年代の農業危機が、今や恒常的と言っていいような状況になりつつある。成功した農家は大きな会社を経営し、多額の資金を運用していることが多いが、カリフォルニア州などの地域では、農作業は低賃金の農業労働者や小作人に頼っているのである。だが、二五万ドルの売上を誇る農場主も、すべての経費を差し引けば、最終的な収入は二万ドルにも満たない額になるであろう。こうした人々は、見方を変えれば、現代版の、一九世紀イギリスの「集約農家」であり、現代版の、ローマ時代の「ラチフンディウム」〔大農地経営〕なのである。しかしながら、農民たちは昔に比べればはるかに高い教育を受けており、困難に対処するために必要な情報や考えにもはるかに多く接することができるはずである。

他方で、大規模農家であっても、実質的には、大企業や裕福な投資家が所有する農場で、小作人として働いているにすぎないような農民たちは多い。CNNの創立者であるテッド・ターナーは、二〇〇万エーカーの大農場を所有する、おそらく合衆国で最大の個人土地所有者であろう。他の企業も大きな農場をいくつも所有し、運用契約に基づいて農民たちを雇用している。こうした環境にある農民たちは、投入物の観点でも、加工の過程でも、マーケティングにおいても、完全に会社組織に組み込まれている、と言うべきであろう。

もちろん、もっと貧しい国々においては、もっと多くの小農たちがいて、大土地所有者がいまだに労働者たちを搾取しているのであろう。しかし、この二つの社会集団はともに、アメリカの農民たちと同じく、アグリビジネスに適う作物・家畜を栽培・飼養するために、様々な物資を投入しながら農業をおこなうことを日々迫られつつあるのである。例えば、二〇〇五〜〇六年の鳥インフルエンザの流行は、当初、小さな養鶏農家のせいであるとされたが、後にタイの企業でアジア最大の鶏肉生産業者であるチャロエン・ポクパンド社が感染源であることが突き止められた。タイソン・フーヅ社などの企業と同じく、チャロエン・ポクパンド社もヒヨコを巨大な孵化場で飼養し、そのヒヨコを契約した小農たちに配分して、飼養させているのである。

すべての農民が、こうした企業による支配を黙認しているわけではない。一九九〇年代のメキシコにおける私有化の動きは、国外からの投資と国外との貿易に対し、メキシコ市場を開放するきっかけとなった北米自由貿易協定（NAFTA）の締結へと至る過程の一部であった。NAFTAの締結によって、補助金を得て栽培されたアメリカの農産物が輸入されるようになったために、数百万人のメキシコ人農民が失業に追い込まれ、メキシコの農場の多くはアメリカ企業の支配に服するようになった。アメリカ企業をモデルとしたメキシコ企業の設立も促進された。多数の農民がアメリカへの不法移民を企てるか、もしくは都市への移住をおこなったのに対し、農民のある一団が中心となり、チアパス州においてサパティスタ国民解放軍が創設された。新興勢力であるサパティスタはＮＡＦＴＡの廃棄を求め、メキシコの農民と農業を保護する方策を採ることを主張した。かれらは政府に対して長期にわたる政治闘争をしかけ、時に軍事的な紛争も引き起こしながら、いくつかの譲歩を引き出させることに成功した。

負債、ないしは負債が農民に及ぼす影響のほかに、農民たちは、収入がどうであれ、また、できうる限り、あるいは望みうる限り、有能で自立した人間でありたいと考えていたとしても、企業が中心のグローバルな食糧生産システムの中にあっては、自分たちはいまだに基本的には下働きの労務者にすぎない存在であるとも思っている。アメリカやヨーロッパや日本で、農民たちが補助金を手にしたとしても、かれらはいまだに誰かに従属しているのである。それは、昔よりはましな状態だとしてもである。

◈地域的な問題

世界農業や世界経済に今後、大きな影響を与えるであろうユニークな特質を持った国々や地域が、二一世紀には存在する。

ブラジルは、アメリカに次ぐ農業大国に急成長しつつある。ブラジルは、有効な土地改革を一度も断行したことがない。一九五〇年には、農民層の〇・六％しか占めていない富裕な土地所有者たちが、農地全体の半分を所有していた。八〇％の農民は貧農で、農地全体の三％を所有しているにすぎず、土地なし農の人口は膨大な数に上った。一九六四年の軍事クーデタ以降は、軍事指導者たちが農業の工業化や近代化に取り組み始めた。かれらは農業研究所を設立し、そこでは、ヴァルガス大統領が始めたバイオ燃料計画が再び取り上げられ、ブラジルの石油消費量の削減に貢献した。一九八〇年代にブラジルが構造調整をおこなわなければならなくなったとき、農業部門で工業化を果たしていたところは構造調整をおこないやすかった。アメリカに次いで世界第二位の大豆生産国となったブラジルは、世界のオレンジジュースの輸出量の八〇％を生産し、牛の飼養頭数も世界一となっている。ブラジルの牛肉輸出量は世界市場の三〇％を占め、さらにシェアの倍増を目指している。

ブラジルのこうした躍進の受益者となったのは、地主層であり、地主の下で働く、数を減らしつつある農業労働者たちであった。一九八〇年代に、土地なし労働者の新たな運動が土地改革を要求し、放棄された農地が占拠されていった。一九九五年には、フェルナンド・カルドーゾ大統領が小規模な土地改革をおこなったが、さらなる土地改革の見通しは立っていない。ブラジルをはじめとしていくつかの国々は、主として農民社会であった過去から脱し、農業部門でも、またその他の部門においても、世界の一線級の国々と渡り合っている。台湾やタイなどの新興工業国（NICs）になぞらえて、ブラジルなどの国々を新興農業国（NACs）と呼ぶ研究者もいる。

上述の農業発展と宿願は皆、アマゾンの熱帯雨林をはじめとした、ブラジルにとってきわめて重要な環境資源を犠牲とする中で達成されようとしている。一九六〇年代に入って、森林保護がいったん進められたが、政府はその後、政策を転換し、農業を優先して森林伐採をおこない始めた。小農たちは促されて森林地帯に定住し、牛牧場を経営する人々は、ポルトガルの国土に匹敵する面積のアマゾンの熱帯雨林を焼き払い、牛の群れを放牧し、販売用の家畜を加工するための巨大な食肉処理場を建設した。

対照的にアフリカは、農業が落ち込む中にあって大きな潜在能力を秘めた地域であるが、食糧輸入をおこなわなければならない地域でもある。「アフリカの農業危機」は、一九八〇年代の干ばつによって顕在化した。アフリカの農業問題にとって、環境は重要な要因である。あらゆる問題が、戦後の開発援助や、全般的には植民地主義の遺産によって、状況の悪化を招いてきた。援助を与える側は、少数の富裕者や官僚エリートを利する輸出志向の大農場に注力しようとした。しかし、生活の維持を求める大多数の農民たちにすれば、支援対象を明確にした、もっと小規模な援助の方がはるかに有益であった。飢饉を軽減せんとして分配された食糧支援は、補助金を得ているアメリカやヨーロッパの農民たちからもたらされたもので、安い価格で販売された。こうした方法は、現地のアフリカ人食糧生産者に打撃を与え、地方の住民を犠牲にして都市住民を利するものであった。

都市や富裕者への援助のこうした偏向は、数百万単位の農民たちが自らの農地を放棄し、都市のスラムに向かう原因となっている。男性が町に出て、女性は家に留まって農業に従事するといった形態が一般化した。ただし、それによって農業生産量は減少した。農民たちが放棄した農地は、富裕なアフリカ人実業家や国外のアグリビジネスの手に渡ることもあった。そうした農地の大半には、モノカルチャー用の換金作物が植えられたが、収穫後は、栄養素を洗い流してしまう大量の雨や干ばつに対して、何らの対処もなされないまま農地は放置された。

アフリカでは、農地は解決の見出せない難問題でもある。ジンバブエでは、七年に及んだ独立戦争に勝利した一九八〇年に、ムガベ大統領が穏健な土地改革をおこなった。だが、白人農民の多くは自身の農場を手放すことを拒否した。居留地に住むアフリカ人たちの不満は、募っていった。二〇〇〇年、ムガベは速成土地改革計画を開始し、アフリカ人たちが白人入植者の農場を引き継ぐことにお墨付きを与えた。しかし、ケニアで白人所有であった農場の多くがそうなったように、ジンバブエの農場の多くも政治機関の役人たちの手に渡ることとなった。南アフリカでは、アパルトヘイト後に成立した新政府が、土地改革の断行を約束していた。しかしながら、白人人口の五％にしかすぎない六万人の白人農民が、耕地の八七％を所有し、農業生産の八〇％以上を生産していた。他方で、五〇万人のアフリカ人農民は、全体の一五％に相当する土地に他のアフリカ人たちと一緒に住みながら、農業生産高のわずか五％を生産しているにすぎなかった。二〇〇〇年代には、政府の公約に幻滅したアフリカ人たちが、白人の農場を占拠し始めた。

上述のアフリカにおける農業問題の背後には、多くの場合、ＨＩＶの感染の拡大が潜んでいる。ＨＩＶは多くの農民の命を奪ったが、それらの農民たちはアフリカの作物に関する伝統的な知識を保持し、劣化したアフリカの農地を回復させることが可能な複雑な生産技術を持っていたと思われる。

中国は、膨大な人口と増大する富を活用して、今後の世界農業に決定的な影響を与えうるのかもしれない。一九七〇～八〇年代半ばに至るまでの諸改革によって、中国の農業生産量はおそらく五割増加したであろう。ただこの増大は、高収穫品種の稲や小麦の導入によるところでもあった。新品種が自身の生産量の限界に達すると、全体の生産量も鈍化していった。家族契約の条件が、穀物生産の伸びを押し止めていた側面もある。契約家族は一定の割当て量の穀物を生産し、それを決められた安い価格で国の機関に売却する義務があったからである。

中国では、都市の工業部門においても著しい発展を示した。政府は高い税金を課すことで、インフラ整備や人件費としてかかる費用を賄おうとし、しばしば現金ではなく、借用証書で国への穀物調達代金を支払うことによって、地方への支出も削減してきた。こうしたことが、多数の農民を怒らせる要因となった。数千人の農民が抗議の意を示し、在地の役所を襲撃し、割当ての穀物や税金の支払いを留保した。怒りの農民たちは村を棄て、町に出て行ったが、かれらの農地は村に残った農民たちが引き継いだ。

こうした問題の背景には、次のような根本的な問題が存在している。すなわち、中国は世界人口の二〇%以上の人口を抱えながら、耕地は世界の七%しか保有していないという点である。中国における都市の発展は、農民たちや耕地の犠牲の上に成り立っているのである。近著『誰が中国を養うのか?』において経済学者のレスター・ブラウンは、中国がその富や必要性から、食糧を購入したら、世界の食糧輸出の大半を買い占めることができ、世界の食糧経済に深刻な混乱を生じさせることになる、と警告している。中国はこの問題を解決しようとして、中国の需要に応じた生産をおこなうための大農場をいくつか建設するために、数十万人の中国人を海外に送り出さねばならなかった。すでに七五万人の中国人がアフリカに送られ、アブラヤシや綿花などの中国向けの輸出用作物を生産するために、数百万エーカーの土地が借用されている。ジンバブエのように、軍事装備品の中国からの供給を交換条件に、土地の権利を譲渡するようなアフリカ諸国も出てきている。

かつて植民地化された経験を持つ第三世界の国々を含め、中国以外の多くの国々がアフリカに対し、企業的な支配を広げようとしている。そうした投資はこれらの国々に利益をもたらすこともあるが、仮に臨機応変な投資がおこなわれないのであれば、予期せぬ結果を招くこともまたありうるであろう。二〇〇八年に、韓国企業の大宇《デウ》がマダガスカル政府と表面上は民主的な取引をおこない、トウモロコシとアブラヤシを栽培するために、マダガスカルの耕地のほぼ半分に相当する一三〇万ヘクタールの土地を借用することとなった。ただ、現地の農民たちの土地利用や伝統への配慮は欠いたままであった。大宇の商行為に対してては大規模な抵抗が相次ぎ、マダガスカル軍が政府を打倒し、取引は無効とされた。それでも、大宇はいまだに二〇万ヘクタール以上の土地を保有している。

◆農業の衰退と農業人口の減少

二〇世紀には、世界の大半の国々で、農民人口とそれが全人口に占める割合が劇的に低下していった。アメリカの場合、農業関連で雇用されている労働力の割合は、一九〇〇年の四一％が二〇〇〇年には一・九％にまで落ち込んでいる。農民社会の典型と言える中国でさえ、人口の六割が地方に居住していながら、二〇〇三年には労働人口の四四％しか農業に従事していない。村々の多くは産業の重心を製造業に移すか、都市に通勤する労働者たちのベッドタウンになっていった。ソ連では、国内パスポート制度があったにもかかわらず、人口の大半は一九六〇年代には、非農業・非地方という存在になっていた。同じ時期、東欧諸国のほとんどもソ連の傾向を踏襲していた。メキシコ、アルゼンチン、チリ、キューバをはじめとしたラテンアメリカ諸国はどこも、圧倒的に都市化の進行が大勢となっていった。

世界の多くの国々では、「都会」とは都市の中心部のことを意味している。その中心部では道路は舗装され、建物はよく整備されている。だが、その都市中心部は、人々が現地で調達できるもののすべてを使って建てた貧民街やスラム街、ファヴェーラといった居住区が取り巻いている。貧民街の空き地で農業を続ける住民も多く、その行為はアーバカルチャーとか、都市農業と称されている。こうした領域で働く都市居住者の数は増加し、タンザニアのダルエスサラームでは、都市居住者の三分の二が農民であった。都市農民のほとんどは女性であり、多くの作物を栽培し、家畜を飼養しながら、生活必需品を供給し、家計に必要な収入を得ているのである。

しかしながら、上述のような都市化は、農村共同体の崩壊を進行させるものであり、正にその結果に他ならなかった。アメリカでは、多くの農民たちの生活が立ち行かなくなると、銀行や関連の業種もそれに連動し、あっという間に残っているのは、土地を去ることができない人々だけという有り様となる。残された人々とは、年金に頼る老人たちであり、家を買ってしまった生活保護受給者であり、それでも頑張ってみようとする農民たちであった。地方は、新しい形のゲットーとなっていった。こうした環境もあって、これらの地域では農業運動や過激な右翼グループが受け入れられていった。地方社会の同様の衰退は、ヨーロッパや日本や多数の発展途上国においても明らかであった。最新の資材の投入をおこなって農業生産をおこなおうとする発展途上国の農民たちの中には、アメリカの農民と同じく、負債を抱えてしまう者も多い。だが、発展途上国の政府は、借金が農民たちの生活を脅かしていたとしても、かれらを援助しようとする意志も、それに必要な資金も保持していないことがほとんどである。それゆえ借金苦の農民たちは、頻繁に暴力に訴えるのである。

しかし、農民たちの直接的な暴力行為のほとんどは、自分たち自身に向けられた。国連が農民自殺の国際的危機と認めた状況は、何より金銭的なストレスや国際市場での競争に巻き込まれてしまったことに起因していた。インドでは、一九九一年に国際貿易に向けて市場が開放された結果、二〇万人以上の農民が自殺した。インド政府や民間の機関が十分な小規模貸付けや保険制度を用意して、市場改革を後押ししなかったために、小農たちは高利の金融業者から借金をせざるをえなかった。同様の問題や自殺は、発展途上国の多くでも発生している。イギリスでは、農民の自殺率は農民以外の人々よりもはるかに高くなっている。アメリカの農民たちの自殺は、一九八〇年代に始まった農業危機以降、目に見えて増加するようになった。農民たちに自殺を思い止まらせるための電話ホットラインは、いまだに存在する。

上記のような極端な例は措くとしても、農業はやはり消えつつある職業のようである。様々な調査によれば、アメリカの農民の平均年齢は五〇代後半で、引退も間近な六〇代初めという数字さえある。他の多くの国々でも、農民は他業種で働く大半の労働者よりも高齢化が進んでいる。中国でさえ、農民の平均年齢は、地域ごとに異なるが四〇～五〇代となっている。地方社会の多くで、若年層が都市に出て行ってしまい、「祖父」か「祖母」世代の農民だけが家に残って、農作物を栽培している、と中国当局が報告している。世界中で農民たちは、たいていどんな労働者よりも病気や身体的な問題で悩まされている。より具体的に言えば、日光や化学物質に肌を晒すことが原因となって発症する癌や、作物や化学的な粉塵に触れることが原因の「農夫肺」、事故による四肢の欠損、そして農業という職業に伴うストレスから来る精神的な病などが挙げられる。農民が引退する、棄農する、死亡する、自殺するということは、単に個人的な悲劇であるというだけではなくて、世界にとって価値のある知識と経験の損失であると言うべきである。

◈地球温暖化と農業

地球温暖化の原因が、地球の気候の自然な周期のゆえなのか、あるいは人間がエネルギーを使用することによって生み出された温室効果ガスのせいなのかに関しては論争はあるものの、温暖化の傾向が続き、今後少なくとも数十年間は悪化の一途を辿ることは確かなことのようである。地球温暖化が世界農業に影響を与え始めたのは、一九世紀末のことで、その影響の度合いの強さは急激に高まっており、農業への悪影響はこれまで人類が経験してきたどんな出来事よりも深刻であると言えよう。最も深刻な影響は、温暖化の最も明白な証拠である出来事、すなわち気候変動以外に原因を見出せそうもない世界中の氷河の融解に、見ることができよう。

農業にとって最も重要な氷河は、ヒマラヤ山脈とチベット高原にある。なぜそれらが最重要かと言えば、それらがガンジス川と黄河と長江の水源となっているからである。ガンジス川水系は四億人以上の人々と、インドの多数の農作物を潤す灌漑施設に水を供給している。長江水系は約五億人に上る人々と、中国における米の収穫量の半分を担う灌漑施設に水を供給している。両国とも、他にも多くの作物を大量に生産しているが、小麦と稲もアメリカを上回る量を生産している。これらの作物の大半は、灌漑施設のお陰で収穫が可能となっている。ただ、ガンジス川と長江の水量はすでに減少し始めている。そのため、地下水面も低下しているので、減少傾向にある給水をおこないつづけるためには、深くまで掘られた井戸や灌漑用ポンプが必要とされてきている。

地球温暖化によって、アメリカやカナダやロシアも含め、温暖な地域の気温も上昇しつつある。このような気温上昇は穀物の生産量を増大させる側面もあるが、他方で長期にわたる、より過酷な干ばつを引き起こす可能性もある。二〇〇六年に、カリフォルニア州のセントラルヴァリーで、摂氏三八度を超える熱波が三週間続いたときには、農民たちが冷却用の扇風機を設置したにもかかわらず、数千頭の牛が急死してしまった。熱波によって、たった一つの郡だけで八五〇〇万ドルの損失が生じたのであった。アメリカには、コロンビア川のように灌漑と都市の需要のために、夏季には干上がってしまう川がいくつも存在する。

地球上の他の地域も、それぞれ深刻な問題に直面していると言えよう。アフリカ中央部、特にサヘル地域では、農作物の生育期の気温が、二〇五〇年までにこれまでよりもはるかに高くなると予測されている。その気温は、農民たちが現在あるどの農作物を栽培しようとしても、高すぎる温度となっている。南アメリカでは、多くの河川の水源となっているアンデス山脈の氷河が後退したり、失われつつある。

◆石油ピークと農業

先に見たように、現代の農業は化石燃料に依存している。一九五〇年代に、石油地質学者のM・キング・ヒューバートが、すべての油井は急激に拡大してピーク〔現在では、ヒューバート・ピークと呼ばれている〕を迎え、その後、減退するという、同一の過程を辿ることを示した。かれは、地球全体の石油生産量の総量についても、同じ過程を辿るとした。石油生産の後退が高い確率で予測されることで、農業においても、かつてのどの時代よりも広範で、迅速な変化が求められることとなった。一九九〇～二〇〇〇年代に、ソ連の崩壊と地球の将来に関して現在抱かれているもう一つのイメージのゆえに、二つの国家が上記のような石油供給の崩壊を経験した。

北朝鮮はソ連に倣い、工業化モデルに従って農業を集団化した。燃料動力機械への依存は、著しいものがあった。一九九一年にソ連が崩壊すると、ロシアと中国は石油の代金の支払いを、北朝鮮が保有しないハードカレンシー〔ドルなどの交換可能通貨〕でおこなうように要求してきた。工場は閉鎖され、農業は手作業や馬による労働に逆戻りし、一九九四～九六年の三年間、大規模な洪水被害があり、北朝鮮の農業は荒廃した。西側の報道は状況を飢饉ととらえ、深刻な飢餓が発生していると伝えた。だが、危機の根底には、工業化された農業制度が崩壊したことによる悪夢の到来があったのである。

ソ連の崩壊によって立ち行かなくなった共産主義体制のもう一つの例が、キューバであった。ロシアの新政府は、キューバに対して石油を安価で供給することを止めた。同時に、世界の市場価格の五倍の値段で、キューバの砂糖を購入することも取り止めた。食糧生産・食糧消費はともに減退し、キューバ人はアメリカの最低水準以下の消費しかおこなわず、アメリカ人に比べ平均で三〇キロ強痩せてしまった。カストロは複数の農学者に相談し、政府は農業に一連の改革を積極的に導入することとした。国内需要に応えるために、有機農業に近い集約農業もおこなわれた。自然界に生息する害虫の管理技術や堆肥肥料をはじめとした農業の諸問題への解決策を、専門家たちは現場ごとに工夫して見いだしていった。

もし他にも地球規模でヒューバート・ピークが訪れたとするならば、想像さえできないほどの大きな変化が求められることになるであろう。最終的に世界は、農業生産において、中世、あるいは古代の様式にまで逆戻りしてしまうであろう、と論ずる人もいる。しかも、新たな奴隷制度が生まれる可能性さえあるというのである。

◆持続可能性

しかし、世界が前述のような状況に至る以前の問題として、現行の農業制度は持続不可能な特質を多く抱えてしまっている。言い換えるならば、現行の農業制度を続けていこうとすれば必ず、非常に深刻な環境問題の進行に直面し、農業の重要性・有効性は失われてしまうであろう。『沈黙の春』の中でレイチェル・カーソンが確認した、害虫が耐性を獲得するに従って効かなくなってしまう農薬の事例は、かなり大きな問題の一例にすぎない。肥料や農薬は地下水に浸み出し、農業排水は河川や湖や海に流入する。それによって、魚は死滅し、水から酸素を奪う藻が大量発生し、その他の水生生物が生きられなくなり、水質は人が使用するのにも危険なレベルになってしまう。家畜の大規模な飼育場や鶏舎は、数百万ガロンの廃棄物を生み出している。これらの廃棄物は、現地の水系や土地に浸み出したり、溢れ出したりすることもある池に貯めておかれることがほとんどで、周囲の住民間に悪臭問題や健康問題を引き起こしている。研究者がこうした問題の多くに対して対応策を研究しているが、解決がずっと容易なものもあれば、困難なものもある。

世界の食糧制度が急速に企業の管理下に置かれつつあることも、農業の遺伝子的な根幹を脅かそうとしている。企業が、異なる種の動植物が生存してゆく生物多様性を減退させてしまうためである。アマゾンなどで森林伐採をおこなって、農業を拡大させることや、農民たちに画一的なトウモロコシやバナナやニワトリの栽培・飼養を要求する食品の規格化は、そのすべてが農作物や家畜の数や多様性を減ずることにつながっている。こうした規格化は、深刻な結果を招いている。アイルランドのジャガイモ飢饉の原因は、悪性の植物病の発生とアイルランドで同種のジャガイモしか栽培されていなかったことによる。一九世紀末〜二〇世紀初頭において、商業用のバナナはグロミシェル品種であった。農民たちの必死の予防策にもかかわらず、パナマ病と呼ばれる有害な菌類病が蔓延し、一九六〇年までにはグロミシェル種はもはや栽培できなくなってしまっていた。幸運にも研究者たちは、カヴェンディッシュという耐性を持った品種を発見したので、数十億ドルの出費にはなったが、農民と企業は一斉にカヴェンディッシュ種に移行した。しかし、遺伝的に再び画一の品種となったカヴェンディッシュ種には、今現在、別の植物病の脅威が忍び寄りつつあるのである。

農学者たちは、われわれが保ってきた生物多様性を維持しようと必死の努力を続けている。ヴァヴィロフ・センターが設立されている国々——地理的に見れば、世界の主だった食品や家畜の故地となっている地域——の研究者たちは、自身の地域が遺伝的な資源の要地となっている状況を保全しようと努めている。国際農業研究諮問グループの大半とその他の研究センターの多くは、種子の収集・保存をおこなっている。かれらはこれらの種子を使って、例えばUg99と呼ばれ、世界中の小麦生産の脅威となっているウガンダ発の最新のサビ病のような、慢性的な環境上の脅威に対応した新種の開発などをおこなっている。「最後の審判の日の地下貯蔵庫」は、最大かつ最重要な貯蔵庫である。それは、ノルウェーと北極点の間に位置するスヴァールバル諸島の放棄された鉱坑の中に造られた、一五〇メートルに及ぶ建築物である。同所は二〇〇八年に開設され、少なくとも三〇〇万種の異なる品種を摂氏マイナス二〇度で、最低でも一五〇〇年間、保存することになっている。

相互に関係する二つの活動が、農民と専門家の間で、持続不可能な農業と画一化に対して選択肢を提示する目的で進んできている。有機農業と持続可能な農業の二つがそれである。有機農業は構想としては、すでに戦間期に、人工肥料やその他の化学物質の農業への使用の増加を憂いたイギリスやアメリカの農学者や作家、農民たちによって展開されていた。有機農業の唱道者の役割を担ったのがロデール社で、創設者J・I・ロデールは化学物質とは無縁の農業を推進するために同社を設立した。

人類史ではたいてい、農民は誰もが有機農業の実践者であった。相当の規模ということであれば、人工肥料は一九世紀までは存在せず、農薬も二〇世紀に至るまでは存在しなかったからである。しかし、一九四〇〜六〇年代になると、農民も農学者も有機農業を酔狂と見なして見放し、化学物質の不使用を論議することは退化を意味し、不必要なことと考えられるようになった。だが、レイチェル・カーソンが『沈黙の春』を出版して、その危険性を立証してからは、人々の関心はいくつかの農薬の使用を禁止した法律に見られるような方向に向かっていき、農民も専門家も有機農業にもっと真剣に向き合うようになっていった。二〇〇〇年代には、米国農務省と多くの国々の農業機関が有機農業の基準を定め、有機の農作物を扱う小売業者も多くなり、有機に特化する小売業者さえ現れた。環境への危惧や人間に対する危険性から、あるいは農業関連施設からの流出や巨大な工場のような農場の存在もあって、より大きな規模での有機農業に対しても、公衆衛生上、その必要性が唱えられるようになってきていると思われる。

農学者、農民、消費者の間で広がりつつある持続可能な農業は、工業化された農業が生み出す諸問題への対処法としては、最も包括的なものである。このアプローチは、環境に負荷をかけることなく、漠然とただ続けられるという農業だけではなく、農民と農場関係者、そして農業に依存している都市社会を支える農業をも含んでいる。持続可能な農業が取り組んできた古典的な問題の一つが、アメリカの大平原における農業の問題であった。大平原地域は非常に乾燥しているため、巨大なオグララ帯水層から灌漑用水を汲み出そうと、農民たちは中心旋回軸灌漑方式に頼っている。水の汲み上げが過剰であったので、帯水層の水位が元の半分に低下し、汲み上げが非常に難しくなりつつある。遠からず、帯水層からの水の汲み上げは不可能となり、大平原での農業がほとんど立ち行かなくなるだけではなく、地域共同体全体がゴーストタウン化し、多くの人々の生活が失われてしまうであろう。また、大平原での農業や牧畜は、草地のほとんどを荒廃させ、平原を以前に比べて、浸食や砂塵嵐や表土の流出に晒されやすい状態に変えてしまった。

持続可能な農業が人々に求めるのは、環境と両立する作物や家畜や生産方法を選択する、今以上に順応性があり、柔軟で、良識のある方法で農業をおこなうことである。こうしたやり方は、土壌を作物や肥料を受け止めるスポンジとしてしか見なしてこなかった大半の近代農法とは一線を画するものである。持続可能な農業は、伝統的な農法への見識ある回帰でもある。二〇世紀全体をほぼ通じて、伝統的な農法は後進性と非生産性の象徴と見なされてきた。しかし、伝統的な農法は、近代農法が生み出した環境やコミュニティに対する大規模で、時に取り返しのつかない被害を、一切生じさせてこなかった。また、深刻な途絶はあったものの、伝統的な農法は人々を数千年にわたって支えてきたのである。それゆえ、もし「石油ピーク」の警告が本当に現実のものとなるのであれば、人類が生き延びていくためには、持続可能な農業こそが唯一実行可能な選択肢になるものと思われる。

◈結　論

第二次世界大戦から二一世紀にかけての時期は、世界の農業にとって驚くべき諸変化が生じた時代であった。農民と農業に前例がないほどの関心を寄せることは、諸変化の中でも、最も重要で、新しい要素であった。そしてそのことは、農民救済のための、真に全地球的な最初の組織である国連食糧農業機関と国際農業研究諮問グループの創設という形で実現した。加えて、政府の農業機関や、大学やその他の教育・研究組織での農業に関する研究計画、そして非政府組織や農民たちの私的グループのいずれもが、世界中のほぼすべての国々で急速に増加していった。

こうした地球規模での農業への関心の広がりは、実質的な成果をも生み出している。すなわち、農民たちのためになるような、ほとんど前例のない諸改革が次々と実行に移されていったのである。政府や実業界は、農民とかれらの仕事にかつてないほどの支援を与えた。その支援策は、補助金の制度や基礎・応用研究から、使い勝手のいい貸付けやカウンセリング、自殺防止のための電話相談にまで及んでいる。最新の農業機械や肥料、農薬、そしてことに緑の革命と遺伝子組換え作物による遺伝学の進展によって農民たちは、以前ほどの労力をかけずとも、また前ほどの心配をせずとも、多くの収穫量を得ることができるようになった。多くの政府がおこなった土地改革は、個々の農民にそれ以前よりも自由に農業をおこなう機会を与え、大昔からの不公平をいくつも解決した。前代未聞のレベルに達した食糧生産は、世界にとって大きな成果であった。増大した食糧生産によって、分配の手法はまだ大きな課題として残ってはいるものの、ほぼ全世界に広がる六〇億人以上の人々に十分な食糧を支援することができるようになった。こうした変化・改革のすべてが、少なくともかつて農村社会にはびこっていた、古来から続く農民たちの二重の従属を緩和することにつながってきた。

しかしながら、上述のような改善ばかりが歴史ではない。第一に、改善点は必ずしも平等に届けられたわけではなかった。植民地支配を抜け出したアフリカでは、短期間の発展の時期を経て、大半の国々の農民と農業は後退期に入ってしまった。大規模な環境災害や実状を無視した国外からの支援計画、そして腐敗した問題のある統治も相まって、アフリカの農民たちの困窮は一向に解消されず、かれらは国家の政策の犠牲者でありつづけている。そして、輸入に依存するアフリカの姿も変わらぬままである。第二に、地球温暖化、汚染、水不足、生物多様性の後退といった環境問題が農民を、また都市社会をも脅かしている。農業が化石燃料に依存しているがゆえに、農業も、世界中の食糧供給も、将来的に予測される石油生産の落ち込みだけではなく、他の経済的な変動の影響・被害を被りやすくなっている。現代の農業はグローバル化した。全地球規模で機会を得ることもできるが、全地球規模のリスクを背負うことにもなっているのである。

さらなる読書のために

ヨーロッパについては、S. H. Franklin, *European Peasantry: The Final Phase*（London: Methuen, 1969）を参照。

共産主義国の農業については、Mieke Meurs, ed., *Many Shades of Red: State Policy and Collective Agriculture*（Lanham, MD: Rowman and Littlefield, 1999）; Jean Chesneaux, *Peasant Revolts in China, 1840–1949*（New York: Norton, 1973）; Dali Yang, *Calamity and Reform in China*（Stanford, CA: Stanford University Press, 1996）; Kate Zhou, *How the Farmers Changed China*（Boulder, CO: Westview, 1996）を参照のこと。

緑の革命と生物多様性に関しては、Lennard Bickel, *Facing Starvation: Norman Borlaug and the Fight against Hunger*（New York: Dutton, 1974）; John H. Perkins, *Geopolitics and the Green Revolution*（New York: Oxford University Press, 1997）; Susan Dworkin, *The Viking in the Wheatfield*（New York: Walker and Company, 2009）を参照。

アメリカ合衆国については、David Danbom, *Born in the Country: A History of Rural America*（Baltimore,

MD: Johns Hopkins University Press, 1996); Bill Winders, *The Politics of Food Supply: U. S. Agricultural Policy in the World Economy* (New Haven, CT: Yale University Press, 2009) を参照のこと。

土地改革に関しては，Sidney Klein, *The Pattern of Land Tenure Reform in East Asia after World War II* (New York: Bookman Associates, 1958); Roy L. Prosterman and Jeffrey M. Riedinger, *Land Reform and Democratic Development* (Baltimore, MD: Johns Hopkins University Press, 1987) を参照のこと。

ラテンアメリカについては，Tom Barry, *Zapata's Revenge: Free Trade and the Farm Crisis in Mexico* (Boston, MA: South End Press, 1999); Francisco Vidal Luna and Herbert S. Klein, *Brazil Since 1980* (Cambridge: Cambridge University Press, 2006); Gerardo Otero, ed., *Food for the Few: Neoliberal Globalism and Biotechnology in Latin America* (Austin, TX: University of Texas Press, 2008) を参照のこと。

アフリカについては，Göran Djurfeldt, *The African Food Crisis: Lessons from the Asian Green Revolution* (Cambridge, MA: CABI Publishers, 2005); Dahram Ghai and Samir Radwan, *Agrarian Policies and Rural Poverty in Africa* (Geneva: ILO, 1983); Lungesile Ntsebeza and Ruth Hall, *The Land Question in South Africa* (Cape Town: HSRC Press, 2007) を参照。南アジアについては，F. T. Jannuzi, *India's Persisitent Dilemma* (Boulder, CO: Westview, 1994); Ashok Gulati and Shenggen Fan, eds., *The Dragon and the Elephant: Agricultural and Rural Reforms in China and India* (Baltimore, MD: Johns Hopkins University Press, 2007) を参照。

グローバリゼーションに関しては，Raj Patel, *Stuffed and Starved: The Hidden Battle for the World Food System* (New York: Melville House Publishers, 2007); Geoff Tansey and Tony Worsley, *The Food System: A Guide* (London: Earthscan, 1995); Dale Allen Pfeiffer, *Eating Fossil Fuels: Oil, Food, and the Coming Crisis in Agriculture* (Gabriola Island, BC: New Society Publishers, 2006); Peter Pringle, *Food, Inc, Mendel to Monsanto* (New York: Simon and Schuster, 2005); Food and Agricultural Organization of the UN, *Livestock's Long Shadow: Environmental Issues and Options* (Rome: FAO, 2006) を参照のこと。

第8章　結　論

開闢以来、農民たちは、自然環境の災害と帝国や領主の支配の双方を被って生きてきた。しかしながら、古代ギリシャやローマや中国の、現存する最古の諸史料からは、農民たちが置かれた状況に関して別の側面も伝えられている。すなわち、政治指導者や農業に関して部外者であった人々の中には、農民たちが抑圧的な状況にあることを認識し、最初の改革をおこなおうとした者もいたということである。ただし、この段階での改革は、その効果が限定的であるか、強大な権力を持つ領主たちに脅威を与えることができたのみで、結局は、力によって趣旨を歪められたり、留保させられたりした。

古代文明が崩壊すると、長期にわたるある周期がそれに続いた。すなわち、中世期に奴隷制度が勃興し、初期近代から近代期にかけて、それからの解放がおこなわれるというサイクルである。こうした変化は、政治指導者や農業の部外者集団の中から、農民たちの生活状況を理解・共感しようとし、その理解に基づいて行動しようとする人々を、再び生み出していった。かれらのそうした行動は、少なくとも、農業とは無縁の人々も、国全体としては土地改革や農業の近代化が必要であると認識していたことを示してもいる。改革や近代化において、農民たちが果たした役割は確かに大きかったが、いまだそれは従属的な役割にしかすぎなかった。

二〇世紀から二一世紀にかけて、農業とは関わりのない領域での四つの展開が、農業や耕作の重要性を、従来とは異なる形で高めてきている。まず第一に、一八世紀末以降、科学や技術の急速な進歩が、農業に応用されてきていることが挙げられる。これらの進歩は、奇跡に近い改善を農業にもたらしたが、農業を農業外の技術やエネルギー供給に依存するものにもしてしまった。第二に、地球温暖化をはじめとする環境的な変化が、一部の農民たちに益をもたらしてはいるが、他の地域では農業の基盤を脅かしている。第三に、人口の急激な増加に伴って、農業や市場も拡大してきた。しかし同時に、農場の農地であった土地が、都市の宅地へと転換されてきている。第四に、企業の影響力が拡大し、世界経済を支配する企業の力も強まってきたために、他の多くの業種の労働者と同じく、農民たちも熾烈な競争が存在する市場に投げ込まれ、農民の大半に至っていると思われるほどに多くの人々が離農せざるをえない状況になっている。

こうした四つの展開が、二一世紀の初めには、深刻かつ差し迫った危機を生み出しつつある。すなわち、農業は今や、地球規模での限界に達しつつあるのである。人々が帯水層の水を枯渇させ、川から水を引くようになり、淡水の供給は減少していった。そのため、かつては洪水を引き起こしていた河川も、今では干上がっている。また現在では、地域の自然環境や国際的な自然環境が、農作物の生産や家畜の飼養が原因となって発生した汚染によって害されている。都市の拡大は、農地を破壊するだけでなく、森林をはじめとした生物多様性の保護区にも被害を与えている。農業が化石燃料に依存するということは、突然の価格上昇の危険を抱えているということであり、価格上昇が起きれば、何らの予告もなく、経済全体が混迷に陥ることさえありえるのである。

十分に妥当な数字として、世界の六〇億人を超える人口の大半が、世界農業制度によって養われていると言えよう。この農業制度は、少数の農民が、多くの最新技術と化石燃料を用いて、毎年、耕作することで成り立っている。多くの国々では、過酷な条件下で働く、貧しい農業労働者層を用いることで、農場も上記の食糧の生産の一翼を担っている。ただし、農民の高齢化は進行し、毎年引退する者が絶えない。多くの国々の農民たちは、農業支援金を得るために、政府に強要されて働いているか、種子や家畜を提供してくれて、基準をクリアした生産物を買い取ってくれる企業に強要される形で働いている。また、作物や天候や企業との契約が強いるいくつもの期限と闘いながら、広大な土地を耕作している農民たちがいる一方で、生活維持のための小さな地片——これも、かなりの圧力を強いるのであるが——を耕している農民たちも存在している。先進諸国の農民の多くは、政府からの多額の補助金を前提として農業をつづけている。政府の補助金は、毎年、確定される必要があり、過去においては減額されつづけてきている。

上述のように、世界の農業は相当な緊張状態の下で維持されているのであり、重大な弱点も保持している。例えば、多くの産業で、「ジャスト・イン・タイム」システムが導入されている。同システムは、例を挙げるなら、自動車部品の供給会社が、欠品のコストを避けるために、組み立て工場がその部品を必要とするまさにその日に届くように、その工場宛に部品を輸送するようなシステムのことを言う。国々や諸社会は一団となって、農業における「ジャスト・イン・タイム」システムを維持しているようにも思える。食糧の備蓄が、年間消費量以下しか蓄えられていないからである。農業に関しては、こういったシステムには特有の危険性が伴う。つまり、仮に自動車部品が遅れても、工場は生産を延期することができる。しかし、もし食糧供給が相当の期間、途絶したとしたら、人々は飢え、社会全体が大混乱に陥るであろう。北朝鮮やキューバの事例は、未来のあり様を予期しているとも言えよう。

このように考えてくると、昔ながらの二重の従属は、現在においても維持されつづけていることに気付かされる。ただ、その維持のされ方はかつてとは異なり、よりグローバルで、より複雑な形を取っている。文明は依然として農業に依存しているが、今や農業も文明に依存している。こうした相互依存は、前例のないことであったと思われる。古代ギリシャや唐代の中国、あるいはムガル朝のインドのような往時の社会に生きていた農民たちは、相対的に言えば、自給自足的であった。かれらは、自らの生産物が町の手工業製品と交換できたとすれば、きっと幸せであると感じたであろう。そして、危機に際しては、かれらは中国の「常平倉」制度のような政府の救済策に助けられた。だが、本当に救済が必要なときには、上記の諸社会の農民たちは、自分たちの力だけで生き延びていくことができた。農民たちの手には、種子も、家畜もあり、緊急事態の期間中、頼ることができた自身の村もあった。農民たちは、文明が到来する以前から、自分たちの祖先がおこなってきたやり方をただただ踏襲していくだけであった。

状況の変化は、西洋では一九世紀に、それ以外の地域でも二〇世紀に生じた。文明は、相互依存の関係を築きながら、農民たちを取り込んでいった。社会は、この相互依存の問題をはじめとして、社会と農業が石油に依存することの脆弱性、自然環境の脅威、そして社会経済的な不公平といった諸問題に、何としても取り組んでいく必要がある。文明と農民のこうした関係の再考は不可欠であろう。文明と農民がどのような相互依存の形を取っていても、文明が継続していくためには、結局は、農民こそが根源的な源であり、資源であるのだから。

こうした文脈で言えば、最初に文明化された農業従事者や農民は、現代世界に対して何らかの教訓を持っているであろう。ある時期の中国やヴェトナムやアメリカのように、とりわけ都市が農民たちに対して幾分でも思いやりを持って接したときにこそ、農民たちは低エネルギーの生産者となり、自身の廃棄物の大半をリサイクルし、自然環境や市場に適応していったのであった。ジャレド・ダイアモンドは、農業を文明が生み出した害悪であるとして糾弾した。しかし、かれの問題把握の仕方は誤りであると思われる。なぜなら状況は、農業が文明が生み出した害悪であったのではなく、幸運にも時の経過とともに、その度合いは軽減されつつあるが、文明が知らず知らずのうちに農民たちに過酷な仕打ちを強いてきたことが真相だからである。もし文明がその不幸な過去から学び、搾取も隷属もない扱いを農民たちに対しておこなっていたならば、状況は一変していたであろう。こうした姿勢こそが、文明が農業に依存している現実に敬意を示すものなのである。

訳者あとがき

近年、農業や牧畜、あるいは食や農に関して、斬新かつ広い視野からそれらを論ずる著作の出版が日本でも相次いでいる。例えば、訳者の本棚にも次のような書籍が並んでいる。

ピーター・ベルウッド（長田俊樹・佐藤洋一郎訳）『農耕起源の人類史』京都大学学術出版会、二〇〇八年。

ジャレド・ダイアモンド（倉骨彰訳）『銃・病原菌・鉄』上・下巻、草思社、二〇一二年。

ユヴァル・ノア・ハラリ（柴田裕之訳）『サピエンス全史――文明の構造と人類の幸福』上・下巻、河出書房新社、二〇一六年。

ジェームズ・C・スコット（立木勝訳）『反穀物の人類史――国家誕生のディープヒストリー』みすず書房、二〇一九年。

アリス・ロバーツ（斉藤隆央訳）『飼いならす――世界を変えた一〇種の動植物』明石書店、二〇二〇年。

日本人研究者でも、京都大学の藤原辰史が、『ナチスのキッチン』（水声社、二〇一二年）や『稲の大東亜共栄圏』（吉川弘文館、二〇一二年）、『トラクターの世界史』（中公新書、二〇一七年）や『分解の哲学――腐敗と発酵をめぐる思考』（青土社、二〇一九年）をはじめとして、食や農に関して旺盛な発信を続けている。

本書を執筆したマーク・B・タウガーは、ウエスト・ヴァージニア大学の准教授で、ロシア・ソ連史と農業史を専門としている。学部時代から博士号の取得まで、一貫してカリフォルニア大学ロサンゼルス校（UCLA）で教育を受けており、学部と修士課程では音楽学も修めている点が異色と言えば異色だが、歴史家としての懐の深さの表れと解せば、素直に受け取ることもできる。

本書のテーマにも直接つながるが、タウガーは農業史では特に、資本主義およびその他の経済システムにおける農業の近代化、農業と自然環境の相互作用、さらには工業と農業の相互依存関係についての研究をおこなっている。また、ロシア史とソ連史については、飢饉や農業、およびそれらに対する政府の諸政策を研究対象としてきている。ユーラシア地域における環境史も氏の専門であり、ことに環境史がそれぞれの地域史やソ連解体後の歴史においてどのような意義を持っているのかについて高い関心を有している。

そうしたタウガーの主要な著書と論文としては、以下のようなものが挙げられる。

〈著　書〉

Golod, Golodomor, Genotsid ?, Dovira Press, Kiev, 2008.

Agriculture in World History, Routledge Press series *Themes in World History*, 2011.

Famine et Transformation Agricole en URSS, Editions Delga, Paris, 2017.

〈論　文〉

"Entitlement, Shortage and the 1943 Bengal Famine: Another Look," *Journal of Peasant Studies*, vol. 31, 2003, Issue 1.

"Soviet Peasants and Collectivization, 1930–39: Resistance and Adaptation," *Journal of Peasant*

Studies, vol. 31, 2004, Issue 3-4.
"The Indian Famine Crisis of World War II," *British Scholar* 1, March 2009.
"Pavel Pateleimonovich Luk'ianenko and the Origins of the Soviet Green Revolution," in *The Lysenko Controversy as a Global Phenomenon, v. 1: Genetics and Agriculture in the Soviet Union and Beyond*, William deJong-Lambert & Nikolai Krementsov, eds., Palgrave, 2017.

二〇一一年刊行の著書が、本書の原著である。また、右に掲げたこうした業績に対して、優れた農業史研究に対して授与されるウェイン・D・ラスムセン賞（Wayne D. Rasmussen Award）や、農民研究の専門雑誌が選ぶエリック・ウォルフ賞（Eric Wolf Prize）が、タウガーに贈られている。氏の研究の手堅さと評価の高さを示す事実と言うことができるであろう。

本書におけるタウガーの主張の中で、最も重要であろうと思われるのが次の二点である。すなわち、農民たちは自然環境に対してと、文明に対しての「二重の従属」を強いられてきたという指摘と、農民たちは文明と自然の「接点」として奉仕してきたとの指摘の二点である。

農民たちは、文明形成に先立つ時代から、自然と闘い、自然の脅威に晒されながらも、自然から多くを学び、自然環境を管理する術を編み上げてきた。それでも、洪水、干ばつ、台風、冷害、虫害など、農業への試練は限りなく、自然環境に対する農民の従属的な地位は明白であった。

他方で、そもそも文明は農業の発見、つまり農業革命によって成立したものであり、文明は農民たちの存在に依存していたはずであった。しかし、現実の力関係においては、文明の現実世界での存在形態である都市、領主・地主、国家、君主、市場などの方が農民たちを支配し、搾取してきた事実がある。農民たちは、自然に加えて、文明に対しても従属的な位置におかれ、結果として「二重の従属」を強いられる地位に甘んじてきたのである。

しかしながら、時代を下るにつれて、文明と自然の「接点」である農民たちは、文明を用いて自然の脅威を制御したり、自然の摂理に改変を加えたりするようになる。そうした農民たちの試みや農民たちの現状を改善せんとする文明側の姿勢が、本書の各章では、幅広い観点から叙述されている。灌漑施設の建設、備蓄制度の整備、農業の機械化、農薬や化学肥料の導入、多収穫品種の開発などが、自然への従属から逃れるべく農民たちが手にした文明の利器であった。

ただ一方で、文明の活用――それはすなわち、文明への新たな依存にもつながるのであるが――は、特に現代において、新たな問題をも生み出している。例えば、かつては洪水で悩まされていた川が、川から過剰に水を引いてしまったことで、今では川の干上がりこそが問題化している事例があると言う。近代以前の時代には見られなかった、地球温暖化や過度の森林伐採や砂漠化といった地球規模での環境問題も次々と生じてきている。文明と自然の「接点」で生きる農民たちであればこそ、自然環境の変化や脅威に対しては敏感であらざるを得ないのである。

「二重の従属」に呻吟《しんぎん》し、文明と自然の「接点」で格闘する農民たちに対するタウガーの視線は、基本的には温かで、究極的には楽観的であると言える。本書の最後で、「農業は文明が生み出した害悪である」とのジャレド・ダイアモンドの言葉を引いて、タウガー自身はそれは誤った理解であり、農業は文明が生み出した害悪などではなく、問題は、文明が不幸にも農民たちに対して過酷な仕打ちをおこなってきてしまった点にあると主張する。そして、農民たちの苦境を救おうとした人々や、その隷属を解こうとした人々、土地改革や税の減免を断行しようとした施政者たちが、歴史的には、世界各地に数多く存在していたことを伝えようとしているのも、本書の特色の一つであろう。

文明と自然の「接点」で生きた農民たちは、そのいずれに対しても従属してきたものの、そのいずれからも恩恵を受けてきた存在でもあるのである。

＊　＊　＊

「訳者あとがき」の冒頭に、食や農に関する最近の著作を列挙した。それらの著作がなぜ注目を集めているのかと言えば、それは、それらの主張の多くが農業や牧畜の負の側面に光を当てているからにほかならない。そもそも人は農業や牧畜をおこなう必要があったのか。人が農業のために集住を始めてしまったがために、例えば、感染症の危険が高まってしまったのではないか。何より集住や都市形成が政治権力を生み出す結果となり、人はそれに服さざるを得なくなってしまったのではないか。食糧を安定的に手にする手段としての農業であったはずが、栄養学的に見れば、狩猟採集生活の方がバランス的には優れていたとの見方もある。農業に従事することによって、都市や国家の保護を得たはずの人々は、現実には逆に「防御の壁」で囲い込まれてしまった、ないしは作物や家畜以上に飼いならされてしまったと考えるべきではないのかとの主張もある。

もちろん、これらの見解や主張のすべてに肯く必要もないが、農と人との歴史に関しては、本質を突いた問いかけが数多く、また次々と提起されているという事実は踏まえておくべきではなかろうか。

個人的には、少なくともタウガーが言うように、農業は決して害悪などではなく、また、文明の利用や恩恵によって農民たちが「二重の従属」を脱してきた過去があるとしても、その人類が他の何者かを新たに従属させてしまっているのであれば、われわれはその現実に対して真摯に向き合う必要があるのではないかと考える。日々、農産品を生み出しつづけてくれている家畜たちが置かれている状況や、農薬への依存や森林破壊、遺伝子組換え作物への無関心が生物多様性に及ぼしている影響の深刻さなど、われわれが今考えてみるべきことは山積していると言うべきであろう。文明と自然の「接点」で生きているのは、実は農民たちだけではなく、われわれ一人ひとりが皆そうであるのだから。

「ミネルヴァ世界史〈翻訳〉ライブラリー」の一書の翻訳への打診を、僕の知り合いは都合でお受けできないという返答を、代理で南塚信吾さんと秋山晋吾さんに伝えたのは軽井沢でであった。逆にその場で、『農の世界史』を翻訳してくれないかと依頼され、ミイラ取りがミイラになって始まったのが、本書の翻訳作業であった。

正直、五大陸に及ぶ世界各地の農業に関して、しかも文明誕生以来の全歴史を視野に収める本書の叙述を理解し、その内容に追い付いていくだけでも、かなりハードルは高く、思わぬ誤解や誤訳は、最大限の努力はしたものの、解消しきれていないのではないかと案ずるところである。それゆえ、明らかな誤りや修正すべき点については、読者諸氏から忌憚のないご指摘を賜れれば幸いである。

翻訳の過程では、監修者の南塚さんと秋山さんに出版社との仲立ちの役割を果たしていただき、また試訳にも丁寧に目を通して、貴重な助言をいただいた。編集部の岡崎麻優子さんには、細部にまで行き届いた対応をしていただいた。お三方には、心よりの感謝を申し上げたい。

また、インド史の小谷汪之さんと中国史の岸本美緒さんには、試訳の段階で関連部分に目を通していただき、専門的な見地から、訳文や訳語に関する丁寧な助言をいただいた。もちろん、翻訳に対する最終的な責任は訳者自身に存するものだが、独力では回避できなかったであろう多くの誤りや不適切な表現を、未然に回避することができているのであれば、それはお二人のお力添えによるものであると断言することができる。お二人にも、この場をお借りして、深甚な感謝の意を表したい。ありがとうございました。

二〇二三年四月　コロナ禍の先の世界とウクライナの平和が萌す「春」の到来を願って

戸谷　浩

南塚信吾・秋山晋吾 監修

◆「新しい世界史叙述」の試みを、翻訳で日本語読者へ届ける

ミネルヴァ世界史〈翻訳〉ライブラリー

＊四六判・上製カバー

①戦争の世界史　マイケル・S・ナイバーグ 著　稲野 強 訳　本体二六〇〇円

②人権の世界史　ピーター・N・スターンズ 著　上杉 忍 訳　本体三二〇〇円

③宗教の世界史　ジョン・C・スーパー／ブライアン・K・ターリー 著　渡邊昭子 訳　本体二八〇〇円

④スポーツの世界史　デイビッド・G・マコーム 著　中房敏朗／ウエイン・ジュリアン 訳　本体二八〇〇円

⑤家族の世界史　メアリー・ジョー・メインズ／アン・ウォルトナー 著　三時眞貴子 訳　本体二八〇〇円

⑥農の世界史　マーク・B・タウガー 著　戸谷 浩 訳　本体三二〇〇円

ミネルヴァ書房

https://www.minervashobo.co.jp/

《訳者紹介》

戸谷　浩（とや・ひろし）

1962年　生まれ。

1993年　国際基督教大学大学院比較文化研究科博士課程修了。

1998年　学術博士（ICU）。

現　在　明治学院大学国際学部教授。

主　著　『ハンガリーの市場町――羊を通して眺めた近世の社会と文化』彩流社，1998年。

「ハプスブルクとオスマン」南塚信吾編『ドナウ・ヨーロッパ史』山川出版社，1999年。

『ブダペシュトを引き剝がす――深層のハンガリー史へ』彩流社，2017年。

ミネルヴァ世界史〈翻訳〉ライブラリー⑥

農の世界史

2023年12月20日　初版第1刷発行　〈検印省略〉

定価はカバーに表示しています

訳　者　戸　谷　　浩

発行者　杉　田　啓　三

印刷者　江　戸　孝　典

発行所　株式会社　ミネルヴァ書房

607-8494 京都市山科区日ノ岡堤谷町1

電話代表 (075)581-5191

振替口座 01020-0-8076

共同印刷工業・新生製本

ISBN978-4-623-09602-2

Printed in Japan

索　引

（＊は人名）

あ　行

か　行

さ　行

た　行

な　行

は　行

ま　行

や　行

ら　行

わ　行

欧　文

用語一覧

エーカー（Acre）　0.405ヘクタール。

開墾地（Assart）　雑木林や森林を切り拓き，作物を初めて植えた土地。

アウタルキア（Autarquia）　個別の農場の生産物の生産量と交易を調整する20世紀ブラジルの機関。

生産責任制（Bauchan daohu）　中華人民共和国の「家族責任制度」。毛沢東の死後，人民公社に代えて導入された家族農業制度の婉曲的な表現の用語。

チャンパー米（Champa rice）　中世中国の米の品種。ヴェトナムからもたらされ，それまでの中国種よりもはるかに早く収穫できた。

シカゴ商品取引所（Chicago Board of Trade）　1848年に設立された，アメリカ最古の農業先物取引所。現在は，シカゴ商業取引所の一部となっている。

コロヌス（Colonus/coloni）　ローマ帝国末期やヨーロッパ中世初期の隷属的な労働者。

コモンズ（Commons）　中世や初期近代のイングランドにおいて，定期的な輪作の順序に含まれず，貧しい農民や土地なし農が居住地や耕地として利用することも許されていた村有地の区画。

領主直営地（Demesne）　中世の支配層の所領の一部。農民たちに分与されるのではなく，貴族や教会の直接的な管理の下で農民たちが耕作していた。

エヒード（Ejido）　メキシコの伝統的な農村。あるいは，村落の共有地部分のこと。

エルニーニョ現象（El Niño/ENSO）　El Niño Southern Oscillationのこと。エクアドル近海の東太平洋での気温上昇が原因となり，アジアや東アフリカや南アメリカの北東部において，季節風による降雨に影響が及ぶ現象。

囲い込み（Enclosure）　中世や初期近代のイングランドで，農民たちの村有地には含まれず，柵や壁や灌木によって囲われた土地。

ファイユーム地方（Fayyum）　エジプトの肥沃で，灌漑整備の施された地方。ナイル川の西岸で，ナイル・デルタの南に位置する。

アシエンダ（Hacienda）　植民地時代や独立後のラテンアメリカにおける地主の農園。北米の大牧場のように，家畜の飼養に特化することもあった。

ヘクテモロイ（Hektemor）　古代アテネの小作人。

ヘロット（Helots）　古代スパルタの隷属的な農場労働者。

交配種（Hybrid）　20世紀の人工的な植物品種。純系の交配によって，まずは穀物種が開発された。

多収穫品種（HYV）　20世紀に開発された，収穫量が多く期待できる品種のこと。特に，緑の革命によって開発された小麦や米，およびその他の穀物の選別された品種のこと。

家僕（インクイリーニ）（Inquilini）　古代ローマの小作人。

コルホーズ（集団農場）（Kolkhoz）　ソ連の集団農場。

大土地所有制（ラティフンディウム）（Latifundium, 複数形 Latifundia）　古代ローマの大農場。

ローマ時代の穀物法（Lex frumentaria）　古代ローマの，穀物価格を調整した法律。

荘園（Manor）　中世ヨーロッパの自給自足的な私有地。たいていは，領主と農奴が居住していた。

領主の館（Manse）　ヨーロッパ中世の農業における領主の邸宅，館。

パンパ（Pampas）　アルゼンチンの草原地域。

牧畜（Pastoralism）　生業か，生活様式として，家畜を飼育し，移動させること。

農民（Peasant）　多義的な用語。古代や中世期，あるいは発展途上国においては，教養のない，独自の習慣を持つ村や農園に暮らす農業従事者のことを指す場合が多い。領主・地主に，ある種の税を支払う義務を負っている。

ペオン（Peon）　たいていは，初期近代か，近代のラテンアメリカにおいて，借金を返済するためにアシエンダやプランテーションで働く，土地なしの，多くは負債を抱えた労働者のことを指す。

クイロンボ（Quilombo）　植民地時代のラテンアメリカにおける，逃亡奴隷たちの定住地のこと。

サティヤーグラハ（非暴力抵抗運動）（Satyagraha）　20世紀のインドにおける，非暴力抵抗運動のこと。ガンディーによって始められたが，運動としては様々な形態を取った。

重荷おろし（Seisachtheia）　古代アテネのソロンの改革の記録。「重荷おろし」とは，隷属農民の債務を帳消しにする意。

農奴（Serf）　中世ヨーロッパにおいて（しばしば，より広い使われ方をするが），家と地片を得て，荘園の農地で働く隷属的な農民のこと。

隷属（Servile）　多くの社会で見られるが，自由がなく，慣習や法や権力によって自律的な活動が制限された状態。時代や場所によって，不自由さや制限の度合いは様々。

奴隷（Slave）　所有者の完全な所有物と見なされているような労働者。多くの社会に存在する。

ソフホーズ（国営農場）（Sovkhoz）　ソ連の国営農場。

三圃制（Three-field system）　中世ヨーロッパの作物の輪作システム。春作物，冬作物，牧草を順に栽培する。地力の低下に抗するための初期的な試み。

トランスフマンス（移牧）（Transhumance）　家畜を移動させる牧夫の方法。通常は，羊の群れを，夏は高地（夏営地）に，冬は低地（冬営地）に放牧する。

井田制（Tsing tien）　古代中国の理想化された土地制度。耕地は井戸の周囲に井桁形に配置される。

ザミーンダール（Zamindar）　初期近代および近代インドにおける，領主・地主の一般的な呼称。地域的な含意は多様である。